2019

国家统一法律职业资格考试系列用书

命题人讲主观题

刑事诉讼法

桑　磊◎主编
颜　飞　孙　锐◎编著

中国经济出版社
CHINA ECONOMIC PUBLISHING HOUSE
中国石化出版社
HTTP://WWW.SINOPEC-PRESS.COM

图书在版编目（CIP）数据

命题人讲主观题．刑事诉讼法/桑磊主编．
—北京：中国经济出版社：中国石化出版社，2018.12
2019 国家统一法律职业资格考试系列用书
ISBN 978-7-5136-5452-4

Ⅰ．①命… Ⅱ．①桑… Ⅲ．①刑事诉讼法—中国—资格考试—自学参考资料 Ⅳ．①D92

中国版本图书馆 CIP 数据核字（2018）第 267550 号

策划编辑 崔姜薇
责任编辑 崔姜薇 王建昌
责任印制 马小宾
封面设计 任燕飞装帧设计工作室

出版发行 中国经济出版社
印 刷 者 北京柏力行彩印有限公司
经 销 者 各地新华书店
开　　本 710mm×1000mm 1/16
印　　张 16.75
字　　数 300 千字
版　　次 2018 年 12 月第 1 版
印　　次 2018 年 12 月第 1 次
定　　价 46.80 元
广告经营许可证 京西工商广字第 8179 号

中国经济出版社 **网址** www.economyph.com **社址** 北京市西城区百万庄北街 3 号 **邮编** 100037
本版图书如存在印装质量问题，请与本社发行中心联系调换（联系电话：010-68330607）

>> PREFACE 前言

法考元年，考试主管机关经过多年酝酿，终于将考试分为客观题和主观题两个阶段，将主观题从司考时代的第四卷独立为一个阶段的考试，分值也从150分增至180分，同时考场上配备法律法规汇编，实现了客观题考查基础知识、主观题考查能力的不同分工，增强了考试的科学性，彰显了主管机关不断推进考试改革的决心。

一、首次主观题考试的特点

根据多年的相关经验，在“2018年桑磊法考主观题保过班”上，本人预测了首次主观题考试的四大特点，即理论性、融合性、开放性和限缩性。

（一）理论性显著增强。主观题考试考查考生运用法律知识解决实际问题的能力，在一定程度上，可以说就是考查理论深度。

（二）融合性突出。会出现两学科甚至多学科的交叉融合考查。这是试题形式上的最大变化。分两个层次：①刑法与刑诉结合、民法与民诉结合，甚至民法与商法、民诉结合。②再进一步，将民法、刑法、行政法结合，或者与司法制度、法律文书结合。

（三）开放性进一步得到体现。司考时期只有第四卷第七题是开放性试题，无标准答案，评阅时实行“双评”。法考时期，开放性试题会增多，允许有多个答案，只要言之有理、有理有据即可。

（四）限缩性趋势明显。这一特点主要在于主观题考试题量的变化方面。即法考主观题考试可能在原来卷四基础上增加一两道融合性试题，也可能减少题量，只出几道试题。法考未来的趋势是主观题数量会减少，通过少量的论述题即可考查考生的能力。

2018年首次法考主观题考试结束后，从广大考生的普遍反馈来看，上述四大特点基本得到了验证，特别是融合性和限缩性两个方面。在融合性方面，出现了一道“大民事”综合性试题，共13问，融合考查了民法、商法、民事诉讼法三科的相关知识要点；在限缩性方面，全卷只有6道试题，其中两道选做题择一，考生实际上只需做五道试题，与司考时代第四卷相比，题量减少了两道试题题量。

二、主观题考试趋势分析

由于首次主观题考试尚处于从司考向法考的过渡期，主管机关出于在改革的同时兼顾稳定性的考量，尚未大刀阔斧地进行试卷的调整。但可以预测的是，鉴于首次考试已经成功举办，且各方反应良好，接下来，主管机关将会对主观题试题进一步调整，以期充分发挥主观题考试的测试目的，真正实现考试改革的初衷。

2019年及之后的主观题考试会怎样考查呢？本人觉得有以下几点值得强调：

一是融合性继续扩大。在2018年出现一道综合性大题之后，2019年及之后会加大考查力度，有可能增加此种类型题目的命题数量，或者出现融合涉及三大实体法的试题。

二是限缩性进一步增强。多学科综合性试题增多之后，无须增加题量即可达到考查的目的，所以题量的长远趋势是继续削减。我国近年来的考试改革借鉴了大陆法系国家的成熟经验，从大陆法系国家的通行做法来看，只需少量试题即可实现对考生法律实际运用能力的考查。

三是主观性逐步强化。主观题之所以为主观题，是因为无论在考查目的上还是试题形式上，都与客观题明显不同。其中的一个显著特点是提问的笼统性，并且往往只设置极少提问，如前几年只设置了一问的刑法主观题（2017年、2015年、2014年、2009年）和第七题，这样才能真正考查考生的分析能力。而传统的、设有很多小问的案例分析大题并不是真正意义上的主观题，那样更类似客观题，其并不能实现主观题考试的测试目的。因此，长远来看，主观题的设问会减少，答案也将会更加开放。

根据以上主观题考试命题趋势，本人特意组织前命题人团队编写了本套用书。其中，撰写每个科目的作者老师均具有丰富的命题经验，他们在书中为大家分析了本学科的命题规律和趋势，提炼了解题思路，详细阐述了主观题考点，并对近十年的主观题进行了深入剖析。最后，每科为大家提供了 3 ~ 5 道高质量的模拟试题，其中有两科甚至多科的融合性试题，希望大家反复认真练习，力争掌握解题的诀窍。

另外，对于书中的经典真题和模拟试题，各科目的作者老师还分别录制了配套的微课讲解视频，大家在书中试题的位置手机扫码即可观看。自 2019 年 1 月开始，本人也会组织各科老师为大家带读考点内容，届时敬请广大读者关注“桑磊法考”微信公众号。

唯一深表遗憾的是，由于司法部没有公布 2018 年主观题，而考生的回忆版并不准确，从对考生读者负责的角度，本套书中暂未收录相关试题，而谨以前命题人团队在精准把握 2019 命题趋势的基础上，精心命制的各科目模拟试题以飨广大考生读者。

由于成书仓促，错误之处在所难免，恳请大家指正。

最后，预祝大家 2019 年度能够顺利通过主观题考试，圆梦法考！在法考之路上，我们将和大家同行！

桑　磊

2018 年 11 月

\>\> CONTENTS 目录

第一部分　命题人讲命题

主观题考试有规律可循，有趋势可预判。2018 年法考主观题“刑事诉讼法”部分的考试基本印证了我们之前的预判。不管是从题型（案例分析），还是从命题思路（通过真实度极高的案例考查分析运用法律的实践能力），甚至具体的考点（非法证据排除规则以及证据的审查判断），都与我们之前在“桑磊法考主观题保过班”上所做的预测和推出的模拟题相一致。如果考生按照我们建议的备考策略进行了针对性准备的话，那么顺利地拿到 25 分以上（2018 年刑事诉讼法主观题总分为 30 分）应该是有较大把握的。

现在大家可能比较关心的是 2019 年主观题考试“刑事诉讼法”部分又会以怎样的命题思路、题型和考点出现呢？尤其是法考元年已经通过客观题部分考试，但很遗憾未能通过主观题部分考试的考生。我们建议，**及时总结在前一年主观题备考中的经验和教训，并找到适合自己的备考方法和备考重点，这是你接下来需要认真准备的重要工作。**

一、历年命题规律归纳

在预判 2018 年法考主观题时，我们详细分析了过往十年司考的命题思路、命题风格和考查的重难点。事实证明，基于过往真题预判今后命题规律这一思路是完全正确的。因此，在备考 2019 年法考的主观题时，过去十年司考主观题真题以及 2018 年法考主观题真题具有极强的借鉴意义。

正如我们经常所说的，只有知道过去是怎么来的，才会知道将来往何处去。因此，在备考 2019 年法考主观题时，首先应充分把握过往的真题，知道了过去是怎么考、考什么，那么对于将来怎么考、可能考什么才会有一个基本的认识。

2008—2018 年刑事诉讼法主观题考点

年份	考点
2008	1. 二审法院对刑事附带民事案件中刑事、民事部分均有错误的处理（此为第一问，下同） 2. 第二审法院审理对刑事部分提出抗诉，附带民事部分已经发生法律效力的案件的处理 3. 第二审法院审理只对附带民事部分提出上诉的案件的处理 4. 第二审案件附带民事部分审理中，对增加独立诉讼请求或者提出反诉情形的处理 5. 人民法院对认为不符合提出附带民事诉讼条件规定的案件的处理 6. 对一审附带民事诉讼的调解
2009	1. 死刑案件复核程序、执行程序 2. 二审程序 3. 死刑复核程序；附带民事诉讼上诉 4. 停止执行死刑
2010	证据的审查；刑事诉讼的证明标准
2011	1. 非法言词证据排除 2. 法庭对证据的合法性审查 3. 共同犯罪案件的证明标准 4. 认定有罪的证明标准 5. 证据的关联性
2012	1. 非法证据的分类及排除标准 2. 非法证据排除的主体 3. 有罪的证明标准 4. 刑事诉讼法对保障刑法实施的价值 5. 非法证据排除规则的立法过程及价值
2013	1. 技术侦查（技术侦查的程序和要求） 2. 指定居所监视居住 3. 非法证据排除规则
2014	1. 强制医疗程序的适用条件 2. 强制医疗程序的救济程序 3. 强制医疗程序的决定程序 4. 强制医疗程序中附带民事诉讼的调解与审判
2015	1. 证据的收集、审查判断和运用、证明标准 2. 以审判为中心的诉讼制度改革

续表

年份	考点
2016	1. 刑事司法协助 2. 庭前会议 3. 补充起诉 4. 上诉不加刑原则 5. 第二审程序的审理（不开庭审理的方式和程序）、对上诉、抗诉案件审理后的处理
2017	1. 判决（生效时间） 2. 提起审判监督程序的材料来源（申诉的提出、受理及审查处理）、提起审判监督程序的方式 3. 提起审判监督的方式、重新审判后的处理 4. 提起审判监督的方式、重新审判的程序 5. 重新审判后的处理
2018	证据的审查；非法证据排除；证明标准

二、2019 年命题趋势预判

法考元年的题型以及命题思路对于今后的法考有着重要的指向意义。从总体上而言，我们预判，**2019 年法考主观题“刑事诉讼法”部分仍然会延续法考元年的基本特征**，事实上，这也是过往十年司法考试卷四“刑事诉讼法”部分积淀而成的特征。

首先，题型上极有可能仍然会以一个真实性极高的案例为基本素材。要求考生通过仔细阅读材料，尤其是分析其中蕴含的各种证据，进而形成对于案件事实的基本判断（极有可能还是罪与非罪的判断），然后再根据问题进行相应的回答。当然，问题的问法是多样的，但答题思路却是相似的。比如 2018 年主观题中的问题：“请利用相关证据、法律规定等对李四的判决作出说理？”有部分考生看到这个问题，可能就会产生疑惑，给的材料里面没有判决啊，怎么说理？有的考生会认为是不是先写一个刑事案件的裁判文书，然后再对判决进行说理。实际上，这个问题的实质简单说就是根据现有证据能否认定李四有罪，并说明理由。这和司法考试 2010 年、2012 年、2015 年卷四案例分析的考法是完全一致的，也是我们之前在“桑磊法考主观题保过班”预判 2018 年法考趋势时反复给考生强调的重中之重，即通过案例中给定的证据，综合审查判断是否达到有罪的证明标准？那么在 2019 年的考试中，我们判断，基本题型不会变，可能在问法上会有变化，但答题思路万变不离其宗。

其次，就可能出现的考点而言，虽然2018年已经考查了证据的审查判断（当然以往已经多次考查，我们之前也反复提示过须高度重视），但是不等于说2019年就不会再考查。实际上，**证据的审查判断是一个高度灵活的考点，且包容性很强。**既可能考查相关证据规则（比如非法证据排除规则、意见证据规则、自白补强规则等），也可能考查证明责任的分配、证明标准的理解等，**所以在2019年的备考中仍然是重点，尤其是把握住证据审查判断的方法和思路。**之前有很多考生曾多次问道，“我知道这个人不构成犯罪，但是不知道该怎么分析”，或者说“就是简单地罗列了一下主要证据后就不知道怎么展开了”，这些困惑实际上都反映出考生还没有掌握证据审查判断的思路和方法，更直接地说，没有掌握类似题型的答题技巧。因此在2019年的备考过程中，需要特别加强这方面的训练，我们将在2019年“桑磊法考主观题班”上强化这种训练。除了证据的审查判断外，还有哪些可能出现的考点呢？我们预判，类似于非法证据排除这类常考点仍是有命题的可能。虽然非法证据排除已经多次考查，比如2011年、2012年、2013年的卷四都考查了，2018年法考也考查了，但是其中的某些重要小考点实际上并未完全涉及。之前我们多次提到，2017年6月新修订的“两高三部”《关于办理刑事案件严格排除非法证据若干问题的规定》肯定会考，虽然的确也考了，但并未把所有可能的考点都全部考查了，比如“重复性供述”问题、“非法供述”的认定问题等都还有考查的空间。因此，2019年的法考备考还需按照“重者恒重”的思路认真准备。

此外，2018年10月26日，《刑事诉讼法》修正案已经生效。此次修正涉及三个大方面的问题：监察法与刑事诉讼法的衔接、认罪认罚制度、缺席审判。**其中前两个方面的问题较大可能命制主观题。如果考查监察法与刑事诉讼法的衔接问题，那很有可能出现2018年法考中出现的“综合性题型”，即两个以上的学科融合在一题之中，我们也将在2019年“桑磊法考主观题班”上继续推出此类试题。**具体而言，有可能行政法、刑法、刑事诉讼法三个学科的考点集中在一个案例当中，这种题目难度较大，考点较多，也是考生在备考中需要高度重视的。

三、2019年备考策略

（一）熟悉题型结构，磨炼答题技巧

纵观近十年司法考试卷四刑事诉讼法考题以及2018年法考真题，刑事诉

讼法部分的题型结构已经相对稳定，基本都是通过一个案例，再设定相应的问题（有时是分列出 4 ~ 5 个小问题，有时是一个大的综合性问题），要求考生分别回答。这种题最大的特点就在于案例本身往往改编自真实案件，所涉及的内容较多，综合性较强，强调考生须通过对案例素材的仔细分析，运用相关法律知识，来分析问题、解决问题。比如 2017 年卷四刑事诉讼法案例分析题以五个小问题的形式分别考查了第一审和第二审判决生效时间、当事人向检察院提起申诉的程序、再审的程序及处理方式等考点；2016 年卷四刑事诉讼法案例分析题也是通过五个小问题考查了境外取证、庭前会议、非法证据排除程序、上诉不加刑、第二审的处理方式等考点。

考生在答题时要注意：一是要将案例中所包含的信息完整、准确地提炼出来，不可只看到一点就匆忙作答；二是要注意几个问题之间有时是平行关系，有时存在递进关系。如果是属于平行关系，对于某个问题拿不准时，可以暂时跳过，先回答有把握的题目，最后再解决难题，即便答错，也不影响其他题目的得分；如果是属于递进关系，则须慎重考虑，匆忙回答后又发现考虑不周、前后矛盾，再回过来修改，则容易导致卷面不整洁，时间不够。

（二）重点掌握对证据的分析与判断

如前所述，证据的分析与判断是灵活性极强、包容度极高的考点。从近十年的考试真题来看，2010 年以后的 8 次考试中有 6 次都涉及证据问题，其中半数以上的试题都以证据法的相关知识点为考查要点。而 2018 年的考题和 2010 年的考题几乎如出一辙，都只设定了一个问题：综合全案，判断李四（张某，2010 年）是否构罪，并说明理由。由此可见，证据问题是刑事诉讼法案例分析题的重中之重。那么该如何准备呢？

第一，应掌握证据法所涉及的基础知识点。比如 2013 年案例分析题的第五个问题："如何判断证据是否具有关联性？法院认定何某辩护人提供的 4 份书面材料不具有关联性是否适当？为什么？"如果考生对证据相关性的基本概念都不知道，很明显是无法回答该问的。又比如 2012 年案例分析题的第一、第二两个问题："1. 本案哪些行为收集的证据属于非法证据？哪些非法证据应当予以排除？2. 本案负有排除非法证据义务的机关有哪些？"如果考生对非法证据的概念、非法证据的分类、排除标准、排除主体等基础知识缺乏掌握，是不可能回答正确的。

第二，在掌握证据法基础知识点后，关键还在于要学会结合案例，通过对

证据的分析和判断，形成结论，这也是近年来案例分析题最常见的考查方式。比如前述的2010年；2011年的第三、第四小问；2012年第三小问；2015年的第一小问，等等。考生在回答“是否能认定有罪?”“法院该如何判决?”等问题时，要综合分析全案的信息，切忌以偏概全。在答题时还要注意，一是一定要紧扣案例，不能只空泛地回答是或不是，要有理有据；二是应从证据法的角度，而不是从罪名本身等实体法的角度来分析；三是除非有特别说明，否则不要超出材料给定的范围，假设存在某种情况或者证据虚假等来分析，考试给出的案例基本属于常见案例，而不要想着是否属于“奇案”“怪案”。

第三，证据法部分的备考也要突出重点，即非法证据排除规则的理解和适用。在围绕证据设计的案例分析题中，有关非法证据排除的考点又属于重中之重，先后在2011年、2012年、2013年、2015年、2016年的卷四案例分析题中反复考查该知识点。尤其需要考生注意的是，2017年6月，“两高三部”联合发布了《关于办理刑事案件严格排除非法证据若干问题的规定》，该规定在2010年“两高三部”《关于办理刑事案件排除非法证据若干问题的规定》的基础上，对于非法言词证据的界定、犯罪嫌疑人的重复性供述的排除等作出了新的规定。如前所述，2018年的法考中虽然如我们所预测的那样再次考查了非法证据排除，但考点并未全部涉及，仍还有命题的空间。

（三）适当加强对重要理论知识考点的准备

虽然2018年主观题考试“刑事诉讼法”科目没有涉及理论考点，但不等于说以后就绝对不会出现理论考点。实际上，从近十年的卷四刑事诉讼法考题来看，分值最重的两年：2012年（28分）、2015年（26分）恰恰是考查了理论知识考点。2012年案例分析题的第四、第五小问，要求“结合本案，简要说明刑事诉讼法对保障刑法实施的价值。简述非法证据排除规则的完善过程，阐明非法证据排除规则的诉讼价值”。2015年的卷四刑事诉讼法案例分析题的第二小问（该题只有两个问题）要求论述以审判为中心的诉讼制度改革。因此，我们建议，在2019年的主观题备考过程中，对于刑事诉讼的独立价值、刑事诉讼与法治国家、刑事诉讼构造与刑事审判模式等重要理论知识点，需要有所准备。

（四）注意实体法与程序法的结合

最后，但并非不重要的是，如同我们之前的预判，在2018年法考中首次出现了实体法和程序法相结合的考题（民商法与民事诉讼法），这是以往没有出现过的新题型，对考生而言难度更大。如前所述，在 2019 年的考试中，出现刑法和刑事诉讼法的综合考题，甚至出现行政法、刑法、刑事诉讼法三项综合的考题也是完全有可能的。考生在答题时首先应仔细分析案例给出的相关证据，然后再判断构成何种罪名。因此，证据的分析是基础，只有在认定事实正确的情况下方可论及刑法的适用。

还要提醒的是，对于 2018 年遗憾未能通过主观题考试的考生，虽然只需要准备 2019 年的主观题考试，**但切不可忽视基础知识的准备**。主观题的考试，基础知识乃是基础。如果不想在考场上手忙脚乱地翻查法条的话，备考主观题的过程中切不可丢掉基础。

2018 法考元年已经落下帷幕，2019 年的备考已经启程。相信大家按照我们建议的备考策略认真准备，一定会顺利地获得梦寐以求的法律职业资格！

第二部分　命题人讲考点

考点1　刑事诉讼法的独立价值

命题分析

“刑事诉讼法的独立价值”是一个重要的理论性考点，既可以作为论述题考查，也可以在案例题中设置一个小问题。比如在2012年案例分析大题即设置了一个小问题，“结合本案，简要说明刑事诉讼法对保障刑法实施的价值”。**该考点可以与非法证据排除规则、程序公正原则等考点结合起来命制主观题。**例如，可设置一个案例，案例中存在严重程序违法的行为，但是案件实体的认定又是正确的，让考生对此作出评价。因此，考生在备考时应注意结合材料，将本考点的核心知识点，灵活运用于考试当中。

考点解析

刑事诉讼法的独立价值，主要体现在以下几个方面：

第一，**刑事诉讼法所规定的诉讼原则、结构、制度、程序，体现着程序本身的民主、法治、人权精神**，也反映出一国刑事司法制度的进步、文明程度，是衡量社会公正的一个极为重要的指标。刑事诉讼法的制定和实施，就是在实施其自身蕴含着的民主、法治、人权保障等价值。刑讯逼供、非法取证、秘密审判等做法，即使案件在实体处理上没有错误，也会因为诉讼过程中的野蛮、专横，导致当事人和社会公众不仅会对实体处理是否公正产生怀疑，而且会通过程序这个窗口对社会公正产生怀疑，进而对现实社会失去信心，甚至产生对抗心理。

第二，**刑事诉讼法具有弥补刑事实体法不足并“创制”刑事实体法的功能**。当实体法规范的语意抽象而模糊时，应在刑事诉讼法规定的程序框架下，通过诉讼活动加以解说。当刑事实体法规范之间出现不协调时，刑事诉讼法可以为解决这种不协调提供程序机制。在遵循罪刑法定原则的前提下，通过判例创制、丰富刑事实体法的内容，并在条件成熟时吸收进刑事实体法。

第三，**刑事诉讼法具有影响刑事实体法实现的功能**。刑事诉讼法并非仅是被动地实施刑事实体法，在启动或终结实施刑事实体法活动方面，刑事诉讼法有着积极的作用。当出现了某些法定情形时，就要结束适用刑事实体法的程序；对同一个案件，如果选择不同的刑事程序，适用刑事实体法的结果可能会不同。

综上，刑事诉讼法既具有保障刑法实施的工具价值，又具有独立价值。刑事诉讼法和刑事实体法相辅相成，共同构成国家统一的刑事法制体系。

考点2　刑事诉讼法与法治国家

命题分析

“刑事诉讼法与法治国家”这一考点，实际就是考查刑事诉讼法在实现法治国家方面的作用，而**这一作用主要体现在刑事诉讼法与宪法的关系之中**。既可以命制论述题，例如，刑事诉讼法在维护宪法制度方面有哪些作用？也可以在案例题中涉及犯罪嫌疑人、被告人、被害人权利保障的问题，要求考生从加强权利保障的角度分析刑事诉讼法与宪法的关系。因此，考生需要掌握这一考点的基本观点，然后结合相关素材加以分析。

考点解析

刑事诉讼法在实现法治国家方面的作用，集中体现在刑事诉讼法与宪法的关系之中。

第一，**刑事诉讼法在宪法中有着重要的地位。体现法治主义的有关刑事诉讼的程序性条款，构成了各国宪法或宪法性文件中关于人权保障条款的核心**，以至于宪法关于程序性条款的规定成为法治国家的基本标志。从这个意义上说，程序意味着法治主义。

第二，**刑事诉讼法在维护宪法制度方面发挥着极为重要的作用。为维护宪法确认的制度和原则，国家制定实体刑法并通过刑事程序对破坏宪法制度而构成犯罪的人予以制裁**。同时，国家要确保宪法所保障的公民基本权利，非依法律规定不得随意剥夺。而**刑事诉讼法就是调整和平衡国家打击犯罪和保障公民人身自由等基本权利相关关系的法律，从而承担着防止司法权滥用而保障公民人身自由等基本权利的任务**。宪法的许多规定，一方面要通过刑事诉讼法保证刑法的实施来实现，另一方面，要通过刑事诉讼法本身的实施来实现。

考点3　实体公正与程序公正

命题分析

实体公正与程序公正的关系是理论性考点中非常重要的一个考点，**容易命制大题**。比如，可以设计这样一个问题：《中共中央关于全面推进依法治国若干重大问题的决定》指出，“公正是法治的生命线。司法公正对社会公正具有重要的引领作用，司法不公对社会公正具有致命的破坏作用。必须完善司法管理体制和司法权力运行机制，规范司法行为，加强对司法活动的监督，努力让人民群众在每一个司法案件中感受到公平正义”。请结合该论述，谈一谈你对司法公正的理解。另外，**也可以结合非法证据排除或者侦查行为违法的案例**，分析程序公正的价值。

考点解析

一、司法公正，包括实体公正和程序公正两个方面

实体公正，是指案件实体的结局处理所体现的公正，包括：①据以定罪量刑的犯罪事实的认定，应当做到证据确实、充分；②正确适用刑法，准确认定犯罪嫌疑人、被告人是否有罪及其罪名；③按照罪行相适应原则，依法适度判定刑罚；④对于错误处理的案件，及时纠正、赔偿或者补偿。

程序公正，是指诉讼程序方面体现的公正，包括：①严格遵守刑事诉讼法的规定；②认真保障当事人和其他诉讼参与人，特别是犯罪嫌疑人、被告人和其他被害人的诉讼权利；③严禁刑讯逼供和以其他非法手段取证；④司法机关依法独立行使职权；⑤保障诉讼程序的公开和透明；⑥按法定期限办案、结案。

实体公正与程序公正，不能互相代替，二者应当并重。

二、公正与效率的关系

刑事诉讼价值，是指刑事诉讼立法及其实施对国家、社会及其一般成员具

有的效用和意义。刑事诉讼价值包括秩序、公正、效益诸项内容。**公正在刑事诉讼价值中居于核心的地位**。刑事诉讼公正包括实体公正和程序公正两个方面。刑事诉讼的效益价值既包括效率，也包括在保证社会生产方面所产生的效益，即刑事诉讼对推动社会经济发展方面的效益。刑事诉讼的秩序、公正、效益诸项价值都很重要，**不可偏废。如果不适当地追求高效处罚，而忽视程序的有序性和公正性，结果会造成处罚不公乃至大量冤狱，导致更尖锐的社会矛盾和更多新的犯罪，不但损害了秩序和公正，而且也没有真正实现效率。反之，同样会造成恶果。**

考点4　刑事诉讼构造与刑事审判模式

命题分析

这是关联性很强的两个考点，因具有相通性，故一并分析。从以往的考试来看，刑事诉讼的范畴部分最容易出理论考点的就是刑事诉讼构造，而刑事审判模式部分可视为我国刑事诉讼构造的具体体现。在2015年考查了对“推进以审判为中心的诉讼制度改革，确保侦查、审查起诉的案件事实证据经得起法律的检验”的理解，实际上主要就是考查对刑事审判模式的理解，且要结合刑事诉讼构造的基础知识加以分析。这种考查方式具有较强的理论性，不仅需要考生对于具体知识点的掌握，还需要具备一定的刑事诉讼理论知识储备，具有相当的难度。类似的考题还有2012年最后一问，“结合本案，简述非法证据排除规则的完善过程，阐明非法证据排除规则的诉讼价值。”这都需要考生对于我国刑事诉讼法中基本架构、重要制度的发展历程要有一定的了解。

考点解析

一、刑事诉讼的构造

（一）刑事诉讼构造的内涵

刑事诉讼构造是指刑事诉讼法所确立的进行刑事诉讼的基本方式以及专门机关、诉讼参与人在刑事诉讼中形成的法律关系的基本格局，它集中体现为控诉、辩护、审判三方在刑事诉讼中的地位及其相互间的法律关系。

（二）刑事诉讼构造的划分

根据刑事诉讼构造的通行理论，可以将其划分为以下几类：

1. 弹劾式诉讼与纠问式诉讼

在我国的通行理论中，弹劾式诉讼是指欧洲奴隶社会和封建社会初期的诉讼模式，其主要特点是不告不理、控辩平等、法官消极中立。

纠问式诉讼是指从13世纪至19世纪上半期盛行于欧洲大陆的诉讼模式，其主要特点是不实行不告不理，而由法官积极主动追究犯罪，集侦、控、审职能于一身，被告人是被调查的对象，几乎没有任何权利，审判秘密进行，刑讯逼供盛行。

2. 当事人主义诉讼、职权主义诉讼、混合式诉讼

在我国通行理论中，当事人主义诉讼、职权主义诉讼、混合式诉讼是对近现代诉讼模式的划分。

当事人主义诉讼的特点是法官中立，诉讼主要通过控辩双方的平等对抗来推进。

职权主义诉讼脱胎于纠问式诉讼，实行控审分离，禁止刑讯，赋予被告人有限权利，但仍然强调法官职权，由法官主导庭审，控辩双方处于相对消极的地位。

混合式诉讼则是指当事人主义诉讼和职权主义诉讼相互借鉴形成的兼有二者特点的诉讼模式，也特指以日本和意大利为代表的在职权主义诉讼的基础上借鉴当事人主义诉讼而形成的混合式诉讼。

在西方理论中，弹劾式诉讼其实常被与当事人主义诉讼在同一意义上使用，都代表不告不理、控辩平等、法官中立的诉讼模式。英国的诉讼模式从整体上看就一直是弹劾式或者说是当事人主义的，没有在整体上走向纠问式诉讼。

在我国理论中的职权主义诉讼其实是脱胎于纠问式诉讼。与纠问式诉讼相比，其职权主义的色彩已经没有那么极端，换句话说，我国理论中的职权主义诉讼实际上已经是在纠问式诉讼的基础上吸收了一定的当事人主义因素而形成，其本身就具有混合色彩。我国理论中的日本、意大利的混合式不过是在此基础上继续吸收当事人主义因素而形成的一种诉讼模式。

（三）刑事诉讼构造与刑事诉讼目的的关系

刑事诉讼目的是指国家制定刑事诉讼法和进行刑事诉讼活动所期望达到的

结果。

立法者总是基于实现一定的刑事诉讼目的而设计相应的构造；同时，刑事诉讼目的的提出与实现也必须以刑事诉讼构造本身所具有的功能为前提。

总体而言，当事人主义诉讼更强调程序正当与人权保障；职权主义诉讼则更强调实体真实与惩罚犯罪。

我国1979年刑事诉讼法主要以惩罚犯罪为目的，追求实体真实，因此采取超职权主义的诉讼模式，强调公检法三机关之间的配合，诉讼构造呈线型模式，表现为公、检、法三机关前后相继的调查，被告人处于被调查的地位，权利非常有限。

1996年刑事诉讼法修改后，我国刑事诉讼开始强调惩罚犯罪与人权保障的平衡，刑事诉讼构造也开始积极吸收当事人主义的因素，但职权主义因素的影响仍然深重。

2012年刑事诉讼法修改及2014年中央提出的以审判为中心的诉讼制度改革均体现了对惩罚犯罪与保障人权的并重，在刑事诉讼构造上则主要是在保留职权主义合理因素的基础上，继续借鉴当事人主义诉讼的因素。

二、刑事审判模式

（一）1979年刑事诉讼法所确立的刑事审判模式

我国1979年刑事诉讼法受苏俄模式的影响，确立的是超职权主义审判模式。其特点包括：第一，庭前审查为实体审查；第二，法官完全主导和控制法庭审判程序；第三，被告人诉讼地位弱化，辩护权受到抑制；第四，控审不分，法官协助检察官行使控诉职能。

（二）1996年刑事诉讼法修改对刑事审判模式的变革

我国1996年刑事诉讼法修改对审判模式进行了重大改革，主要是吸收了英美法系当事人主义的对抗式因素，并保留了职权主义的某些特征。其主要变革包括：第一，庭前审查由实体性审查改为程序性审查；第二，强化了控方的举证责任和辩方的辩护职能，弱化了法官的事实调查功能；第三，扩大了辩方的权利范围，强化了庭审的对抗性。上述改革使我国刑事审判模式具有了当事人主义的某些特征，学界一般称其为“控辩式”审判方式。

（三）2012年刑事诉讼法修改对控辩式刑事审判模式的完善

2012年刑事诉讼法的再次修改沿着控辩式庭审方式改革的方向取得了新

的进展，主要表现为继续强化庭审对抗和加强人权保障。例如，扩大强制辩护的适用范围、强化辩护律师的权利、建立非法证据排除规则、强化法庭调查和辩论、强化证人保护、建立证人作证补偿制度、强制证人出庭作证制度、鉴定人出庭提供意见制度，等等。

（四）以审判为中心的诉讼制度改革

2014年十八届四中全会出台《中共中央关于全面深化改革若干重大问题的决定》，提出“推进以审判为中心的诉讼制度改革”。2016年，最高人民法院、最高人民检察院、公安部、国家安全部、司法部联合发布《关于推进以审判为中心的刑事诉讼制度改革的意见》，对以审判为中心的诉讼制度改革做出了进一步的规范。例如，强调未经人民法院依法判决对任何人都不得确定有罪原则和证据裁判原则，继续完善取证程序和非法证据排除规则，完善举证责任制度，完善庭前会议程序，规范法庭调查程序，完善对证人、鉴定人的法庭质证规则，完善法庭辩论规则，完善当庭宣判制度，强调严格依法裁判，健全诉讼参与人权利保障制度，建立法律援助值班律师制度，完善法律援助制度，推进案件繁简分流，优化司法资源配置，等等。其中，**规范法庭调查程序、完善对证人、鉴定人的法庭质证规则、完善法庭辩论规则等都直接强化了控辩审的庭审方式。**

考点5　法定不予追究刑事责任的情形

命题分析

本考点不可能单独命制主观题，但在案例分析大题中，如果是设置多个小问题的，则有可能会涉及。因为本考点涉及的内容较多，贯穿于整个诉讼阶段，且与实体法有关联（比如追诉时效的问题），而且在**新修订的刑事诉讼法中增加了一种撤销案件或者不起诉（部分不起诉）的情况，作为一个新增考点，考生应当给予重视。**

考点解析

具有法定情形不予追究刑事责任原则实际上就是指《刑事诉讼法》第16条的规定，即“有下列情形之一的，不追究刑事责任，已经追究的，应当撤销案件，或者不起诉，或者终止审理，或者宣告无罪：（一）情节显著轻微、危害不大，不认为是犯罪的；（二）犯罪已过追诉时效期限的；（三）经特赦令免除刑罚的；（四）依照刑法告诉才处理的犯罪，没有告诉或者撤回告诉的；（五）犯罪嫌疑人、被告人死亡的；（六）其他法律规定免予追究刑事责任的”。

在考试中运用该条规定时通常需要作出三步判断：第一步，题目给出的情形是否属于法定不追究刑事责任的情形；第二步，处于何种诉讼阶段；第三步，应当作出何种处理。

一、法定不追究刑事责任的情形

对于是否属于法定不追究刑事责任的情形，有的需要结合其他规定才能作出判断，为了方便理解和记忆，我们列表如下：

法定不追究刑事责任的情形	判断依据
情节显著轻微、危害不大，不认为是犯罪的	注意与“犯罪情节轻微，依照刑法规定不需要判处刑罚或者免除刑罚的”酌定不起诉的适用情形相区别
犯罪已过追诉时效期限的	法定最高刑为不满5年有期徒刑的，经过5年
	法定最高刑为5年以上不满10年有期徒刑的，经过10年
	法定最高刑为10年以上有期徒刑的，经过15年
	法定最高刑为无期徒刑、死刑的，经过20年
经特赦令免除刑罚的	
依照刑法告诉才处理的犯罪，没有告诉或者撤回告诉的	侮辱、诽谤案（未严重危害社会秩序和国家利益）
	暴力干涉婚姻自由案（未引起被害人死亡）
	虐待案（未造成被害人重伤、死亡）
	侵占案
犯罪嫌疑人、被告人死亡的	
新增：坦白且有重大立功或者涉及国家重大利益的《刑事诉讼法》第182条）	经最高人民检察院核准，公安机关可以撤销案件，人民检察院可以作出不起诉决定，也可以对涉嫌数罪中的一项或者多项不起诉
其他法律规定免予追究刑事责任的	

二、各诉讼阶段对法定不追究刑事责任的情形的处理

（一）在审理前遇有法定不追究刑事责任的情形的处理

1. 审查起诉阶段：犯罪嫌疑人没有犯罪事实，或者有本法第16条规定的情形之一的，人民检察院应当作出不起诉决定。对于犯罪情节轻微，依照刑法规定不需要判处刑罚或者免除刑罚的，人民检察院可以作出不起诉决定。这里要注意，**对于《刑事诉讼法》第16条规定的情形是“应当”作出不起诉决定，属于“法定不起诉”；对于“犯罪情节轻微，依照刑法规定不需要判处刑罚或者免除刑罚的”则是“可以”做出不起诉决定，属于“酌定不起诉”。此外，新增的第182条，犯罪嫌疑人自愿如实供述涉嫌犯罪的事实，有重大立功或者案件涉及国家重大利益的，经最高人民检察院核准，公安机关可以撤销案件，人民检察院可以作出不起诉决定，也可以对涉嫌数罪中的一项或者多项不起诉。**

2. 公诉案件庭前审查阶段：人民法院对提起公诉的案件审查后，对于符合刑事诉讼法第16条第（二）项至第（六）项规定情形的，应当裁定终止审理或者退回人民检察院。

上述内容可以通过下表来理解和记忆：

<table>
<tr><th rowspan="2">法定不追究刑事责任的情形</th><th colspan="4">各个诉讼阶段遇有法定情形时的处理</th></tr>
<tr><th>立案</th><th>侦查</th><th>审查起诉</th><th>庭前审查</th></tr>
<tr><td>情节显著轻微、危害不大，不认为是犯罪的</td><td rowspan="6">不予立案</td><td rowspan="6">撤销案件</td><td rowspan="6">不起诉</td><td></td></tr>
<tr><td>犯罪已过追诉时效期限的</td><td rowspan="5">裁定终止审理或者退回人民检察院</td></tr>
<tr><td>经特赦令免除刑罚的</td></tr>
<tr><td>依照刑法告诉才处理的犯罪，没有告诉或者撤回告诉的</td></tr>
<tr><td>犯罪嫌疑人、被告人死亡的</td></tr>
<tr><td>其他法律规定免予追究刑事责任的</td></tr>
<tr><td>犯罪嫌疑人自愿如实供述涉嫌犯罪的事实，有重大立功或者案件涉及国家重大利益的，经最高人民检察院核准</td><td></td><td>可以撤销案件</td><td>人民检察院可以作出不起诉决定，也可以对涉嫌数罪中的一项或者多项不起诉</td><td></td></tr>
</table>

（二）在审理中或审理后遇有相关情形的处理

1. 人民法院在审理案件过程中，被告人死亡的，应当裁定终止审理；被告人脱逃的，应当裁定中止审理。人民检察院可以依法另行向人民法院提出没收违法所得的申请。

2. 对第一审公诉案件，人民法院审理后，对被告人因不满十六周岁，不予刑事处罚的，应当判决宣告被告人不负刑事责任；对被告人是精神病人，在不能辨认或者不能控制自己行为时造成危害结果，不予刑事处罚的，应当判决宣告被告人不负刑事责任；对犯罪已过追诉时效期限且不是必须追诉，或者经特赦令免除刑罚的，应当裁定终止审理；对被告人死亡的，应当裁定终止审理；根据已查明的案件事实和认定的证据，能够确认无罪的，应当判决宣告被告人无罪。

3. 共同犯罪案件，上诉的被告人死亡，其他被告人未上诉的，第二审人民法院仍应对全案进行审查。经审查，死亡的被告人不构成犯罪的，应当宣告无罪；构成犯罪的，应当终止审理。对其他同案被告人仍应作出判决、裁定。

上述内容可以通过下表来理解和记忆：

<table>
<tr><th colspan="2">法定不追究刑事责任的情形</th><th>一审或二审后的处理</th></tr>
<tr><td colspan="2">情节显著轻微、危害不大，不认为是犯罪的</td><td>判决宣告无罪</td></tr>
<tr><td colspan="2">犯罪已过追诉时效期限的</td><td rowspan="3">裁定终止审理</td></tr>
<tr><td colspan="2">经特赦令免除刑罚的</td></tr>
<tr><td colspan="2">依照刑法告诉才处理的犯罪，没有告诉或者撤回告诉的</td></tr>
<tr><td rowspan="2">犯罪嫌疑人、被告人死亡的</td><td></td><td>裁定终止审理，人民检察院可另行提出没收违法所得的申请</td></tr>
<tr><td>能够确认无罪</td><td>判决宣告无罪</td></tr>
<tr><td>其他法律规定免予追究刑事责任的</td><td>因年龄或精神疾病不予刑事处罚的</td><td>判决宣告被告人不负刑事责任</td></tr>
</table>

考点6　被害人的诉讼权利

命题分析

该考点与上一考点类似，不可能单独命制主观题，**但由于涉及多个诉讼阶**

段，容易在案例分析大题中成为单独设置的小问题。考生应注意掌握在不同诉讼阶段，被害人可以行使哪些诉讼权利。

考点解析

关于被害人诉讼权利的规定散见于刑事诉讼法及司法解释的诸多程序性条款中，很难全面总结，这里仅讲解**为被害人所专有的比较特殊的诉讼权利**及注意事项。

1. 被害人**对不立案决定的申请复议权**：人民法院、人民检察院或者公安机关对于报案、控告、举报和自首的材料，应当按照管辖范围，迅速进行审查，认为有犯罪事实需要追究刑事责任的时候，应当立案；认为没有犯罪事实，或者犯罪事实显著轻微，不需要追究刑事责任的时候，不予立案，并且将不立案的原因告知控告人。控告人如果不服，可以申请复议。这里的控告人，实际上就是指被害人。

2. 被害人**对公安机关不立案决定的申诉权**：被害人认为公安机关对应当立案侦查的案件而不立案侦查，向人民检察院提出的，人民检察院应当要求公安机关说明不立案的理由。人民检察院认为公安机关不立案理由不能成立的，应当通知公安机关立案，公安机关接到通知后应当立案。

3. 被害人**对不起诉决定的申诉权**：对于有被害人的案件，决定不起诉的，人民检察院应当将不起诉决定书送达被害人。被害人如果不服，可以自收到决定书后七日以内向上一级人民检察院申诉，请求提起公诉。人民检察院应当将复查决定告知被害人。

4. 被害人的**自诉权**：对于自诉案件，被害人有权向人民法院直接起诉；对人民检察院维持不起诉决定的，被害人可以向人民法院起诉。被害人也可以不经申诉，直接向人民法院起诉。

5. 被害人的**申请抗诉权**：被害人及其法定代理人不服地方各级人民法院第一审的判决的，自收到判决书后五日以内，有权请求人民检察院提出抗诉。人民检察院自收到被害人及其法定代理人的请求后五日以内，应当作出是否抗诉的决定并且答复请求人。

上述内容可通过下表理解和记忆：

对象、条件	被害人权利	相关程序
不立案决定	申请复议权	有关机关应将不立案的原因通知控告人，控告人如果不服，可以申请复议。控告人即实质上的被害人
	申诉权	对公安机关不立案的，被害人可以向人民检察院提出申诉。该申诉不以申请复议为前提
不起诉决定	申诉权	可以向上一级人民检察院提出申诉
	自诉权	既可在上一级检察院维持不起诉决定后再提起自诉，也可以不经申诉而直接提起自诉
自诉案件	自诉权	对自诉案件被害人有权提起自诉。被害人死亡或者丧失行为能力的，其法定代理人、近亲属有权提起自诉
地方各级法院一审判决	申请抗诉权	对地方各级人民法院的一审判决，被害人没有上诉权，但有权请求人民检察院提出抗诉。对裁定不能请求抗诉

考点7　检察机关的立案管辖

命题分析

在2018年10月26日新修订的《刑事诉讼法》第19条第2款中，对于检察机关的立案管辖进行了重新规定。**作为新增考点，又是属于监察法与刑事诉讼法相衔接的内容，同时还有可能与非法证据排除结合起来命题**，因此考生对于这一变化应当掌握。

考点解析

《刑事诉讼法》第19条第2款修改为："人民检察院在**对诉讼活动实行法律监督中发现的司法工作人员利用职权实施的非法拘禁、刑讯逼供、非法搜查等侵犯公民权利、损害司法公正的犯罪，可以由人民检察院立案侦查**。对于公安机关管辖的国家机关工作人员利用职权实施的重大犯罪案件，需要由人民检察院直接受理的时候，经省级以上人民检察院决定，可以由人民检察院立案侦查。"

需要注意：第一，贪污、贿赂等职务犯罪由监察委进行调查，原来检察机关的职务犯罪侦查权只保留了司法工作人员利用职权实施的非法拘禁、刑讯逼供、非法搜查等侵犯公民权利、损害司法公正的犯罪，可以由人民检察院立案侦查。**因此，对于案例中如果涉及刑讯逼供可能构成犯罪的，由检察机关行使立案侦查权**。第二，对于属于公安机关管辖的国家机关工作人员利用职权实施的重大犯罪案件，需要由人民检察院直接受理的时候，**经省级以上人民检察院决定**，可以由人民检察院立案侦查。

考点8　辩护人的权利

命题分析

辩护人的权利是一个综合性很强的考点，**既可以命制论述题，也可以通过案例分析大题**考查**具体知识点**。比如，可以和有权获得辩护原则相结合考查辩护权的价值和意义；也可以在案例中考查非法证据排除中辩护律师的权利。需要注意的是，在2018年《刑事诉讼法》修正案中，有多处对辩护制度进行了修改，比如增加了值班律师制度，增加了在认罪认罚案件中辩护人的权利等，从“新增必考”这个角度来看，需要重视。

考点解析

一、辩护权相关理论

（一）有权获得辩护原则

辩护权是法律赋予受到刑事追诉的人针对所受到的指控进行反驳、辩解和申辩，以维护自身合法权益的一种诉讼权利。辩护权是犯罪嫌疑人、被告人各种诉讼权利中最为基本的权利，在各项权利中居于核心地位。我国《宪法》第130条规定，被告人有权获得辩护。因此，辩护权是犯罪嫌疑人、被告人所享有的一项宪法性权利。

（二）有效辩护原则

有效辩护原则是辩护权的体现，也是对辩护权的保障。在刑事诉讼中，辩护应当对保护犯罪嫌疑人、被告人的权利具有实质意义，而不仅仅是形式上的，这就是有效辩护原则的基本要求。具体包括：①犯罪嫌疑人、被告人作为刑事诉讼的当事人在整个诉讼过程中应当享有充分的辩护权；②允许犯罪嫌疑人、被告人聘请合格的能够有效履行辩护职责的辩护人为其辩护，这种辩护同样应当覆盖从侦查到审判甚至执行阶段的整个诉讼过程；③国家应当保障犯罪嫌疑人、被告人自行辩护权的充分行使，并通过设立法律援助制度确保犯罪嫌疑人、被告人能够获得符合最低标准并具有实质意义的律师帮助。

有效辩护原则的确立，是人类社会文明、进步在刑事诉讼中的体现，体现了犯罪嫌疑人、被告人在刑事诉讼主体地位的确立和人权保障的理念，还有助于强化辩方成为影响诉讼进程的重要力量，维系控辩平等对抗和审判方居中裁判的刑事诉讼构造。

（三）辩护的意义

1. 有利于发现真相和正确处理案件。

2. 是实现程序正义的重要保障。

3. 对于法制宣传教育也有积极意义。

二、辩护人范围的修改

《刑事诉讼法》第33条第3款：**"被开除公职和被吊销律师、公证员执业证书的人，不得担任辩护人，但系犯罪嫌疑人、被告人的监护人、近亲属的除外。"**

三、值班律师

1. 值班律师的派驻与地位

《刑事诉讼法》第36条：**法律援助机构可以在人民法院、看守所等场所派驻值班律师**。犯罪嫌疑人、被告人没有委托辩护人，法律援助机构没有指派律师为其提供辩护的，由值班律师为犯罪嫌疑人、被告人提供法律咨询、程序选择建议、申请变更强制措施、对案件处理提出意见等法律帮助。

注意，值班律师不等于辩护人，值班律师行使的权利不等于辩护权。

2. 听取值班律师的意见

《刑事诉讼法》第173条：人民检察院审查案件，应当讯问犯罪嫌疑人，**听取辩护人或者值班律师、被害人及其诉讼代理人的意见**，并记录在案。辩护人或者值班律师、被害人及其诉讼代理人提出书面意见的，应当附卷。

犯罪嫌疑人认罪认罚的，**人民检察院应当告知其享有的诉讼权利和认罪认罚的法律规定，听取犯罪嫌疑人、辩护人或者值班律师、被害人及其诉讼代理人对下列事项的意见**，并记录在案：①涉嫌的犯罪事实、罪名及适用的法律规定；②从轻、减轻或者免除处罚等从宽处罚的建议；③认罪认罚后案件审理适用的程序；④其他需要听取意见的事项。

人民检察院依照前两款规定听取值班律师意见的，应当提前为值班律师了解案件有关情况提供必要的便利。

人民法院、人民检察院、看守所**应当告知犯罪嫌疑人、被告人有权约见值班律师，并为犯罪嫌疑人、被告人约见值班律师提供便利**。

3. 值班律师的在场

《刑事诉讼法》第 174 条：犯罪嫌疑人自愿认罪，同意量刑建议和程序适用的，**应当在辩护人或者值班律师在场的情况下**签署认罪认罚具结书。

四、辩护人的权利

（一）知情权（获得通知权）

辩护人首先应享有向办案机关了解案件有关情况和就案件有关情况获得通知的知情权。

（1）辩护律师（**在侦查期间只能委托律师作为辩护人**）在侦查期间可以向侦查机关了解犯罪嫌疑人涉嫌的罪名和案件有关情况，包括当时已查明的该罪的主要事实，犯罪嫌疑人被采取、变更、解除强制措施的情况，侦查机关延长侦查羁押期限等情况；办案机关应当依法及时告知辩护律师。

（2）办案机关作出移送审查起诉、退回补充侦查、提起公诉、延期审理、二审不开庭审理、宣告判决等重大程序性决定的，以及人民检察院将直接受理立案侦查案件报请上一级人民检察院审查决定逮捕的，应当依法及时告知辩护律师。对于诉讼中的重大程序信息和送达当事人的诉讼文书，办案机关应当通知辩护、代理律师。

对于上述内容，可通过下表予以理解：

	方式	内容
知情权	可向办案机关了解；办案机关应依法及时告知	犯罪嫌疑人、被告人涉嫌或者被指控的罪名
		当时已查明的该罪的主要事实
		犯罪嫌疑人、被告人被采取、变更、解除强制措施的情况、侦查机关延长侦查羁押期限等情况
	办案机关应依法及时告知	办案机关作出移送审查起诉、退回补充侦查、提起公诉、延期审理、二审不开庭审理、宣告判决等重大程序性决定
		人民检察院将直接受理立案侦查案件报请上一级人民检察院审查决定逮捕的（因监察体制改革，已暂停）

此外，还有以下一些有关辩护人知情权的规定需要稍加留意：

（1）人民法院决定开庭审判后，应当将人民检察院的**起诉书副本至迟在开庭十日以前送达被告人及其辩护人**。

（2）人民法院确定案件**开庭日期**时，应当为律师出庭预留必要的准备时间并将开庭的时间**书面通知律师**，传票和通知书至迟在开庭三日以前送达。律师因开庭日期冲突等正当理由申请变更开庭日期的，人民法院应当在不影响案件审理期限的情况下，予以考虑并调整日期，**决定调整日期的，应当及时通知律师**。

（3）**判决书应当同时送达辩护人**和诉讼代理人。

（二）会见通信权

关于会见通信权的规定内容比较繁杂，可从以下几个方面予以理解和记忆：

1. 会见通信权的行使主体、对象与时间

注意：2018 年《刑事诉讼法》对原第 37 条进行了修改，改为第 39 条。第 1 款规定："辩护律师可以同在押的犯罪嫌疑人、被告人会见和通信。其他辩护人经人民法院、人民检察院许可，也可以同在押的犯罪嫌疑人、被告人会见和通信。"**第 3 款进行了修改："危害国家安全犯罪、恐怖活动犯罪案件，在侦查期间辩护律师会见在押的犯罪嫌疑人，应当经侦查机关许可。上述案件，侦查机关应当事先通知看守所。"注意，之前常说的"三类案件"已经改为了两类案件，特别重大贿赂案件已经删去，但是要注意由于这类案件是由监察委进行调查，在调查期间是不允许律师介入的，只有在移送起诉后才允许律师的介入。**第 4 款规定："辩护律师同被监视居住的犯罪嫌疑人、被告人会见、通信，适用第一款、第三款、第四款的规定。”

《最高人民法院关于适用〈中华人民共和国刑事诉讼法〉的解释》第48条规定：“辩护律师可以同在押的或者被监视居住的被告人会见和通信。其他辩护人经人民法院许可，也可以同在押的或者被监视居住的被告人会见和通信。”

根据上述规定，可以得出以下结论：

第一，会见通信权的行使对象是**在押的或被监视居住的犯罪嫌疑人、被告人**。会见权和通信权实际上是两个权利，但是因为其行使对象均为在押的或被监视居住的犯罪嫌疑人、被告人，因此常被放在一起规定。

第二，会见通信权的行使主体是辩护律师和其他辩护人，但是辩护律师的会见通信权没有阶段限制，既可在侦查阶段行使，也可在审查起诉和审判阶段行使；其他辩护人在侦查阶段则不享有会见通信权，只在审查起诉和审判阶段享有会见通信权。

第三，辩护律师行使会见通信权一般无须经许可，只是在侦查阶段会见在押的或被监视居住的犯罪嫌疑人时，如果是危害国家安全犯罪、恐怖活动犯罪，应当经侦查机关的许可。其他辩护人在侦查阶段没有会见通信权，在审查起诉和审判阶段行使会见通信权则需经人民检察院或人民法院许可。

后两条可通过下表理解和记忆：

<table>
<tr><th></th><th colspan="2">侦查阶段</th><th>自审查起诉之日起</th></tr>
<tr><td rowspan="3">辩护律师</td><td colspan="2">一般不需许可</td><td rowspan="3">无须许可</td></tr>
<tr><td rowspan="2">需经许可</td><td>危害国家安全犯罪</td></tr>
<tr><td>恐怖活动犯罪</td></tr>
<tr><td>其他辩护人</td><td colspan="2">在侦查期间只能委托律师作为辩护人</td><td>需经许可</td></tr>
</table>

注意：监察委调查期间，不允许律师的介入。

此外，《人民检察院刑事诉讼规则》第48条第3款规定了人民检察院可不许可其他辩护人阅卷或会见通信的情形：“对于律师以外的辩护人申请查阅、摘抄、复制案卷材料或者申请同在押、被监视居住的犯罪嫌疑人会见和通信，具有下列情形之一的，人民检察院可以不予许可：（一）**同案犯罪嫌疑人在逃的**；（二）**案件事实不清，证据不足，或者遗漏罪行、遗漏同案犯罪嫌疑人需要补充侦查的**；（三）**涉及国家秘密或者商业秘密的**；（四）**有事实表明存在**

串供、毁灭、伪造证据或者危害证人人身安全可能的。”

2. 关于会见权的具体规定

（1）时间：辩护律师到看守所会见在押的犯罪嫌疑人、被告人，看守所在查验律师执业证书、律师事务所证明和委托书或者法律援助公函后，应当及时安排会见。能当时安排的，应当**当时安排**；不能当时安排的，看守所应当向辩护律师说明情况，并保证辩护律师在**四十八小时以内**会见到在押的犯罪嫌疑人、被告人。

（2）保障：看守所安排会见不得附加其他条件或者变相要求辩护律师提交法律规定以外的其他文件、材料，不得以未收到办案机关通知为由拒绝安排辩护律师会见。看守所应当设立会见预约平台，采取网上预约、电话预约等方式为辩护律师会见提供便利，但不得以未预约会见为由拒绝安排辩护律师会见。辩护律师会见在押的犯罪嫌疑人、被告人时，看守所应当采取必要措施，保障会见顺利和安全进行。律师会见在押的犯罪嫌疑人、被告人的，看守所应当保障律师履行辩护职责需要的时间和次数，并与看守所工作安排和办案机关侦查工作相协调。辩护律师会见犯罪嫌疑人、被告人时**不被监听，办案机关不得派员在场**。在律师会见室不足的情况下，看守所经辩护律师书面同意，可以安排在讯问室会见，但应当关闭录音、监听设备。

（3）人员：犯罪嫌疑人、被告人委托两名律师担任辩护人的，**两名辩护律师可以共同会见，也可以单独会见**。辩护律师**可以带一名律师助理协助会见**。助理人员随同辩护律师参加会见的，应当出示律师事务所证明和律师执业证书或申请律师执业人员实习证。办案机关应当核实律师助理的身份。

（4）内容：自案件移送审查起诉之日起，辩护律师会见犯罪嫌疑人、被告人，可以向其核实有关证据。

（5）笔录：辩护律师会见在押的犯罪嫌疑人、被告人，可以根据需要制作会见笔录，并要求犯罪嫌疑人、被告人确认无误后在笔录上签名。

上述内容中的要点可通过下表理解和记忆：

<table>
<tr><th colspan="2">会见权基本内容</th></tr>
<tr><td rowspan="2">人员</td><td>两名辩护律师可以共同会见，也可以单独会见</td></tr>
<tr><td>辩护律师可以带一名律师助理协助会见</td></tr>
<tr><td rowspan="2">时间</td><td>当时安排</td></tr>
<tr><td>至迟不得超过四十八小时</td></tr>
<tr><td rowspan="2">内容</td><td>了解案件有关情况，提供法律咨询等</td></tr>
<tr><td>自案件移送审查起诉之日起，可以向犯罪嫌疑人、被告人核实有关证据</td></tr>
<tr><td>保障</td><td>不被监听，办案人员不得派员在场</td></tr>
</table>

（6）侦查阶段辩护律师会见权的特殊规定

辩护律师在侦查期间要求会见**危害国家安全犯罪、恐怖活动犯罪**在押的犯罪嫌疑人的，应当向侦查机关提出申请。

侦查机关应当依法及时审查辩护律师提出的会见申请，在三日以内将是否许可的决定书面答复辩护律师，并明确告知负责与辩护律师联系的部门及工作人员的联系方式。对许可会见的，应当向辩护律师出具许可决定文书；因有碍侦查或者可能泄露国家秘密而不许可会见的，应当向辩护律师说明理由。

有碍侦查或者可能泄露国家秘密的情形消失后，应当许可会见，并及时通知看守所和辩护律师。

侦查机关不得随意解释和扩大前款所述两类案件的范围，限制律师会见。

关于侦查阶段辩护律师会见权的特殊规定可通过下表理解和记忆：

<table>
<tr><td rowspan="3">侦查阶段辩护律师会见</td><td colspan="3">一般不需许可</td><td rowspan="3">不可向犯罪嫌疑人核实证据</td></tr>
<tr><td rowspan="2">需经许可</td><td>危害国家安全犯罪</td><td rowspan="2">有碍侦查或可能泄露国家秘密的情形消失后，应当许可会见，并及时通知看守所和辩护律师</td></tr>
<tr><td>恐怖活动犯罪</td></tr>
</table>

3. 关于通信权的具体规定

看守所应当**及时传递**辩护律师同犯罪嫌疑人、被告人的往来信件。看守所可以对信件进行**必要的检查**，但**不得截留、复制、删改信件**，**不得向办案机关提供信件内容**，但信件内容**涉及危害国家安全、公共安全、严重危害他人人身安全**以及**涉嫌串供、毁灭证据等**情形的除外。

（三）阅卷权

1. 范围

辩护律师自人民检察院对案件审查起诉之日起，可以查阅、摘抄、复制本案的案卷材料，人民检察院检察委员会的讨论记录、人民法院合议庭、审判委员会的讨论记录以及其他依法不能公开的材料除外。

辩护律师查阅、摘抄、复制的案卷材料属于国家秘密的，应当经过人民检察院、人民法院同意并遵守国家保密规定。

2. 保障

人民检察院、人民法院应当为辩护律师查阅、摘抄、复制案卷材料提供便利，有条件的地方可以推行电子化阅卷，允许刻录、下载材料。

侦查机关应当在案件移送审查起诉后三日以内，人民检察院应当在提起公诉后三日以内，将案件移送情况告知辩护律师。案件提起公诉后，人民检察院对案卷所附证据材料有调整或者补充的，应当及时告知辩护律师。辩护律师对调整或者补充的证据材料，有权查阅、摘抄、复制。辩护律师办理申诉、抗诉案件，在人民检察院、人民法院经审查决定立案后，可以持律师执业证书、律师事务所证明和委托书或者法律援助公函到案卷档案管理部门、持有案卷档案的办案部门查阅、摘抄、复制已经审理终结案件的案卷材料。

辩护律师提出阅卷要求的，人民检察院、人民法院应当当时安排辩护律师阅卷，无法当时安排的，应当向辩护律师说明并安排其在三个工作日以内阅卷，不得限制辩护律师阅卷的次数和时间。有条件的地方可以设立阅卷预约平台。人民检察院、人民法院应当为辩护律师阅卷提供场所和便利，配备必要的设备。因复制材料发生费用的，只收取工本费用。律师办理法律援助案件复制材料发生的费用，应当予以免收或者减收。

3. 人员及方式

辩护律师可以采用复印、拍照、扫描、电子数据拷贝等方式复制案卷材料，可以根据需要带律师助理协助阅卷。办案机关应当核实律师助理的身份。

4. 义务

律师不得违反规定，披露、散布案件重要信息和案卷材料，或者将其用于本案辩护、代理以外的其他用途。

对上述规定的主要内容，可通过下表理解和记忆：

<table>
<tr><th colspan="2">阅卷权的基本内容</th><th>备注</th></tr>
<tr><td rowspan="3">人员</td><td>辩护律师</td><td>不需要经人民法院、人民检察院许可</td></tr>
<tr><td>其他辩护人</td><td>需经人民法院、人民检察院许可</td></tr>
<tr><td>辩护律师可带律师助理协助阅卷</td><td>办案机关应当核实律师助理的身份</td></tr>
<tr><td>时间</td><td>自检察院对案件审查起诉之日起</td><td>侦查阶段辩护人没有阅卷权</td></tr>
<tr><td>方式</td><td>查阅、摘抄、复制</td><td>可以采用复印、拍照、扫描、电子数据拷贝等方式复制</td></tr>
<tr><td rowspan="7">范围</td><td rowspan="3">可以查阅</td><td>诉讼文书和证据材料（即案卷材料）</td></tr>
<tr><td>调整或者补充的证据材料</td></tr>
<tr><td>已经审理终结案件的案卷材料</td></tr>
<tr><td rowspan="3">不可查阅</td><td>检察委员会的讨论记录</td></tr>
<tr><td>合议庭、审判委员会的讨论记录</td></tr>
<tr><td>其他依法不能公开的材料</td></tr>
<tr><td>经许可后可以查阅</td><td>属于国家秘密的案卷材料</td></tr>
<tr><td rowspan="7">保障</td><td rowspan="2">告知案件移送情况</td><td>侦查机关在移送审查起诉后三日以内告知</td></tr>
<tr><td>人民检察院在提起公诉后三日以内告知</td></tr>
<tr><td>告知证据材料的调整和补充情况</td><td></td></tr>
<tr><td rowspan="2">安排阅卷</td><td>当时安排</td></tr>
<tr><td>予以说明并安排在三个工作日以内阅卷</td></tr>
<tr><td>不得限制阅卷的次数和时间</td><td></td></tr>
<tr><td>只收取工本费用</td><td>法律援助案件应予免收或减收</td></tr>
<tr><td>义务</td><td colspan="2">律师不得违反规定，披露、散布案件重要信息和案卷材料，或者将其用于本案辩护、代理以外的其他用途</td></tr>
</table>

（四）调查取证权

辩护律师**自审查起诉之日起**拥有调查取证权。其他辩护人没有调查取证权。关于辩护律师和其他辩护人的权利区别，可通过下表理解和记忆：

	会见通信权	阅卷权	调查取证权
辩护律师	侦查期间即有，特殊案件须经许可	自审查起诉之日起即有	自审查起诉之日起即有，部分对象须经许可
其他辩护人	自审查起诉之日起，经许可方有	自审查起诉之日起，经许可方有	无

辩护律师的调查取证权的行使方式有两种：自行收集和申请人民法院、人民检察院调取。

1. 自行收集

辩护律师经**证人或者其他有关单位和个人**同意，可以向他们收集与本案有关的材料，也可以申请人民检察院、人民法院收集、调取证据，或者申请人民法院通知证人出庭作证。辩护律师经人民检察院或者人民法院许可，并且经**被害人或者其近亲属、被害人提供的证人**同意，可以向他们收集与本案有关的材料。

辩护律师申请向**正在服刑的罪犯**收集与案件有关的材料的，监狱和其他监管机关在查验律师执业证书、律师事务所证明和犯罪嫌疑人、被告人委托书或法律援助公函后，应当及时安排并提供合适的场所和便利。正在服刑的罪犯属于辩护律师所承办案件的被害人或者其近亲属、被害人提供的证人的，应当经人民检察院或者人民法院许可。

上述规定中的要点可通过下表理解和记忆：

	调查对象	是否需经检察院或法院许可	是否需调查对象同意
自行收集证据	证人、其他有关单位或个人	无须许可	均需调查对象同意
	被害人或者其近亲属、被害人提供的证人	需经许可	
	正在服刑的罪犯	无须许可（除非系被害人或其近亲属、被害人方证人）	

2. 申请人民法院、人民检察院调取证据

辩护律师经证人或者其他有关单位和个人同意，可以向他们收集与本案有关的材料，**也可以申请人民检察院、人民法院收集、调取证据，或者申请人民法院通知证人出庭作证**。人民检察院、人民法院认为需要调查取证的，应当由人民检察院、人民法院收集、调取证据，**不得向律师签发准许调查决定书，让律师收集、调取证据**。

辩护人认为**在侦查、审查起诉期间公安机关、人民检察院收集的证明犯罪嫌疑人、被告人无罪或者罪轻的证据材料未提交的**，有权申请人民检察院、人民法院调取。人民检察院、人民法院应当依法及时审查。经审查，认为辩护律师申请调取的证据材料已收集并且与案件事实有联系的，应当及时调取。相关证据材料提交后，人民检察院、人民法院应当及时通知辩护律师查阅、摘抄、复制。经审查决定不予调取的，应当书面说明理由。

上述规定中的要点可通过下表理解和记忆：

	范围	程序
申请人民法院、人民检察院调取证据	向证人或者其他有关单位和个人收集与本案有关的材料	不得向律师签发准许调查决定书，让律师收集、调取证据
	公安机关、检察院在侦查、审查起诉期间收集但未提交的证明犯罪嫌疑人、被告人无罪或罪轻的证据材料	经审查决定不予调取的，书面说明理由

（五）申请变更或解除强制措施权

犯罪嫌疑人、被告人及其法定代理人、近亲属或者**辩护人有权申请变更强制措施**；对于**采取强制措施法定期限届满的，有权要求解除强制措施**。

辩护律师书面申请变更或者解除强制措施的，办案机关应当在三日以内作出处理决定。辩护律师的申请符合法律规定的，办案机关应当及时变更或者解除强制措施；经审查认为不应当变更或者解除强制措施的，应当告知辩护律师，并书面说明理由。

（六）要求回避、申请复议权

《刑事诉讼法》第 32 条第 2 款规定：“**辩护人、诉讼代理人可以依照本章的规定要去回避、申请复议**。”此为 2012 年刑事诉讼法修改的新增内容。

（七）提出意见权

1. 审查逮捕程序中

人民检察院审查批准逮捕，可以询问证人等诉讼参与人，听取辩护律师的意见；辩护律师提出要求的，应当听取辩护律师的意见。

对未成年犯罪嫌疑人、被告人应当严格限制适用逮捕措施。人民检察院审查批准逮捕和人民法院决定逮捕，应当讯问未成年犯罪嫌疑人、被告人，听取辩护律师的意见。

2. 侦查程序中

在案件侦查终结前，辩护律师提出要求的，侦查机关应当听取辩护律师的意见，并记录在案。辩护律师提出书面意见的，应当附卷。

3. 审查起诉程序中（注意：此部分为2018年新修订的重要内容）

人民检察院审查案件，应当讯问犯罪嫌疑人，听取辩护人或者值班律师、被害人及其诉讼代理人的意见，并记录在案。辩护人或者值班律师、被害人及其诉讼代理人提出书面意见的，应当附卷。犯罪嫌疑人认罪认罚的，人民检察院应当告知其享有的诉讼权利和认罪认罚的法律规定，听取犯罪嫌疑人、辩护人或者值班律师、被害人及其诉讼代理人对下列事项的意见，并记录在案：①涉嫌的犯罪事实、罪名及适用的法律规定；②从轻、减轻或者免除处罚等从宽处罚的建议；③认罪认罚后案件审理适用的程序；④其他需要听取意见的事项。人民检察院依照前两款规定听取值班律师意见的，应当提前为值班律师了解案件有关情况提供必要的便利。

4. 二审程序中

第二审人民法院决定不开庭审理的，应当讯问被告人，听取其他当事人、辩护人、诉讼代理人的意见。

5. 死刑复核程序中

最高人民法院复核死刑案件，应当讯问被告人，辩护律师提出要求的，应当听取辩护律师的意见。

《关于依法保障律师执业权利的规定》第21条对上述规定作出了总结，即："侦查机关在案件侦查终结前，人民检察院、人民法院在审查批准、决定逮捕期间，最高人民法院在复核死刑案件期间，辩护律师提出要求的，办案机关应当听取辩护律师的意见。人民检察院审查起诉、第二审人民法院决定不开庭审理的，应当充分听取辩护律师的意见。辩护律师要求当面反映意见或者提交证据材料的，办案机关应当依法办理，并制作笔录附卷。辩护律师提出的书面意见和证据材料，应当附卷。"

（八）参加法庭调查、辩论权

法庭审理过程中，经审判长准许，律师可以：

1. 向当事人、证人、鉴定人和有专门知识的人发问。

2. 就证据的真实性、合法性、关联性，从证明目的、证明效果、证明标准、证明过程等方面，进行法庭质证和相关辩论。

3. 就案件事实、证据和适用法律等问题，进行法庭辩论。

法官应当注重诉讼权利平等和控辩平衡。对于律师发问、质证、辩论的内容、方式、时间等，法庭应当依法公正保障，以便律师充分发表意见，查清案件事实。法庭审理过程中，法官可以对律师的发问、辩论进行引导，除发言过于重复、相关问题已在庭前会议达成一致、与案件无关或者侮辱、诽谤、威胁他人，故意扰乱法庭秩序的情况外，法官不得随意打断或者制止律师按程序进行的发言。

4. 提出证据材料，申请通知新的证人、有专门知识的人出庭，申请调取新的证据，申请重新鉴定或者勘验、检查。

5. 遇有被告人供述发生重大变化、拒绝辩护等重大情形，经审判长许可，辩护律师可以与被告人进行交流。

6. 有下列情形之一的，律师可以向法庭申请休庭：①辩护律师因法定情形拒绝为被告人辩护的；②被告人拒绝辩护律师为其辩护的；③需要对新的证据作辩护准备的；④其他严重影响庭审正常进行的情形。

7. 就回避、案件管辖、非法证据排除，申请通知证人、鉴定人、有专门知识的人出庭，申请通知新的证人到庭，调取新的证据，申请重新鉴定、勘验等问题当庭提出申请，或者对法庭审理程序提出异议的，法庭原则上应当休庭进行审查，依照法定程序作出决定。其他律师有相同异议的，应一并提出，法庭一并休庭审查。法庭决定驳回申请或者异议的，律师可当庭提出复议。经复议后，律师应当尊重法庭的决定，服从法庭的安排。律师不服法庭决定保留意见的内容应当详细记入法庭笔录，可以作为上诉理由，或者向同级或者上一级人民检察院申诉、控告。

8. 作无罪辩护的，可以当庭就量刑问题发表辩护意见，也可以庭后提交量刑辩护意见。

上述内容可以通过下表来理解和记忆：

<table>
<tr><th></th><th>权利</th><th>备注</th></tr>
<tr><td rowspan="12">参加法庭调查、辩论</td><td>经审判长准许，向当事人、证人、鉴定人和有专门知识的人发问</td><td rowspan="3">除发言过于重复、相关问题已在庭前会议达成一致、与案件无关或者侮辱、诽谤、威胁他人，故意扰乱法庭秩序的情况外，法官不得随意打断或者制止律师按程序进行的发言</td></tr>
<tr><td>进行法庭质证和相关辩论</td></tr>
<tr><td>进行法庭辩论</td></tr>
<tr><td>提出证据材料，申请通知新的证人、有专门知识的人出庭，申请调取新的证据，申请重新鉴定或者勘验、检查</td><td rowspan="3">申请或异议被驳回的，可当庭提出复议；
复议后，应服从法庭安排；
保留意见应记入法庭笔录，可作为上诉理由或向同级或上一级人民检察院申诉、控告</td></tr>
<tr><td>就回避、案件管辖、非法证据排除提出申请</td></tr>
<tr><td>对法庭审理程序提出异议</td></tr>
<tr><td>经审判长许可，与被告人进行交流</td><td>遇有被告人供述发生重大变化、拒绝辩护等重大情形</td></tr>
<tr><td rowspan="4">申请休庭</td><td>辩护律师因法定情形拒绝为被告人辩护的</td></tr>
<tr><td>被告人拒绝辩护律师为其辩护的</td></tr>
<tr><td>需要对新的证据作辩护准备的</td></tr>
<tr><td>其他严重影响庭审正常进行的情形</td></tr>
<tr><td>当庭发表或庭后提交量刑辩护意见</td><td>无罪辩护</td></tr>
</table>

此外，人民法院适用普通程序审理案件，应当**在裁判文书中写明律师依法提出的辩护、代理意见，以及是否采纳的情况，并说明理由**。

律师申请查阅人民法院录制的庭审过程的录音、录像的，人民法院应当准许。

（九）保密权

辩护律师对在执业活动中知悉的委托人的有关情况和信息，有权予以保密。但是，辩护律师在执业活动中知悉委托人或者其他人，**准备或者正在实施危害国家安全、公共安全以及严重危害他人人身安全的犯罪**的，应当及时告知司法机关。

（十）拒绝辩护权

如果遇有当事人**委托事项违法**或者**委托人利用律师提供的服务从事违法活动**或者**委托人隐瞒事实**的情形，律师有权拒绝辩护。

（十一）申诉控告权

辩护人、诉讼代理人认为公安机关、人民检察院、人民法院及其工作人员阻碍其依法行使诉讼权利的，有权**向同级或者上一级人民检察院申诉或者控告**。人民检察院对申诉或者控告应当及时进行审查，情况属实的，通知有关机关予以纠正。

人民检察院受理辩护人、诉讼代理人的申诉或者控告后，应当在十日以内将处理情况书面答复提出申诉或者控告的辩护人、诉讼代理人。

（十二）辩护人犯罪管辖保障权（人身保障权）

辩护人或者其他任何人，不得帮助犯罪嫌疑人、被告人隐匿、毁灭、伪造证据或者串供，不得威胁、引诱证人作伪证以及进行其他干扰司法机关诉讼活动的行为。违反前款规定的，应当依法追究法律责任，辩护人涉嫌犯罪的，应当**由办理辩护人所承办案件的侦查机关以外的侦查机关办理**。具体而言，应当**报请办理辩护人所承办案件的侦查机关的上一级侦查机关指定其他侦查机关立案侦查，或者由上一级侦查机关立案侦查。不得指定办理辩护人所承办案件的侦查机关的下级侦查机关立案侦查**。辩护人是律师的，应当**及时通知其所在的律师事务所或者所属的律师协会**。

考点9　刑事证据的基本属性

命题分析

刑事证据的基本属性是整个证据制度的基础，对于理解证据的收集、审查和运用，乃至于各项证据规则，都将起到基本的导向作用。2011年案例分析大题的第五小问就直接考查了对于证据关联性的理解和运用。因此，考生在备考时应对刑事证据的基本属性从理解和运用的角度加以掌握。

考点解析

我国刑事证据理论认为，刑事证据具有以下三个紧密联系的基本属性：

一、客观性

证据的客观性，是指证据必须是客观存在的事实，不以人的主观意志为转移，任何主观想象、猜测、假设以及来源不明的道听途说等并非客观存在的材料，都不能成为刑事诉讼中的证据。

二、关联性

对证据关联性的理解可以从以下几个方面着手：

（一）关联性的含义及如何判断证据有无关联性

关联性也称相关性，是指证据必须与案件事实有客观联系，对证明刑事案件事实具有某种实际意义；反之，与本案无关的事实或材料，都不能成为刑事证据。

判断某一证据是否具有关联性的依据：第一，该证据是否是用来证明案件争点问题的，与案件证明对象之间是否存在客观联系；第二，该证据对案件事实能否起到证明作用，即该证据的存在对证明刑事案件有无实际意义。如果因为该证据的存在至少可以推论案件事实存在的可能性是更大了或者是更小了，那么该证据对案件事实的证明就是有实际意义的，因此也就具有关联性；如果该证据的存在并不影响案件事实存在的可能性的大小，那么该证据对案件事实的证明就没有实际意义，也就没有关联性。

（二）关联性的基本特征

第一，关联性是证据的一种客观属性，证据事实与案件事实之间的联系应当是客观的，而不是办案人员主观想象或臆测的联系。

第二，证据与案件事实相关联的形式是多种多样、十分复杂的。其中最常见的是因果联系，其次是与犯罪相关的空间、时间、条件、方法、手段的事实。

（三）关联性与证明力的关系

证明力是指证据具有的对案件事实的证明作用，也即证据对证明案件事实的价值。证据的关联性是证据具有证明力的原因。证据对案件事实有无证明力以及证明力的大小，取决于证据本身与案件事实有无联系及联系的紧密、强弱程度。

证明力是大陆法系证据理论中的概念。在大陆法系证据理论中，证据应当具有证据能力和证明力，其中证据能力也即证据资格，证明力则是指证据对待证事实的证明价值。如果要将我国的证据三性理论与大陆法系证据能力及证明力理论相结合，那么合法性应当属于证据能力或说证据资格的范畴，关联性则与证明力密切相关，证据与案件事实的联系越密切，其对案件事实的证明力就越大，也即证据与待证事实的关联度决定着证据的证明力的大小。

（四）关联性与关联性规则的关系

关联性规则是英美法系的证据规则。关联性规则是指不具备关联性的证据均不可采，而不具备关联性的证据主要是指品格证据和类似行为证据。品格证据规则是指用以证明某人具有某种品格的证据与某人实施了反映此种品格的行为之间是不具有关联性的，也即品格证据是不可采的。类似行为证据规则是指用以证明某人曾经实施过某种行为的证据与某人后来实施了相类似的行为之间是不具有关联性的，也即类似行为证据是不可采的。可见，关联性规则中的关联性和我国证据三性中的关联性其实是不一样的，关联性规则是由法律预先否定了某一类证据的关联性，实际上也就是认为这类证据均不可采；证据三性中的关联性则并非针对某一类证据，而是要针对具体案件中的具体证据与待证事实的关系，具体问题具体分析。不过，值得注意的是，我国刑事证据理论的通说并没有将英美法系的关联性规则和我国证据三性中的关联性区分开来，从而认为关联性规则是调整证明力的规则。法考中还是要以通说为准。

三、合法性

合法性是指证据必须依法加以收集和运用。证据的合法性主要包括四个方面的内容，即主体合法、程序合法、形式合法、经法定程序出示和查证。后文非法证据排除规则的讲解中会涉及证据的合法性问题，这里不展开讲解。

考点10　刑事证据的收集与审查

命题分析

刑事证据的收集与审查涉及的内容较多，在以往涉及证据分析的案例分析大题中基本都会考查证据收集是否符合法律规定。最典型的就是2015年第一问：“请根据《刑事诉讼法》及相关司法解释的规定，对以上证据分别进行简要分析，并作出是否有罪的结论。” **考生须注意的是，该问题其实包含了两个方面，并不仅是判断是否有罪，而是首先要对材料中包含的各项证据进行分**

析。那怎么分析证据？最基本的思路就是首先按照证据的种类将材料中包含的各类证据进行分类整理；然后再根据不同种类证据收集的基本要求判断该证据的收集是否符合法律的规定，换言之，即分析证据的证据资格；最后才是根据证据所蕴含的信息分析该证据证明了什么，全案证据综合起来是否达到事实清楚、证据确实充分的证明标准。因此，证据的收集与审查是证据分析的前提和基础。

考点解析

一、刑事证据收集的基本原则

刑事证据的收集要遵循**合法、及时、客观全面和深入细致**的原则。

审判人员、检察人员、侦查人员必须依照法定程序，收集能够证实犯罪嫌疑人、被告人有罪或者无罪、犯罪情节轻重的各种证据。**严禁刑讯逼供和以威胁、引诱、欺骗以及其他非法方法收集证据，不得强迫任何人证实自己有罪。**必须保证一切与案件有关或者了解案情的公民，有客观充分地提供证据的条件，除特殊情况外，可以要求他们协助调查。

对涉及国家秘密、商业秘密、个人隐私的证据，应当保密。凡是伪造证据、隐匿证据或者毁灭证据的，无论属于何方，必须受法律追究。

二、对行政机关在行政执法和查办案件过程中收集到的部分证据材料的使用

人民法院、人民检察院和公安机关有权向有关单位和个人收集、调取证据。有关单位和个人应当如实提供证据。**行政机关在行政执法和查办案件过程中收集的物证、书证、视听资料、电子数据等证据材料，在刑事诉讼中可以作为证据使用。根据法律、行政法规规定行使国家行政管理职权的组织，在行政执法和查办案件过程中收集的证据材料，视为行政机关收集的证据材料。**值得注意的是，上述规定并不是说行政机关在刑事诉讼中有权收集证据，而是仅指行政机关在行政执法和查办案件过程中收集到的部分证据材料，可以在刑事诉讼中使用。从种类上而言，能够在刑事诉讼中使用的行政机关收集的证据**仅包括物证、书证、视听资料、电子数据等公安机关、司法机关难于重新收集的证据。**

由于具体到各种刑事证据而言，其收集程序往往就是侦查程序中的侦查措施，除电子数据外，一般都是以“侦查措施”为考点来考查，而不是以“证据的收集”为考点来考查，因此我们在这部分中暂不展开讨论。

三、刑事证据的审查判断

（一）物证、书证的审查判断

1. 审查重点

对物证、书证应当着重审查以下内容：

（1）物证、书证是否为原物、原件，是否经过辨认、鉴定；物证的照片、录像、复制品或者书证的副本、复制件是否与原物、原件相符，是否由二人以上制作，有无制作人关于制作过程以及原物、原件存放于何处的文字说明和签名。

（2）物证、书证的收集程序、方式是否符合法律、有关规定；经勘验、检查、搜查提取、扣押的物证、书证，是否附有相关笔录、清单，笔录、清单是否经侦查人员、物品持有人、见证人签名，没有物品持有人签名的，是否注明原因；物品的名称、特征、数量、质量等是否注明清楚。

（3）物证、书证在收集、保管、鉴定过程中是否受损或者改变。

（4）物证、书证与案件事实有无关联；对现场遗留与犯罪有关的具备鉴定条件的血迹、体液、毛发、指纹等生物样本、痕迹、物品，是否已作 DNA 鉴定、指纹鉴定等，并与被告人或者被害人的相应生物检材、生物特征、物品等比对。

（5）与案件事实有关联的物证、书证是否全面收集。

对于上述内容，把握住全面、细致审查的原则予以理解即可，无须逐项记忆。

2. 判断规则

（1）原物、原件优先

据以定案的物证应当是原物。原物不便搬运，不易保存，依法应当由有关部门保管、处理，或者依法应当返还的，可以拍摄、制作足以反映原物外形和特征的照片、录像、复制品。物证的照片、录像、复制品，不能反映原物的外形和特征的，不得作为定案的根据。物证的照片、录像、复制品，经与原物核对无误、经鉴定为真实或者以其他方式确认为真实的，可以作为定案的根据。

据以定案的书证应当是原件。取得原件确有困难的，可以使用副本、复制件。书证有更改或者更改迹象不能作出合理解释，或者书证的副本、复制件不能反映原件及其内容的，不得作为定案的根据。书证的副本、复制件，经与原件核对无误、经鉴定为真实或者以其他方式确认为真实的，可以作为定案的根据。

（2）非法证据排除及瑕疵证据的补正

收集物证、书证不符合法定程序，可能严重影响司法公正的，应当予以补正或者作出合理解释；不能补正或者作出合理解释的，对该证据应当予以排除。

在勘验、检查、搜查过程中提取、扣押的物证、书证，未附笔录或者清单，不能证明物证、书证来源的，不得作为定案的根据。物证、书证的收集程序、方式有下列瑕疵，经补正或者作出合理解释的，可以采用：①勘验、检查、搜查、提取笔录或者扣押清单上没有侦查人员、物品持有人、见证人签名，或者对物品的名称、特征、数量、质量等注明不详的；②物证的照片、录像、复制品，书证的副本、复制件未注明与原件核对无异，无复制时间，或者无被收集、调取人签名、盖章的；③物证的照片、录像、复制品，书证的副本、复制件没有制作人关于制作过程和原物、原件存放地点的说明，或者说明中无签名的；④有其他瑕疵的。对物证、书证的来源、收集程序有疑问，不能作出合理解释的，该物证、书证不得作为定案的根据。

上述内容可通过以下表格理解和记忆：

<table>
<tr><td rowspan="10">物证、书证的审查判断</td><td rowspan="5">可以作为定案的根据（不影响真实性的、可修正的瑕疵）</td><td colspan="2">复制品等经与原物、原件核对无误、经鉴定为真实或者以其他方式确认为真实</td></tr>
<tr><td rowspan="4">收集程序、方式有瑕疵，经补正或者作出合理解释</td><td>相关文书中缺少签名或标注不详</td></tr>
<tr><td>复制品等未注明与原件核对无异，无复制时间或缺少签名、盖章</td></tr>
<tr><td>复制品等未附相关说明或说明中无签名</td></tr>
<tr><td>有其他瑕疵</td></tr>
<tr><td rowspan="5">不能作为定案的根据（根本性缺陷）</td><td colspan="2">复制品等与原物、原件不符</td></tr>
<tr><td colspan="2">书证有更改或者更改迹象不能作出合理解释</td></tr>
<tr><td colspan="2">未附笔录或者清单，不能证明物证、书证来源</td></tr>
<tr><td colspan="2">对物证、书证的来源、收集程序有疑问，不能作出合理解释的</td></tr>
<tr><td colspan="2">收集物证、书证不符合法定程序，可能严重影响司法公正，不能补正或者作出合理解释的</td></tr>
</table>

（二）证人证言、被害人陈述的审查判断

1. 审查重点

对证人证言应当着重审查以下内容：①证言的内容是否为证人直接感知；②证人作证时的年龄，认知、记忆和表达能力，生理和精神状态是否影响作证；③证人与案件当事人、案件处理结果有无利害关系；④询问证人是否个别进行；⑤询问笔录的制作、修改是否符合法律、有关规定，是否注明询问的起止时间和地点，首次询问时是否告知证人有关作证的权利义务和法律责任，证人对询问笔录是否核对确认；⑥询问未成年证人时，是否通知其法定代理人或者有关人员到场，其法定代理人或者有关人员是否到场；⑦证人证言有无以暴力、威胁等非法方法收集的情形；⑧证言之间以及与其他证据之间能否相互印证，有无矛盾。

对上述规定把握住全面、细致审查的原则予以理解即可，无须逐项记忆。

2. 判断规则

（1）生理上、精神上有缺陷或者年幼，不能辨别是非、不能正确表达的人，不能作证人。对此规定的理解需要注意，**生理上、精神上有缺陷或者年幼的人并非必然丧失证人资格，**只有因生理上、精神上有缺陷或者年幼，导致不能辨别是非、不能正确表达的，才不能做证人。

（2）处于明显醉酒、中毒或者麻醉等状态，不能正常感知或者正确表达的证人所提供的证言，不得作为证据使用。

（3）证人的猜测性、评论性、推断性的证言，不得作为证据使用，但根据一般生活经验判断符合事实的除外。**此规定即为我国的意见证据规则**。

（3）采用暴力、威胁以及非法限制人身自由等非法方法收集的证人证言、被害人陈述，应当予以排除。

（4）证人证言具有下列情形之一的，不得作为定案的根据：①询问证人没有个别进行的；②书面证言没有经证人核对确认的；③询问聋、哑人，应当提供通晓聋、哑手势的人员而未提供的；④询问不通晓当地通用语言、文字的证人，应当提供翻译人员而未提供的。

（5）证人证言的收集程序、方式有下列瑕疵，经补正或者作出合理解释的，可以采用；不能补正或者作出合理解释的，不得作为定案的根据：①询问笔录没有填写询问人、记录人、法定代理人姓名以及询问的起止时间、地点的；②询问地点不符合规定的；③询问笔录没有记录告知证人有关作证的权利

义务和法律责任的；④询问笔录反映出在同一时段，同一询问人员询问不同证人的。

（6）下列证据应当慎重使用，有其他证据印证的，可以采信：①生理上、精神上有缺陷，对案件事实的认知和表达存在一定困难，但尚未丧失正确认知、表达能力的被害人、证人和被告人所作的陈述、证言和供述；②与被告人有亲属关系或者其他密切关系的证人所作的有利被告人的证言，或者与被告人有利害冲突的证人所作的不利被告人的证言。**此规定属于我国的补强证据规则。**

（7）证人当庭作出的证言，经控辩双方质证、法庭查证属实的，应当作为定案的根据。证人当庭作出的证言与其庭前证言矛盾，证人能够作出合理解释，并有相关证据印证的，应当采信其庭审证言；不能作出合理解释，而其庭前证言有相关证据印证的，可以采信其庭前证言。经人民法院通知，证人没有正当理由拒绝出庭或者出庭后拒绝作证，法庭对其证言的真实性无法确认的，该证人证言不得作为定案的根据。

上述内容可通过下表理解和记忆：

<table>
<tr><td rowspan="9">证人证言、被害人陈述的审查判断</td><td rowspan="9">不能作为定案的根据</td><td colspan="2">生理上、精神上有缺陷或者年幼，不能辨别是非、不能正确表达的人所作的陈述</td></tr>
<tr><td colspan="2">处于明显醉酒、中毒或者麻醉等状态，不能正常感知或者正确表达的证人所提供的证言</td></tr>
<tr><td colspan="2">猜测性、评论性、推断性的证言（根据一般生活经验判断符合事实的除外）</td></tr>
<tr><td colspan="2">经人民法院通知，证人没有正当理由拒绝出庭或者出庭后拒绝作证，法庭对其证言的真实性无法确认的</td></tr>
<tr><td rowspan="5">取证方式严重违法</td><td>采用暴力、威胁以及非法限制人身自由等非法方法取证</td></tr>
<tr><td>询问证人没有个别进行的</td></tr>
<tr><td>书面证言没有经证人核对确认的</td></tr>
<tr><td>询问聋、哑人，应当提供通晓聋、哑手势的人员而未提供的</td></tr>
<tr><td>询问不通晓当地通用语言、文字的证人，应提供翻译人员而未提供</td></tr>
</table>

续表

<table>
<tr><td rowspan="8">证人证言、被害人陈述的审查判断</td><td rowspan="8">可以作为定案的根据</td><td rowspan="4">取证方式有瑕疵，可补正或作出合理解释</td><td>询问笔录没有填写询问人、记录人、法定代理人姓名以及询问的起止时间、地点的</td></tr>
<tr><td>询问地点不符合规定的</td></tr>
<tr><td>询问笔录没有记录告知证人有关作证的权利义务和法律责任</td></tr>
<tr><td>询问笔录反映出在同一时段，同一询问人员询问不同证人的</td></tr>
<tr><td rowspan="2">庭审证言与庭前证言矛盾</td><td>出庭证人能够作出合理解释，并有相关证据印证，应当采信庭审证言</td></tr>
<tr><td>出庭证人不能做出合理解释，而庭前证言有相关证据印证，可以采信庭前证言</td></tr>
<tr><td rowspan="2">慎重使用，有其他证据印证的，可以采信</td><td>生理上、精神上有缺陷，对案件事实的认知和表达存在一定困难，但尚未丧失正确认知、表达能力的被害人、证人和被告人所作的陈述、证言和供述</td></tr>
<tr><td>与被告人有亲属关系或者其他密切关系的证人所作的有利被告人的证言，或者与被告人有利害冲突的证人所作的不利被告人的证言</td></tr>
</table>

（三）犯罪嫌疑人、被告人供述的审查判断

1. 审查重点

对被告人供述和辩解应当着重审查以下内容：①讯问的时间、地点，讯问人的身份、人数以及讯问方式等是否符合法律、有关规定；②讯问笔录的制作、修改是否符合法律、有关规定，是否注明讯问的具体起止时间和地点，首次讯问时是否告知被告人相关权利和法律规定，被告人是否核对确认；③讯问未成年被告人时，是否通知其法定代理人或者有关人员到场，其法定代理人或者有关人员是否到场；④被告人的供述有无以刑讯逼供等非法方法收集的情形；⑤被告人的供述是否前后一致，有无反复以及出现反复的原因；被告人的所有供述和辩解是否均已随案移送；⑥被告人的辩解内容是否符合案情和常理，有无矛盾；⑦被告人的供述和辩解与同案被告人的供述和辩解以及其他证据能否相互印证，有无矛盾。**对于上述内容把握住全面、细致审查的原则予以理解即可，无须逐项记忆。**

必要时，可以调取讯问过程的录音录像、被告人进出看守所的健康检查记录、笔录，并结合录音录像、记录、笔录对上述内容进行审查。

2. 判断规则

被告人供述具有下列情形之一的，不得作为定案的根据：①讯问笔录没有

经被告人核对确认的；②讯问聋、哑人，应当提供通晓聋、哑手势的人员而未提供的；③讯问不通晓当地通用语言、文字的被告人，应当提供翻译人员而未提供的。

讯问笔录有下列瑕疵，经补正或者作出合理解释的，可以采用；不能补正或者作出合理解释的，不得作为定案的根据：①讯问笔录填写的讯问时间、讯问人、记录人、法定代理人等有误或者存在矛盾的；②讯问人没有签名的；③首次讯问笔录没有记录告知被讯问人相关权利和法律规定的。

上述规定可通过下表理解和记忆：

<table>
<tr><td rowspan="6">供述的审查判断</td><td rowspan="3">不得作为定案的根据</td><td>讯问笔录没有经被告人核对确认的</td></tr>
<tr><td>讯问聋、哑人，应当提供通晓聋、哑手势的人员而未提供的</td></tr>
<tr><td>讯问不通晓当地通用语言、文字的被告人，应提供翻译人员而未提供</td></tr>
<tr><td rowspan="3">讯问笔录有瑕疵，可补正或作出合理解释</td><td>讯问笔录填写的讯问时间、讯问人、记录人、法定代理人等有误或者存在矛盾的</td></tr>
<tr><td>讯问人没有签名的</td></tr>
<tr><td>首次讯问笔录没有记录告知被讯问人相关权利和法律规定的</td></tr>
</table>

审查被告人供述和辩解，应当结合控辩双方提供的所有证据以及被告人的全部供述和辩解进行。被告人庭审中翻供，但不能合理说明翻供原因或者其辩解与全案证据矛盾，而其庭前供述与其他证据相互印证的，可以采信其庭前供述。被告人庭前供述和辩解存在反复，但庭审中供认，且与其他证据相互印证的，可以采信其庭审供述；被告人庭前供述和辩解存在反复，庭审中不供认，且无其他证据与庭前供述印证的，不得采信其庭前供述。可见，**究竟是采信庭前供述还是庭审供述，主要还是取决于有无其他证据相互印证**。

上述规定可通过下表理解和记忆：

<table>
<tr><th>庭前供述</th><th>庭审供述</th><th>条件</th><th>后果</th></tr>
<tr><td>被告人庭前供述稳定</td><td>庭审中翻供</td><td>不能合理说明翻供原因或者其辩解与全案证据矛盾，而其庭前供述与其他证据相互印证的</td><td>可以采信其庭前供述</td></tr>
<tr><td rowspan="2">被告人庭前供述和辩解存在反复</td><td>庭审中不供认</td><td>无其他证据与庭前供述印证的</td><td>不得采信其庭前供述</td></tr>
<tr><td>庭审中供认</td><td>且与其他证据相互印证的</td><td>可以采信其庭审供述</td></tr>
</table>

其他内容留待“非法证据排除规则”部分再予讨论。

（四）鉴定人意见的审查判断

1. 审查重点

对鉴定意见应当着重审查以下内容：①鉴定机构和鉴定人是否具有法定资质；②鉴定人是否存在应当回避的情形；③检材的来源、取得、保管、送检是否符合法律、有关规定，与相关提取笔录、扣押物品清单等记载的内容是否相符，检材是否充足、可靠；④鉴定意见的形式要件是否完备，是否注明提起鉴定的事由、鉴定委托人、鉴定机构、鉴定要求、鉴定过程、鉴定方法、鉴定日期等相关内容，是否由鉴定机构加盖司法鉴定专用章并由鉴定人签名、盖章；⑤鉴定程序是否符合法律、有关规定；⑥鉴定的过程和方法是否符合相关专业的规范要求；⑦鉴定意见是否明确；⑧鉴定意见与案件待证事实有无关联；⑨鉴定意见与勘验、检查笔录及相关照片等其他证据是否矛盾；⑩鉴定意见是否依法及时告知相关人员，当事人对鉴定意见有无异议。**对上述内容把握住全面、细致审查的原则予以理解即可，无须逐项记忆。**

2. 判断规则

鉴定意见具有下列情形之一的，不得作为定案的根据：①鉴定机构不具备法定资质，或者鉴定事项超出该鉴定机构业务范围、技术条件的；②鉴定人不具备法定资质，不具有相关专业技术或者职称，或者违反回避规定的；③送检材料、样本来源不明，或者因污染不具备鉴定条件的；④鉴定对象与送检材料、样本不一致的；⑤鉴定程序违反规定的；⑥鉴定过程和方法不符合相关专业的规范要求的；⑦鉴定文书缺少签名、盖章的；⑧鉴定意见与案件待证事实没有关联的；⑨违反有关规定的其他情形。

经人民法院通知，鉴定人拒不出庭作证的，鉴定意见不得作为定案的根据。**鉴定人由于不能抗拒的原因或者有其他正当理由无法出庭的，人民法院可以根据情况决定延期审理或者重新鉴定**。对没有正当理由拒不出庭作证的鉴定人，人民法院应当通报司法行政机关或者有关部门。

上述内容可通过下表理解和记忆：

<table>
<tr><td rowspan="10">鉴定意见的审查判断</td><td rowspan="10">不能作为定案的根据</td><td rowspan="2">主体资格欠缺</td><td>鉴定机构无法定资质或鉴定事项超出该鉴定机构业务范围、技术条件</td></tr>
<tr><td>鉴定人无法定资质，不具有相关专业技术或职称，或违反回避规定的</td></tr>
<tr><td rowspan="2">检材样本不可靠</td><td>送检材料、样本来源不明，或者因污染不具备鉴定条件的</td></tr>
<tr><td>鉴定对象与送检材料、样本不一致的</td></tr>
<tr><td rowspan="2">程序方法违规</td><td>鉴定程序违反规定的</td></tr>
<tr><td>鉴定过程和方法不符合相关专业的规范要求的</td></tr>
<tr><td>文书缺陷</td><td>鉴定文书缺少签名、盖章的</td></tr>
<tr><td>无关联性</td><td>鉴定意见与案件待证事实没有关联的</td></tr>
<tr><td>其他</td><td>违反有关规定的其他情形</td></tr>
<tr><td>不出庭</td><td>经人民法院通知，鉴定人拒不出庭作证的</td></tr>
</table>

此外，对案件中的专门性问题需要鉴定，但没有法定司法鉴定机构，或者法律、司法解释规定可以进行检验的，可以指派、聘请有专门知识的人进行检验，**检验报告可以作为定罪量刑的参考。经人民法院通知，检验人拒不出庭作证的，检验报告不得作为定罪量刑的参考**。

（五）勘验、检查笔录、辨认笔录、侦查实验笔录的审查判断

1. 审查重点

对勘验、检查笔录应当着重审查以下内容：

（1）勘验、检查是否依法进行，笔录的制作是否符合法律、有关规定，勘验、检查人员和见证人是否签名或者盖章。

（2）勘验、检查笔录是否记录了提起勘验、检查的事由，勘验、检查的时间、地点，在场人员、现场方位、周围环境等，现场的物品、人身、尸体等的位置、特征等情况，以及勘验、检查、搜查的过程；文字记录与实物或者绘图、照片、录像是否相符；现场、物品、痕迹等是否伪造、有无破坏；人身特征、伤害情况、生理状态有无伪装或者变化等。

（3）补充进行勘验、检查的，是否说明了再次勘验、检查的原由，前后勘验、检查的情况是否矛盾。

对辨认笔录应当着重审查辨认的过程、方法，以及辨认笔录的制作是否符合有关规定。

对侦查实验笔录应当着重审查实验的过程、方法，以及笔录的制作是否符合有关规定。

对上述规定把握住全面、细致审查的原则予以理解即可，无须逐项记忆。

2. 判断规则

勘验、检查笔录存在明显不符合法律、有关规定的情形，不能作出合理解释或者说明的，不得作为定案的根据。

对辨认笔录应当着重审查辨认的过程、方法，以及辨认笔录的制作是否符合有关规定。辨认笔录具有下列情形之一的，不得作为定案的根据：①辨认不是在侦查人员主持下进行的；②辨认前使辨认人见到辨认对象的；③辨认活动没有个别进行的；④辨认对象没有混杂在具有类似特征的其他对象中，或者供辨认的对象数量不符合规定的；⑤辨认中给辨认人明显暗示或者明显有指认嫌疑的；⑥违反有关规定、不能确定辨认笔录真实性的其他情形。

对侦查实验笔录应当着重审查实验的过程、方法，以及笔录的制作是否符合有关规定。侦查实验的条件与事件发生时的条件有明显差异，或者存在影响实验结论科学性的其他情形的，侦查实验笔录不得作为定案的根据。

此外，《最高人民法院关于适用〈中华人民共和国刑事诉讼法〉的解释》第67条第2款规定："由于客观原因无法由符合条件的人员担任见证人的，应当在笔录材料中注明情况，并对相关活动进行录像。"这说明没有见证人，但是在笔录材料中注明了情况，并对相关活动进行了录像，那么相关的笔录是可以作为认定案件事实的根据的。

上述规定可通过下表理解和记忆：

<table>
<tr><td rowspan="9">不得作为定案的根据</td><td>勘验、检查笔录</td><td>存在明显不符合法律、有关规定的情形，不能作出合理解释或说明</td></tr>
<tr><td rowspan="6">辨认笔录</td><td>辨认不是在侦查人员主持下进行的</td></tr>
<tr><td>辨认前使辨认人见到辨认对象的</td></tr>
<tr><td>辨认活动没有个别进行的</td></tr>
<tr><td>辨认对象没有混杂在具有类似特征的其他对象中，或者供辨认的对象数量不符合规定的</td></tr>
<tr><td>辨认中给辨认人明显暗示或者明显有指认嫌疑的</td></tr>
<tr><td>违反有关规定、不能确定辨认笔录真实性的其他情形</td></tr>
<tr><td rowspan="2">侦查实验笔录</td><td>侦查实验的条件与事件发生时的条件有明显差异</td></tr>
<tr><td>存在影响实验结论科学性的其他情形的</td></tr>
<tr><td>可采</td><td>各种笔录</td><td>由于客观原因无法由符合条件的人员担任见证人的，应当在笔录材料中注明情况，并对相关活动进行录像</td></tr>
</table>

（六）视听资料、电子数据的审查判断

1. 审查重点

对视听资料应当着重审查以下内容：①是否附有提取过程的说明，来源是否合法；②是否为原件，有无复制及复制份数；是复制件的，是否附有无法调取原件的原因、复制件制作过程和原件存放地点的说明，制作人、原视听资料持有人是否签名或者盖章；③制作过程中是否存在威胁、引诱当事人等违反法律、有关规定的情形；④是否写明制作人、持有人的身份，制作的时间、地点、条件和方法；⑤内容和制作过程是否真实，有无剪辑、增加、删改等情形；⑥内容与案件事实有无关联。**对视听资料有疑问的，应当进行鉴定**。

对电子邮件、电子数据交换、网上聊天记录、博客、微博客、手机短信、电子签名、域名等电子数据，应当着重审查以下内容：①是否随原始存储介质移送；在原始存储介质无法封存、不便移动或者依法应当由有关部门保管、处理、返还时，提取、复制电子数据是否由二人以上进行，是否足以保证电子数据的完整性，有无提取、复制过程及原始存储介质存放地点的文字说明和签名；②收集程序、方式是否符合法律及有关技术规范；经勘验、检查、搜查等侦查活动收集的电子数据，是否附有笔录、清单，并经侦查人员、电子数据持有人、见证人签名；没有持有人签名的，是否注明原因；远程调取境外或者异地的电子数据的，是否注明相关情况；对电子数据的规格、类别、文件格式等注明是否清楚；③电子数据内容是否真实，有无删除、修改、增加等情形；④电子数据与案件事实有无关联；⑤与案件事实有关联的电子数据是否全面收集。**对电子数据有疑问的，应当进行鉴定或者检验**。

对上述规定把握住全面、细致审查的原则予以理解即可，无须逐项记忆。

2. 一般性的判断规则

视听资料、电子数据具有下列情形之一的，不得作为定案的根据：

（1）**经审查无法确定真伪的**；

（2）**制作、取得的时间、地点、方式等有疑问，不能提供必要证明或者作出合理解释的**。

（七）其他材料的审查判断

1. 对**侦查机关出具的被告人到案经过、抓获经过等材料**，应当审查是否有出具该说明材料的办案人、办案机关的签名、盖章。对到案经过、抓获经过

或者确定被告人有重大嫌疑的根据有疑问的，应当要求侦查机关补充说明。

2. **证明被告人自首、坦白、立功的证据材料**，没有加盖接受被告人投案、坦白、检举揭发等的单位的印章，或者接受人员没有签名的，不得作为定案的根据。对被告人及其辩护人提出有自首、坦白、立功的事实和理由，有关机关未予认定，或者有关机关提出被告人有自首、坦白、立功表现，但证据材料不全的，人民法院应当要求有关机关提供证明材料，或者要求相关人员作证，并结合其他证据作出认定。

3. **证明被告人构成累犯、毒品再犯的证据材料**，应当包括前罪的裁判文书、释放证明等材料；材料不全的，应当要求有关机关提供。

（八）电子数据收集和审查判断的具体规定

2014 年，最高人民法院、最高人民检察院、公安部联合发布了《关于办理网络犯罪案件适用刑事诉讼程序若干问题的意见》。2016 年，最高人民法院、最高人民检察院、公安部联合发布了《关于办理刑事案件收集提取和审查判断电子数据若干问题的规定》。这两个规定自出台后连考三年，而且考查内容非常细致，现对有关电子数据的收集和审查判决的内容总结如下：

1. 电子数据的收集

（1）一般原则

收集、提取电子数据，应当由二名以上具备相关专业知识的侦查人员进行。取证设备和过程应当符合相关技术标准，并保证所收集、提取的电子数据的完整性、客观性。

（2）原始储存介质的封存

《关于办理网络犯罪案件适用刑事诉讼程序若干问题的意见》第 14 条规定："收集、提取电子数据，能够获取原始存储介质的，应当封存原始存储介质，并制作笔录，记录原始存储介质的封存状态，由侦查人员、原始存储介质持有人签名或者盖章；持有人无法签名或者拒绝签名的，应当在笔录中注明，由见证人签名或者盖章。有条件的，侦查人员应当对相关活动进行录像。"

《关于办理刑事案件收集提取和审查判断电子数据若干问题的规定》第 8 条规定："收集、提取电子数据，能够扣押电子数据原始存储介质的，应当扣押、封存原始存储介质，并制作笔录，记录原始存储介质的封存状态。封存电子数据原始存储介质，应当保证在不解除封存状态的情况下，无法增加、删除、修改电子数据。封存前后应当拍摄被封存原始存储介质的照片，清晰反映封口或者张贴封条处的状况。封存手机等具有无线通信功能的存储介质，应当采取信号屏蔽、信号阻断或者切断电源等措施。”

上述规定中的要点包括以下几个方面：

第一，**封存、扣押原始储存介质的优先性**，即能够封存、扣押原始储存介质的，应优先选择封存、扣押原始储存介质。

第二，**封存、扣押原始储存介质应采取各种手段保障数据的安全性**。考生不必详细记忆各种具体的方法、手段，只要把握住这一原则，在选择时把所有能保障相关数据安全性的方法、手段都选上就可以了。

（3）电子数据的提取

关于提取电子数据的条件和方法，《关于办理网络犯罪案件适用刑事诉讼程序若干问题的意见》第15条规定：“具有下列情形之一，无法获取原始存储介质的，可以提取电子数据，但应当在笔录中注明不能获取原始存储介质的原因、原始存储介质的存放地点等情况，并由侦查人员、电子数据持有人、提供人签名或者盖章；持有人、提供人无法签名或者拒绝签名的，应当在笔录中注明，由见证人签名或者盖章；有条件的，侦查人员应当对相关活动进行录像：①原始存储介质不便封存的；②提取计算机内存存储的数据、网络传输的数据等不是存储在存储介质上的电子数据的；③原始存储介质位于境外的；④其他无法获取原始存储介质的情形。”

《关于办理刑事案件收集提取和审查判断电子数据若干问题的规定》第9条规定：“具有下列情形之一，无法扣押原始存储介质的，可以提取电子数据，但应当在笔录中注明不能扣押原始存储介质的原因、原始存储介质的存放地点或者电子数据的来源等情况，并计算电子数据的完整性校验值：（一）原始存储介质不便封存的；（二）提取计算机内存数据、网络传输数据等不是存储在存储介质上的电子数据的；（三）原始存储介质位于境外的；（四）其他无法扣押原始存储介质的情形。对于原始存储介质位于境外或者远程计算机信息系统上的电子数据，可以通过**网络在线提取**。为进一步查明有关情况，必要时，可以对远程计算机信息系统进行**网络远程勘验**。进行网络远程勘验，需要采取技术侦查措施的，应当依法经过严格的批准手续。”

上述规定中的要点可通过下表理解和记忆：

<table>
<tr><th></th><th colspan="2">条件</th><th colspan="2">保障</th></tr>
<tr><td rowspan="4">电子数据提取</td><td rowspan="4">无法扣押原始存储介质</td><td>原始存储介质不便封存的</td><td rowspan="3">在笔录中注明</td><td>不能扣押原始存储介质的原因</td></tr>
<tr><td>提取计算机内存数据、网络传输数据等不是存储在存储介质上的电子数据的</td><td>原始存储介质的存放地点</td></tr>
<tr><td>原始存储介质位于境外的</td><td>电子数据的来源等</td></tr>
<tr><td>其他无法扣押原始存储介质的情形</td><td colspan="2">计算电子数据的完整性校验值</td></tr>
</table>

关于收集、提取电子数据的笔录制作，《关于办理网络犯罪案件适用刑事诉讼程序若干问题的意见》第16条规定："收集、提取电子数据应当制作笔录，记录案由、对象、内容，收集、提取电子数据的时间、地点、方法、过程，电子数据的清单、规格、类别、文件格式、完整性校验值等，并由收集、提取电子数据的侦查人员签名或者盖章。远程提取电子数据的，应当说明原因，有条件的，应当对相关活动进行录像。通过数据恢复、破解等方式获取被删除、隐藏或者加密的电子数据的，应当对恢复、破解过程和方法作出说明。"

《关于办理刑事案件收集提取和审查判断电子数据若干问题的规定》第14条规定："收集、提取电子数据，应当制作笔录，记录案由、对象、内容、收集、提取电子数据的时间、地点、方法、过程，并附电子数据清单，注明类别、文件格式、完整性校验值等，由侦查人员、电子数据持有人（提供人）签名或者盖章；电子数据持有人（提供人）无法签名或者拒绝签名的，应当在笔录中注明，由见证人签名或者盖章。**有条件的，应当对相关活动进行录像。**"

《关于办理刑事案件收集提取和审查判断电子数据若干问题的规定》第15条规定："收集、提取电子数据，应当根据刑事诉讼法的规定，由符合条件的人员担任见证人。**由于客观原因无法由符合条件的人员担任见证人的，应当在笔录中注明情况，并对相关活动进行录像。针对同一现场多个计算机信息系统收集、提取电子数据的，可以由一名见证人见证。**"

上述规定中有关笔录制作的内容与方法与其他笔录差别不大，考生只需要注意突出显示的内容：第一，**不是所有收集、提取电子数据的活动都要进行录像**；第二，**不是所有收集、提取电子数据的活动都要有见证人**；第三，**没有见证人的收集、提取电子数据的活动都要进行录像**；第四，**对同一现场多个计算机信息系统收集、提取电子数据的，可以由一名见证人见证**。

（4）电子数据的保全

《关于办理刑事案件收集提取和审查判断电子数据若干问题的规定》第10条规定："由于客观原因无法或者不宜依据第八条、第九条的规定收集、提取电子数据的，可以采取打印、拍照或者录像等方式固定相关证据，并在笔录中说明原因。”

（5）电子数据的冻结

《关于办理刑事案件收集提取和审查判断电子数据若干问题的规定》第 11 条规定：“具有下列情形之一的，经县级以上公安机关负责人或者检察长批准，可以对电子数据进行冻结：（一）数据量大，无法或者不便提取的；（二）提取时间长，可能造成电子数据被篡改或者灭失的；（三）通过网络应用可以更为直观地展示电子数据的；（四）其他需要冻结的情形。”

《关于办理刑事案件收集提取和审查判断电子数据若干问题的规定》第 12 条规定：“冻结电子数据，应当制作协助冻结通知书，注明冻结电子数据的网络应用账号等信息，送交电子数据持有人、网络服务提供者或者有关部门协助办理。解除冻结的，应当在三日内制作协助解除冻结通知书，送交电子数据持有人、网络服务提供者或者有关部门协助办理。冻结电子数据，应当采取以下一种或者几种方法：（一）计算电子数据的完整性校验值；（二）锁定网络应用账号；（三）其他防止增加、删除、修改电子数据的措施。”

上述规定可通过下表理解和记忆：

<table>
<tr><td rowspan="9">电子数据的冻结</td><td rowspan="4">条件</td><td>数据量大，无法或者不便提取的</td></tr>
<tr><td>提取时间长，可能造成电子数据被篡改或者灭失的</td></tr>
<tr><td>通过网络应用可以更为直观地展示电子数据的</td></tr>
<tr><td>其他需要冻结的情形</td></tr>
<tr><td rowspan="2">程序</td><td>经县级以上公安机关负责人或者检察长批准</td></tr>
<tr><td>制作协助冻结通知书，送交电子数据持有人、网络服务提供者或有关部门协助</td></tr>
<tr><td rowspan="3">方法</td><td>计算电子数据的完整性校验值</td></tr>
<tr><td>锁定网络应用账号</td></tr>
<tr><td>其他防止增加、删除、修改电子数据的措施</td></tr>
</table>

（6）电子数据的调取

《关于办理刑事案件收集提取和审查判断电子数据若干问题的规定》第 13 条规定：“调取电子数据，应当制作调取证据通知书，注明需要调取电子数据的相关信息，通知电子数据持有人、网络服务提供者或者有关部门执行。”

（7）电子数据的检查等

《关于办理网络犯罪案件适用刑事诉讼程序若干问题的意见》第 18 条规

定："对电子数据涉及的专门性问题难以确定的，由司法鉴定机构出具鉴定意见，或者由公安部指定的机构出具检验报告。"

《关于办理刑事案件收集提取和审查判断电子数据若干问题的规定》第16条规定："对扣押的原始存储介质或者提取的电子数据，可以通过恢复、破解、统计、关联、比对等方式进行检查。**必要时，可以进行侦查实验**。电子数据检查，应当对电子数据存储介质拆封过程进行录像，并将电子数据存储介质通过写保护设备接入到检查设备进行检查；有条件的，应当制作电子数据备份，对备份进行检查；无法使用写保护设备且无法制作备份的，应当注明原因，并对相关活动进行录像。电子数据检查应当制作笔录，注明检查方法、过程和结果，由有关人员签名或者盖章。进行侦查实验的，应当制作侦查实验笔录，注明侦查实验的条件、经过和结果，由参加实验的人员签名或者盖章。"

《关于办理刑事案件收集提取和审查判断电子数据若干问题的规定》第17条规定："对电子数据涉及的专门性问题难以确定的，**由司法鉴定机构出具鉴定意见**，或者**由公安部指定的机构出具报告**。对于人民检察院直接受理的案件，也可以由最高人民检察院指定的机构出具报告。具体办法由公安部、最高人民检察院分别制定。"

上述规定可以通过下表理解和记忆：

<table>
<tr><th></th><th>条件</th><th colspan="2">方法</th></tr>
<tr><td rowspan="8">电子数据的检查等</td><td rowspan="4"></td><td rowspan="4">检查</td><td>对电子数据存储介质拆封过程进行录像</td></tr>
<tr><td>将电子数据存储介质通过写保护设备接入到检查设备进行检查</td></tr>
<tr><td>有条件的，应当制作电子数据备份，对备份进行检查</td></tr>
<tr><td>无法使用写保护设备且无法制作备份的，应当注明原因，并对相关活动进行录像</td></tr>
<tr><td>必要时</td><td>侦查实验</td><td></td></tr>
<tr><td rowspan="2">对专门性问题难以确定</td><td rowspan="2">鉴定</td><td>由司法鉴定机构出具鉴定意见</td></tr>
<tr><td>由公安部指定的机构出具报告</td></tr>
</table>

2. 电子数据的移送和展示

(1) 电子数据的移送

关于电子数据的移送内容与方式，《关于办理网络犯罪案件适用刑事诉讼程序若干问题的意见》第17条规定："收集、提取的原始存储介质或者电子数据，应当以封存状态随案移送，并制作电子数据的复制件一并移送。对文档、图片、网页等可以直接展示的电子数据，可以不随案移送电子数据打印件，但应当附有展示方法说明和展示工具；人民法院、人民检察院因设备等条件限制无法直接展示电子数据的，公安机关应当随案移送打印件。对侵入、非法控制计算机信息系统的程序、工具以及计算机病毒等无法直接展示的电子数据，应当附有电子数据属性、功能等情况的说明。对数据统计数量、数据同一性等问题，公安机关应当出具说明。”

《关于办理刑事案件收集提取和审查判断电子数据若干问题的规定》第 18 条规定：“收集、提取的原始存储介质或者电子数据，应当以封存状态随案移送，并制作电子数据的备份一并移送。对网页、文档、图片等可以直接展示的电子数据，可以不随案移送打印件；人民法院、人民检察院因设备等条件限制无法直接展示电子数据的，侦查机关应当随案移送打印件，或者附展示工具和展示方法说明。对冻结的电子数据，应当移送被冻结电子数据的清单，注明类别、文件格式、冻结主体、证据要点、相关网络应用账号，并附查看工具和方法的说明。”

《关于办理刑事案件收集提取和审查判断电子数据若干问题的规定》第 19 条规定：“对侵入、非法控制计算机信息系统的程序、工具以及计算机病毒等无法直接展示的电子数据，应当附电子数据属性、功能等情况的说明。对数据统计量、数据同一性等问题，侦查机关应当出具说明。”

上述内容可通过下表理解和记忆：

<table>
<tr><td rowspan="6">电子数据的移送</td><td colspan="3" rowspan="2">一般的电子数据</td><td>以封存状态随案移送</td></tr>
<tr><td>制作复制件一并移送</td></tr>
<tr><td rowspan="3">可直接展示的电子数据</td><td colspan="2">一般情况下</td><td>可以不随案移送电子数据打印件，但应当附有展示方法说明和展示工具</td></tr>
<tr><td rowspan="2">因故无法直接展示</td><td>设备等条件限制</td><td>应随案移送打印件或附展示工具和方法说明</td></tr>
<tr><td>是侵入、非法控制计算机信息系统的程序、工具及病毒等</td><td>应当附电子数据属性、功能等情况的说明。对数据统计量、数据同一性等问题，应当出具说明</td></tr>
<tr><td colspan="3">冻结的电子数据</td><td>移送被冻结电子数据的清单，并附查看工具和方法的说明</td></tr>
</table>

此外，《关于办理刑事案件收集提取和审查判断电子数据若干问题的规

定》第 20 条规定："公安机关报请人民检察院审查批准逮捕犯罪嫌疑人，或者对侦查终结的案件移送人民检察院审查起诉的，应当将电子数据等证据一并移送人民检察院。人民检察院在审查批准逮捕和审查起诉过程中发现应当移送的电子数据没有移送或者移送的电子数据不符合相关要求的，应当**通知公安机关补充移送或者进行补正**。对于提起公诉的案件，人民法院发现应当移送的电子数据没有移送或者移送的电子数据不符合相关要求的，应当通知人民检察院。**公安机关、人民检察院应当自收到通知后三日内移送电子数据或者补充有关材料**。"

（2）电子数据的展示

《关于办理刑事案件收集提取和审查判断电子数据若干问题的规定》第 21 条规定："控辩双方向法庭提交的电子数据需要展示的，可以根据电子数据的具体类型，借助多媒体设备出示、播放或者演示。**必要时，可以聘请具有专门知识的人进行操作，并就相关技术问题作出说明。**"

3. 电子数据的审查判断

《关于办理刑事案件收集提取和审查判断电子数据若干问题的规定》第 6 条规定："初查过程中收集、提取的电子数据，以及通过网络在线提取的电子数据，可以作为证据使用。"

《关于办理刑事案件收集提取和审查判断电子数据若干问题的规定》第 27 条规定："电子数据的收集、提取程序有下列瑕疵，经补正或者作出合理解释的，可以采用；不能补正或者作出合理解释的，不得作为定案的根据：（一）未以封存状态移送的；（二）笔录或者清单上没有侦查人员、电子数据持有人（提供人）、见证人签名或者盖章的；（三）对电子数据的名称、类别、格式等注明不清的；（四）有其他瑕疵的。"

《关于办理刑事案件收集提取和审查判断电子数据若干问题的规定》第 28 条规定："电子数据具有下列情形之一的，不得作为定案的根据：（一）电子数据系篡改、伪造或者无法确定真伪的；（二）电子数据有增加、删除、修改等情形，影响电子数据真实性的；（三）其他无法保证电子数据真实性的情形。"

上述规定可以通过下表理解和记忆：

<table>
<tr><td rowspan="8">电子数据的审查判断</td><td rowspan="5">可以作为证据使用</td><td colspan="2">初查过程中收集、提取的电子数据，以及通过网络在线提取的电子数据</td></tr>
<tr><td rowspan="4">收集、提取程序有（不影响电子数据真实性的）瑕疵，经补正或作出合理解释的</td><td>未以封存状态移送的</td></tr>
<tr><td>笔录或者清单上没有侦查人员、电子数据持有人（提供人）、见证人签名或者盖章的</td></tr>
<tr><td>对电子数据的名称、类别、格式等注明不清的</td></tr>
<tr><td>有其他瑕疵的</td></tr>
<tr><td rowspan="3">不得作为定案根据</td><td rowspan="3">影响电子数据真实性的根本性缺陷</td><td>电子数据系篡改、伪造或者无法确定真伪的</td></tr>
<tr><td>电子数据有增加、删除、修改等情形，影响电子数据真实性的</td></tr>
<tr><td>其他无法保证电子数据真实性的情形</td></tr>
</table>

考点 11　刑事证据的运用

命题分析

从 2010 年开始，刑事诉讼法的案例分析大题曾多次考查证据的运用。比如，2010 年，“依据有关法律、司法解释规定和刑事证明理论，运用本案现有证据，分析能否认定张某构成受贿罪，请说明理由”。又比如，2011 年第 3 问：“法院对尤某的犯罪事实的认定是否已经达到事实清楚、证据确实充分？为什么？”2018 年再次考查了这一考点，“请利用相关证据、法律规定等对李四的判决作出说理”。不管是判断是否有罪、指控是否成立还是对判决进行说理，**其实质都是考查考生对于证据的分析和运用，这也是最接近于司法实践的一种题型，也最符合法考强调考查考生实际运用法律的能力的标准，所以在将来的法考中，类似的题型肯定还会多次出现，考生务必高度重视。**

考点解析

刑事证据的运用涉及的知识点非常广泛，除本部分的解析外，考点 9 到考点 14 都属于广义上的刑事证据的运用，请考生注意。此外，**对于本考点，除掌握基本的知识点，更强调的是掌握证据分析的方法和思路，简单地说，关键是在于运用，而不是死记硬背。因此，考生在备考过程中，最好将以往真题中相关题目反复练习，训练自己结合案例分析证据、运用证据的能力。**以下属于考生在运用刑事证据时应该掌握的基本内容。

运用证据认定案件事实应遵循以下规定：

1. 证明标准

证据确实、充分，应当符合以下条件：①定罪量刑的事实都有证据证明；②据以定案的证据均经法定程序查证属实；③综合全案证据，对所认定事实已排除合理怀疑。一般而言，有关运用现有证据能否认定被告人有罪的案例分析题，最终都要归结到其能否达到证明标准，能否排除合理怀疑的问题上来。

2. 口供的运用规则

对一切案件的判处都要重证据，重调查研究，不轻信口供。**只有被告人供述，没有其他证据的，不能认定被告人有罪和处以刑罚；没有被告人供述，证据确实、充分的，可以认定被告人有罪和处以刑罚。**

根据被告人的供述、指认提取到了隐蔽性很强的物证、书证，且被告人的供述与其他证明犯罪事实发生的证据相互印证，并排除串供、逼供、诱供等可能性的，可以认定被告人有罪。

3. 间接证据的运用规则

没有直接证据，但间接证据同时符合下列条件的，可以认定被告人有罪：①证据已经查证属实；②证据之间相互印证，不存在无法排除的矛盾和无法解释的疑问；③全案证据已经形成完整的证明体系；④根据证据认定案件事实足以排除合理怀疑，结论具有唯一性；⑤运用证据进行的推理符合逻辑和经验。

4. 被告人是否达到法定责任年龄的认定规则

审查被告人实施被指控的犯罪时或者审判时是否达到相应法定责任年龄，应当根据户籍证明、出生证明文件、学籍卡、人口普查登记、无利害关系人的证言等证据综合判断。**证明被告人已满十四周岁、十六周岁、十八周岁或者不满七十五周岁的证据不足的，应当认定被告人不满十四周岁、不满十六周岁、不满十八周岁或者已满七十五周岁。**

考点12　刑事证据的分类

命题分析

如前一考点所述，本考点属于广义上的证据的分析和运用的范畴。在命制主观题时，有可能会在案例分析中设置小问题。比如，“上述材料中哪些证据属于原始证据和直接证据？为什么？”这就需要考生掌握证据分类的基本概念。

考点解析

一、原始证据与传来证据

原始证据和传来证据的划分比较简单，它们是以证据材料的来源不同为依据来分类的。

凡是来自原始出处，即直接来源于案件事实的证据材料，是原始证据。例如，被害人对自己受害经过的陈述、犯罪嫌疑人、被告人对自己罪行的供述、证人根据自己看到和直接听到的事实所提供的证言、书证的原件、物证的原物等。

凡非直接来源于案件事实，而是经过中间环节中转后形成的证据，是传来证据。分析某个证据是原始证据还是传来证据的一个比较简单的方法就是**看其在侦查人员收集该证据之前有没有经过中转环节**（侦查人员收集证据的行为不能算作中转环节），如证人根据从别人处听到的情况所作的转述、物证的复制品、书证的复印件等。

二、直接证据与间接证据

（一）直接证据与间接证据的划分

直接证据和间接证据的划分相对复杂些，它们是以**证据与案件主要事实之间的证明关系**为划分依据的。所谓案件主要事实，就是指有无犯罪事实和犯罪事实是否为嫌疑人所为。所谓证明关系，是指证据的证明内容与案件主要事实的关系，也即其证明内容是能够单独、直接地反映案件的主要事实，还是仅仅只能反映其中的某一方面，需要与其他证据相结合才能推断出案件的主要事实。

直接证据可分为肯定的直接证据和否定的直接证据。肯定的直接证据要包含两个要素：第一，存在犯罪事实（事）；第二，犯罪事实为某嫌疑人所为（人）。其证明内容是“谁实施了什么犯罪”。例如，被害人指认犯罪分子的陈述；犯罪嫌疑人、被告人对犯罪事实的供述；现场目击者指认犯罪分子并陈述犯罪事实的证言；记载有犯罪人和犯罪事实的书证或视听资料等。否定的直接证据只要否定其中一个要素即可。其证明内容是“不存在犯罪事实”（无事）或者“犯罪事实非某嫌疑人所为”（非此人）。例如，确定没有发生犯罪的勘验笔录；犯罪嫌疑人、被告人对犯罪的否认等。

间接证据则不能单独、直接地反映案件的主要事实，既不能直接证明是谁实施了什么犯罪事实，也不能直接证明不存在犯罪事实或者犯罪事实不是犯罪嫌疑人所为，其只能反映出案件事实的某一个方面，必须结合其他证据才能推断出案件的主要事实。例如反映犯罪嫌疑人、被告人到过现场，但无法反映出其实施了犯罪行为的物品、痕迹；反映犯罪动机、目的的书证；反映发生了犯罪，但无法反映犯罪人是谁的勘验笔录等。

（二）直接证据“能够单独地、直接地证明案件主要事实”与“孤证不能定案”

各种教材对直接证据的定义都是“能够单独地、直接地证明案件主要事实”，可能会有考生困惑于这有违“孤证不能定案”的原则。

事实上，这里的**“能够单独地、直接地证明案件主要事实”是就其证明内容所包含的要素而言的，与证据的真伪无关。**只要证据本身直观地表达了谁实施了什么犯罪事实，或者不存在犯罪事实，或者犯罪事实不是某人所为，它就是直接证据，无论真伪。

“孤证不能定案”涉及证据的真伪问题，是指任何证据都要有其他证据与之相印证，才能作为定案的根据。直接证据要想成为定案根据，也必须有其他证据的印证。但这种“印证”与间接证据需要与其他证据相结合才能推断出案件主要事实的“结合”是完全不同的。前者的目的是为了保障直接证据的可靠性，后者是为了弥补间接证据证明内容的不完整性。无论是直接证据还是间接证据，都要依靠其他证据的印证来证明其可靠性，不同的是，**直接证据一旦被印证为可靠，即可直接对是否存在犯罪事实及谁实施了**

犯罪事实得出肯定或否定的结论，间接证据即便被印证为可靠，也无法直接得出这一结论。

（三）直接证据与间接证据、原始证据与传来证据的易混淆点解析

直接证据与间接证据的划分是以其证明内容与案件主要事实之间的关系为划分依据的，与证据的来源是直接的还是间接的没有关系。

由于各种教材对原始证据的解释中都有“直接”的字眼儿，即“直接来源于案件事实”，而对传来证据的解释中都有“间接”的字眼儿，即“从间接的非第一来源获得”，这导致考生容易将直接证据和间接证据的划分与原始证据和传来证据的划分弄混，认为直接证据就是直接来源于案件事实的证据，间接证据就是非直接来源于案件事实的证据。其实**直接证据与间接证据与案件的来源无关，它们都既有可能是原始证据，也有可能是传来证据。**

考点 13　非法证据排除规则

命题分析

非法证据排除规则的重要性无须多言，可以说是近年来主观题考查中最重要、最常见的考点，既可以命题案例分析大题，也可以命制论述题。虽然在 2018 年的法考元年再次考查了非法证据排除，但该考点还有继续命题的空间，请考生务必高度重视。

考点解析

一、非法证据排除的范围

非法证据是一个含义较广的概念，严格来说，只要是通过违反法律规定的方式取得的证据都属于非法证据。但是，出于价值平衡的考虑，被排除的非法证据往往只是那些违法取证情况比较严重的证据。刑事诉讼法所规定的非法证据的排除范围是比较窄的，后来的《最高人民法院关于适用〈中华人民共和国刑事诉讼法〉的解释》《关于建立健全防范刑事冤假错案工作机制的意见》等扩大了这一范围。目前关于非法证据排除范围的最新规定是 2017 年 6 月发布的《关于办理刑事案件严

格排除非法证据若干问题的规定》(2017))。

(一)非法证据排除的范围

《刑事诉讼法》第56条第1款规定:“采用刑讯逼供等非法方法收集的犯罪嫌疑人、被告人供述和采用暴力、威胁等非法方法收集的证人证言、被害人陈述,应当予以排除。收集物证、书证不符合法定程序,可能严重影响司法公正的,应当予以补正或者作出合理解释;不能补正或者作出合理解释的,对该证据应当予以排除。”

《最高人民法院关于适用〈中华人民共和国刑事诉讼法〉的解释》第95条规定:“使用肉刑或者变相肉刑,或者采用其他使被告人在肉体上或者精神上遭受剧烈疼痛或者痛苦的方法,迫使被告人违背意愿供述的,应当认定为刑事诉讼法第五十六条规定的‘刑讯逼供等非法方法’。认定刑事诉讼法第五十六条规定的‘可能严重影响司法公正’,应当综合考虑收集物证、书证违反法定程序以及所造成后果的严重程度等情况。”

《关于办理刑事案件严格排除非法证据若干问题的规定》第2条规定:“采取殴打、违法使用戒具等暴力方法或者变相肉刑的恶劣手段,使犯罪嫌疑人、被告人遭受难以忍受的痛苦而违背意愿作出的供述,应当予以排除。”

《关于办理刑事案件严格排除非法证据若干问题的规定》第3条规定:“采用以暴力或者严重损害本人及其近亲属合法权益等进行威胁的方法,使犯罪嫌疑人、被告人遭受难以忍受的痛苦而违背意愿作出的供述,应当予以排除。”

《关于办理刑事案件严格排除非法证据若干问题的规定》第4条规定:“采用非法拘禁等非法限制人身自由的方法收集的犯罪嫌疑人、被告人供述,应当予以排除。”

《关于办理刑事案件严格排除非法证据若干问题的规定》第6条规定:“采用暴力、威胁以及非法限制人身自由等非法方法收集的证人证言、被害人陈述,应当予以排除。”

《关于办理刑事案件严格排除非法证据若干问题的规定》第7条规定:“收集物证、书证不符合法定程序,可能严重影响司法公正的,应当予以补正或者作出合理解释;不能补正或者作出合理解释的,对有关证据应当予以排除。”

上述规定可通过下表理解和记忆:

<table>
<tr><th></th><th>种类</th><th>手段</th><th>内容</th><th>程度要求</th></tr>
<tr><td rowspan="7">非法证据的排除范围</td><td rowspan="3">犯罪嫌疑人、被告人供述</td><td>暴力方法或变相肉刑</td><td>采取殴打、违法使用戒具等暴力方法或者变相肉刑的恶劣手段</td><td rowspan="2">使犯罪嫌疑人、被告人遭受难以忍受的痛苦而违背意愿作出供述</td></tr>
<tr><td>威胁</td><td>以**暴力**或**严重损害本人及其近亲属合法权益等**进行威胁</td></tr>
<tr><td>非法限制人身自由</td><td>非法拘禁等</td><td></td></tr>
<tr><td rowspan="3">证人证言、被害人陈述</td><td>暴力</td><td rowspan="3"></td><td rowspan="3"></td></tr>
<tr><td>威胁</td></tr>
<tr><td>非法限制人身自由**等**</td></tr>
<tr><td>物证、书证</td><td colspan="2">不符合法定程序，可能严重影响司法公正，不能补正或作出合理解释</td><td>综合考虑违反法定程序及所造成后果的严重程度等</td></tr>
</table>

上述规定通过上表列表比较，可以得出如下的结论：

第一，对非法取得的证人证言、被害人陈述的排除范围最广。首先，会导致证人证言、被害人陈述被排除的非法取证行为除了暴力、威胁或非法限制人身自由以外，还包括“等”，也即通过其他非法方法取得的证人证言、被害人陈述也要被予以排除。其次，凡是采取了暴力、威胁或非法限制人身自由等非法方法取得的证人证言、被害人陈述，都要予以排除，对暴力所达到的程度、威胁的内容等，没有特别的要求。

第二，对非法取得的犯罪嫌疑人、被告人供述的排除范围要小于前者。首先，会导致犯罪嫌疑人、被告人供述被排除的非法取证行为仅限于暴力（暴力方法或变相肉刑）、威胁、非法限制人身自由，不包括其他方法。其次，对暴力的程度、威胁的内容都有要求，只有“采取殴打、违法使用戒具等暴力方法或者变相肉刑的恶劣手段”“以**暴力或严重损害本人及其近亲属合法权益等**进行威胁”，且达到了“使犯罪嫌疑人、被告人遭受到难以忍受的痛苦而违背意愿”作出的供述才会被排除。再次，对采用限制人身自由的方法所取得的供述的排除，要求对人身自由的限制达到类似于非法拘禁的程度，但并不要求达到使犯罪嫌疑人、被告人遭受到难以忍受的痛苦而违背意愿供述的程度。

第三，对非法取得的物证、书证的排除范围最窄。要同时符合以下三个条件的物证、书证才会被排除：一是不符合法定程序；二是可能严重影响司法公正；三是不能补正或作出合理解释。

相关真题可参见本书第三部分 2012 年案例分析题第 1 问。

（二）重复供述的排除

《关于办理刑事案件严格排除非法证据若干问题的规定》第 5 条规定："采用刑讯逼供方法使犯罪嫌疑人、被告人作出供述，之后犯罪嫌疑人、被告人受该刑讯逼供行为影响而作出的与该供述相同的重复性供述，应当一并排除，但下列情形除外：（一）侦查期间，根据控告、举报或者自己发现等，侦查机关确认或者不能排除以非法方法收集证据而更换侦查人员，其他侦查人员再次讯问时告知诉讼权利和认罪的法律后果，犯罪嫌疑人自愿供述的；（二）审查逮捕、审查起诉和审判期间，检察人员、审判人员讯问时告知诉讼权利和认罪的法律后果，犯罪嫌疑人、被告人自愿供述的。"

综上，重复供述可采的条件是：第一，**换人**。也即将非法讯问的侦查人员更换为其他侦查人员或更换为检察人员、审判人员。第二，**告知**。更换后的讯问人员在讯问时要告知其诉讼权利和认罪的法律后果。第三，**自愿**。即犯罪嫌疑人为自愿供述。只有满足这三个条件的重复供述才是可采的。

二、非法证据排除的程序

（一）侦查阶段

《关于办理刑事案件严格排除非法证据若干问题的规定》第 14 条规定："犯罪嫌疑人及其辩护人在侦查期间可以向人民检察院申请排除非法证据。对犯罪嫌疑人及其辩护人提供相关线索或者材料的，人民检察院应当调查核实。调查结论应当书面告知犯罪嫌疑人及其辩护人。对确有以非法方法收集证据情形的，人民检察院应当向侦查机关提出纠正意见。侦查机关对审查认定的非法证据，应当予以排除，不得作为提请批准逮捕、移送审查起诉的根据。对重大案件，人民检察院驻看守所检察人员应当在侦查终结前询问犯罪嫌疑人，核查是否存在刑讯逼供、非法取证情形，并同步录音录像。经核查，确有刑讯逼供、非法取证情形的，侦查机关应当及时排除非法证据，不得作为提请批准逮捕、移送审查起诉的根据。"

《关于办理刑事案件严格排除非法证据若干问题的规定》第 15 条规定："对侦查终结的案件，侦查机关应当全面审查证明证据收集合法性的证据材料，依法排除非法证据。排除非法证据后，证据不足的，不得移送审查起诉。侦查机关发现办案人员非法取证的，应当依法作出处理，并可另行指派侦查人员重新调查取证。”

上述规定中有以下要点：

第一，犯罪嫌疑人及其辩护人在侦查期间可以向**人民检察院**提出。

第二，对犯罪嫌疑人及其辩护人**提供相关线索或者材料的**，人民检察院应当调查核实。调查结论应当**书面告知**犯罪嫌疑人及其辩护人。对确有以非法方法收集证据情形的，人民检察院应当向侦查机关提出纠正意见。

第三，对**重大案件**，人民检察院**驻看守所检察人员**应当在侦查终结前**询问**犯罪嫌疑人，核查是否存在刑讯逼供、非法取证情形，并**同步录音录像**。

第四，侦查机关发现非法取证的，**可另行指派侦查人员重新调查取证**。

第五，排除非法证据后，证据不足的，不得移送审查起诉。

（二）审查逮捕阶段、审查起诉阶段

《关于办理刑事案件严格排除非法证据若干问题的规定》第 16 条规定：“审查逮捕、审查起诉期间讯问犯罪嫌疑人，应当告知其有权申请排除非法证据，并告知诉讼权利和认罪的法律后果。”

《关于办理刑事案件严格排除非法证据若干问题的规定》第 17 条规定：“审查逮捕、审查起诉期间，犯罪嫌疑人及其辩护人申请排除非法证据，并提供相关线索或者材料的，人民检察院应当调查核实。调查结论应当书面告知犯罪嫌疑人及其辩护人。人民检察院在审查起诉期间发现侦查人员以刑讯逼供等非法方法收集证据的，应当依法排除相关证据并提出纠正意见，必要时人民检察院可以自行调查取证。人民检察院对审查认定的非法证据，应当予以排除，不得作为批准或者决定逮捕、提起公诉的根据。被排除的非法证据应当随案移送，并写明为依法排除的非法证据。”

《关于办理刑事案件严格排除非法证据若干问题的规定》第 18 条规定：“人民检察院依法排除非法证据后，证据不足，不符合逮捕、起诉条件的，不得批准或者决定逮捕、提起公诉。对于人民检察院排除有关证据导致对涉嫌的重要犯罪事实未予认定，从而作出不批准逮捕、不起诉决定，或者对涉嫌的部分重要犯罪事实决定不起诉的，公安机关、国家安全机关可要求复议、提请复核。”

《人民检察院刑事诉讼规则》第378条规定："人民检察院在审查起诉中，发现可能存在刑事诉讼法第五十六条规定的以非法方法收集证据情形的，可以要求侦查机关对证据收集的合法性作出书面说明或者提供相关证明材料。"

《人民检察院刑事诉讼规则》第379条规定："人民检察院公诉部门在审查中发现侦查人员以非法方法收集犯罪嫌疑人供述、被害人陈述、证人证言等证据材料的，应当依法排除非法证据并提出纠正意见，同时可以要求侦查机关另行指派侦查人员重新调查取证，必要时人民检察院也可以自行调查取证。"

上述规定中有以下要点：

1. 审查逮捕、审查起诉期间讯问犯罪嫌疑人，应当**告知其有权申请排除非法证据**，并告知**诉讼权利**和**认罪的法律后果**。

2. 发现可能有非法取证情形的，可以**要求侦查机关对证据收集的合法性作出书面说明或者提供相关证明材料**。

3. 排除非法证据后，可以**要求侦查机关另行指派侦查人员重新调查取证，必要时可以自行调查取证**。

4. **被排除的非法证据应当随案移送，并写明为依法排除的非法证据**。

5. 因排除非法证据而不批准逮捕、不起诉的，**公安机关、国家安全机关可要求复议、提请复核**。

相关真题可参见本书第三部分2012年案例分析题第2问。

（三）审判阶段

1. 开庭前

（1）庭前准备

《关于办理刑事案件严格排除非法证据若干问题的规定》第23条规定："人民法院向被告人及其辩护人**送达起诉书副本时**，应当**告知**其有权申请排除非法证据。被告人及其辩护人申请排除非法证据，应当**在开庭审理前**提出，但**在庭审期间发现相关线索或者材料等情形除外**。人民法院应当在开庭审理前将申请书和相关线索或者材料的**复制件送交人民检察院**。"

（2）庭前审查

《关于办理刑事案件严格排除非法证据若干问题的规定》第24条规定："被告人及其辩护人在开庭审理前申请排除非法证据，**未提供相关线索或者材**

料，不符合法律规定的申请条件的，人民法院对申请**不予受理**。”

（3）庭前会议

《关于办理刑事案件严格排除非法证据若干问题的规定》第25条规定：“被告人及其辩护人在开庭审理前申请排除非法证据，按照法律规定提供相关线索或者材料的，人民法院**应**当召开庭前会议。人民检察院应当通过出示有关证据材料等方式，有针对性地对证据收集的合法性作出说明。人民法院可以核实情况，听取意见。人民检察院可以决定撤回有关证据，撤回的证据，没有新的理由，不得在庭审中出示。被告人及其辩护人可以撤回排除非法证据的申请。撤回申请后，没有新的线索或者材料，不得再次对有关证据提出排除申请。”

《关于办理刑事案件严格排除非法证据若干问题的规定》第26条规定：“公诉人、被告人及其辩护人在庭前会议中对证据收集是否合法未达成一致意见，人民法院对证据收集的合法性有疑问的，应当在庭审中进行调查；人民法院对证据收集的合法性没有疑问，且没有新的线索或者材料表明可能存在非法取证的，可以决定不再进行调查。”

上述内容可以通过下表理解和记忆：

<table>
<tr><th></th><th>主体</th><th>行为</th><th>后果</th></tr>
<tr><td rowspan="7">庭前会议</td><td rowspan="2">被告人及其辩护人</td><td>在开庭审理前申请排除非法证据，按照法律规定提供相关线索或者材料</td><td>人民法院应当召开庭前会议</td></tr>
<tr><td>可以撤回排除非法证据的申请</td><td>没有新的线索或材料，不得再次对有关证据提出排除申请</td></tr>
<tr><td rowspan="2">人民检察院</td><td>应当通过出示有关证据材料等方式，有针对性地对证据收集的合法性作出说明</td><td></td></tr>
<tr><td>可以决定撤回有关证据</td><td>没有新的理由，不得在庭审中出示</td></tr>
<tr><td rowspan="3">人民法院</td><td>可以核实情况，听取意见</td><td></td></tr>
<tr><td>对证据收集的合法性有疑问的</td><td>应当在庭审中进行调查</td></tr>
<tr><td>对证据收集的合法性没有疑问，且没有新的线索或材料表明可能存在非法取证</td><td>可以决定不再进行调查</td></tr>
</table>

2. 庭审中的证据合法性调查

《关于办理刑事案件严格排除非法证据若干问题的规定》第 28 条规定："**公诉人宣读起诉书后，法庭应当宣布开庭审理前对证据收集合法性的审查及处理情况**。"

《关于办理刑事案件严格排除非法证据若干问题的规定》第 29 条规定："被告人及其辩护人在开庭审理前未申请排除非法证据，在法庭审理过程中提出申请的，应当说明理由。对前述情形，法庭经审查，对证据收集的合法性有疑问的，应当进行调查；没有疑问的，应当驳回申请。法庭驳回排除非法证据申请后，被告人及其辩护人没有新的线索或者材料，以相同理由再次提出申请的，法庭不再审查。"

《关于办理刑事案件严格排除非法证据若干问题的规定》第 30 条规定："庭审期间，法庭决定对证据收集的合法性进行调查的，应当**先行当庭调查**。但为防止庭审过分迟延，也可以在**法庭调查结束前**进行调查。"

《关于办理刑事案件严格排除非法证据若干问题的规定》第 31 条规定："公诉人对证据收集的合法性加以证明，可以出示讯问笔录、提讯登记、体检记录、采取强制措施或者侦查措施的法律文书、侦查终结前对讯问合法性的核查材料等证据材料，有针对性地播放讯问录音录像，提请法庭通知侦查人员或者其他人员出庭说明情况。被告人及其辩护人可以出示相关线索或者材料，并申请法庭播放特定时段的讯问录音录像。侦查人员或者其他人员出庭，应当向法庭说明证据收集过程，并就相关情况接受发问。对发问方式不当或者内容与证据收集的合法性无关的，法庭应当制止。**公诉人、被告人及其辩护人可以对证据收集的合法性进行质证、辩论**。"

《关于办理刑事案件严格排除非法证据若干问题的规定》第 27 条规定："被告人及其辩护人申请人民法院通知侦查人员或者其他人员出庭，人民法院认为现有证据材料不能证明证据收集的合法性，确有必要通知上述人员出庭作证或者说明情况的，可以通知上述人员出庭。"

上述双色重点显示的规定内容可通过下表理解和记忆：

<table>
<tr><th></th><th>主体</th><th colspan="2">行为</th><th>后果</th></tr>
<tr><td rowspan="12">庭审中的证据合法性调查</td><td rowspan="5">被告人及其辩护人</td><td colspan="2" rowspan="2">在开庭审理前未申请排除非法证据，在法庭审理过程中提出申请的，应当说明理由</td><td>法庭经审查有疑问的，应予调查</td></tr>
<tr><td>没有疑问，驳回申请后没有新线索或材料以相同理由再次申请的，不再审查</td></tr>
<tr><td colspan="2">出示相关线索或者材料</td><td></td></tr>
<tr><td colspan="2">申请播放特定时段的讯问录音录像</td><td></td></tr>
<tr><td colspan="2">申请法院通知侦查人员或其他人员出庭</td><td>法院认为现有证据材料不能证明证据合法性，确有必要的，可通知其出庭</td></tr>
<tr><td rowspan="7">公诉人</td><td rowspan="5">出示证据材料</td><td>讯问笔录</td><td></td></tr>
<tr><td>提讯登记</td><td></td></tr>
<tr><td>体检记录</td><td></td></tr>
<tr><td>采取侦查或强制措施的法律文书</td><td></td></tr>
<tr><td>侦查终结前对讯问合法性的核查材料等</td><td></td></tr>
<tr><td colspan="2">有针对性地播放讯问录音录像</td><td></td></tr>
<tr><td colspan="2">提请法庭通知侦查人员或其他人员出庭说明情况</td><td>向法庭说明证据收集过程，并就相关情况接受发问</td></tr>
</table>

《关于办理刑事案件严格排除非法证据若干问题的规定》第32条规定："法庭对控辩双方提供的证据有疑问的，可以宣布休庭，对证据进行调查核实。**必要时，可以通知公诉人、辩护人到场**。"

相关真题可参见本书第三部分2011年案例分析题第1－2问。

3. 调查后的处理

《关于办理刑事案件严格排除非法证据若干问题的规定》第33条规定："法庭对证据收集的合法性进行调查后，应当当庭作出是否排除有关证据的决定。必要时，可以宣布休庭，由合议庭评议或者提交审判委员会讨论，再次开庭时宣布决定。在法庭作出是否排除有关证据的决定前，不得对有关证据宣读、质证。"

《关于办理刑事案件严格排除非法证据若干问题的规定》第34条规定："经法庭审理，确认存在本规定所规定的以非法方法收集证据情形的，对有关证据应当予以排除。法庭根据相关线索或者材料对证据收集的合法性有疑问，而人民检察院未提供证据或者提供的证据不能证明证据收集的合法性，不能排除存在本规定所规定的以非法方法收集证据情形的，对有关证据应当予以排除。对依法予以排除的证据，不得宣读、质证，不得作为判决的根据。”

上述规定可通过下表理解和记忆：

<table>
<tr><td rowspan="5">调查后的处理</td><td rowspan="3">程序</td><td>调查后</td><td>当庭作出是否排除有关证据的决定</td></tr>
<tr><td>必要时</td><td>宣布休庭，由合议庭评议或提交审判委员会讨论，再次开庭时宣布决定</td></tr>
<tr><td>决定前及排除后</td><td>不得对有关证据宣读、质证</td></tr>
<tr><td rowspan="2">条件</td><td>确认存在非法取证</td><td rowspan="2">对有关证据应当予以排除</td></tr>
<tr><td>不能排除存在非法取证</td></tr>
</table>

《关于办理刑事案件严格排除非法证据若干问题的规定》第 35 条规定：“人民法院排除非法证据后，案件事实清楚，证据确实、充分，依据法律认定被告人有罪的，应当作出有罪判决；证据不足，不能认定被告人有罪的，应当作出证据不足、指控的犯罪不能成立的无罪判决；**案件部分事实清楚，证据确实、充分的，依法认定该部分事实**。”

《关于办理刑事案件严格排除非法证据若干问题的规定》第 36 条规定：“**人民法院对证据收集合法性的审查、调查结论，应当在裁判文书中写明，并说明理由**。”

《关于办理刑事案件严格排除非法证据若干问题的规定》第 37 条规定：“人民法院对证人证言、被害人陈述等证据收集合法性的审查、调查，参照上述规定。”

综上所述，需要特别强调的是，被告人及其辩护人申请排除非法证据，应当提供相关线索或者材料，否则人民法院在开庭前会不予受理，在开庭后会驳回申请，但这种提供相关线索或者材料的责任与公诉人在证据合法性调查中所承担的证明责任所要达到的标准是不一样的。**被告人及其辩护人提供的线索或者材料只要能够达到使人民法院对证据收集的合法性产生疑问即可**，一旦人民法院对此产生疑问，就要启动证据合法性调查；**公诉人对证据合法性的证明则必须达到能够排除非法取证的程度**，也即确认存在法定非法取证情形的，相关证据要排除；无法确认但也无法排除存在法定非法取证情形的，相关证据也要被排除。这也说明公诉人对其所主张的证据合法须承担证明责任，而被告人及其辩护人对其所主张的非法取证并不承担证明责任，仅承担提供线索或材料的责任。

4. 二审

《关于办理刑事案件严格排除非法证据若干问题的规定》第38条规定："人民检察院、被告人及其法定代理人提出抗诉、上诉，对第一审人民法院有关证据收集合法性的审查、调查结论提出异议的，第二审人民法院应当审查。被告人及其辩护人在第一审程序中未申请排除非法证据，在第二审程序中提出申请的，应当说明理由。第二审人民法院应当审查。**人民检察院在第一审程序中未出示证据证明证据收集的合法性，第一审人民法院依法排除有关证据的，人民检察院在第二审程序中不得出示之前未出示的证据，但在第一审程序后发现的除外。**"

第二审程序适用"全面审查原则"，因此对人民检察院、被告人及其辩护人代理人就第一审人民法院有关证据收集合法性的审查、调查结论提出异议的，当然应当审查。这一点无须特别记忆。但是对规定中的双色重点显示部分应当予以留意。**人民检察院在一审中发现但是却没有出示能够证明取证合法的证据，导致相关证据被排除后，又要求在二审程序中出示的：不予准许。但如果该证据是在一审后才被发现的，则可以出示。**

《关于办理刑事案件严格排除非法证据若干问题的规定》第39条规定："第二审人民法院对证据收集合法性的调查，参照上述第一审程序的规定。"

《关于办理刑事案件严格排除非法证据若干问题的规定》第40条规定："第一审人民法院对被告人及其辩护人排除非法证据的申请未予审查，并以有关证据作为定案根据，可能影响公正审判的，第二审人民法院可以裁定撤销原判，发回原审人民法院重新审判。第一审人民法院对依法应当排除的非法证据未予排除的，第二审人民法院可以依法排除非法证据。排除非法证据后，原判决认定事实和适用法律正确、量刑适当的，应当裁定驳回上诉或者抗诉，维持原判；原判决认定事实没有错误，但适用法律有错误，或者量刑不当的，应当改判；原判决事实不清楚或者证据不足的，可以裁定撤销原判，发回原审人民法院重新审判。"

<table>
<tr><th>一审</th><th>二审</th><th colspan="2">排除后的处理</th></tr>
<tr><td>一审法院未审查非法证据排除申请，并以有关证据作为定案根据，可能影响公正审判</td><td>可以裁定撤销原判，发回原审人民法院重新审判</td><td colspan="2"></td></tr>
<tr><td rowspan="3">一审法院对依法应当排除的非法证据未予排除的</td><td rowspan="3">可以依法排除</td><td>原判决认定事实和适用法律正确、量刑适当</td><td>应当裁定驳回上诉或者抗诉，维持原判</td></tr>
<tr><td>原判决认定事实没有错误，但适用法律有错误，或者量刑不当的</td><td>应当改判</td></tr>
<tr><td>原判决事实不清楚或证据不足的</td><td>可以裁定撤销原判，发回原审人民法院重新审判</td></tr>
</table>

关于二审法院排除非法证据后的处理，可以与《刑事诉讼法》第236条关于一般情况下二审后的处理相对比。该条规定："第二审人民法院对不服第一审判决的上诉、抗诉案件，经过审理后，应当按照下列情形分别处理：（一）原判决认定事实和适用法律正确、量刑适当的，应当裁定驳回上诉或者抗诉，维持原判；（二）原判决认定事实没有错误，但适用法律有错误，或者量刑不当的，应当改判；（三）原判决事实不清楚或者证据不足的，可以在查清事实后改判；也可以裁定撤销原判，发回原审人民法院重新审判。原审人民法院对于依照前款第三项规定发回重新审判的案件作出判决后，被告人提出上诉或者人民检察院提出抗诉的，第二审人民法院应当依法作出判决或者裁定，不得再发回原审人民法院重新审判。"可见，其区别主要在于，对于一般的二审案件，经审理认为原判决事实不清或者证据不足的，有两种处理，一是查清事实后改判；二是裁定撤销原判，发回原审人民法院重新审判。而对于二审中排除了一审未予排除的非法证据导致原判决事实不清或者证据不足的，《关于办理刑事案件严格排除非法证据若干问题的规定》第40条仅仅规定了一种处理方式，即可以裁定撤销原判，发回原审人民法院重新审判。

考点14 意见证据规则

命题分析

在证据规则中，除非法证据排除规则外，另一个易出现的考点就是意见证据规则。从命题的角度来看，**容易在案例分析题中设置一个小问题，涉及对证人证言、鉴定意见等证据的分析。**

考点解析

意见证据规则，是指证人只能陈述自己亲身感受和经历的事实，而不得陈述对该事实的意见或者结论。例如，证人说："我看见张三从那个屋里出来"，这就是对事实的陈述，而如其说："肯定是张三干的"，这就是意见。再如，证人说："我看见张三突然又哭又笑"，这就是对事实的陈述，而如其说："张三肯定有精神病"，这就是意见。证人的意见不能作为证据使用。

意见证据规则源于英美法系。英美国家将证人分为"专家证人"和"普通证人"。**专家证人可以基于专业知识提供意见证据，而普通证人只能就其亲身感受和经历的事实提供证言，而不能提供意见、推论或结论。但也存在一些例外**。英美法系意见证据规则的理论依据主要有：第一，根据事实作出判断是事实裁判者的职权，证人的职责只是把事实提供给裁判者，而不是对该事实作出判断并发表意见；第二，普通证人发表意见可能对案件事实的认定产生误导；第三，普通证人缺乏发表意见所需要的专门性知识与经验；第四，普通证人的意见对案件事实的认定没有价值。

我国的鉴定人类似于英美法系的专家证人，其所出具的**鉴定意见就是一种意见证据，不受意见证据规则的规制**。但证人不能提供意见证据。《最高人民法院关于适用〈中华人民共和国刑事诉讼法〉的解释》第75条规定："**证人的猜测性、评论性、推断性的证言，不得作为证据使用，但根据一般生活经验判断符合事实的除外**。"这就是我国的意见证据规则。有的时候，证人陈述意见是不可避免的，例如："他看上去二十多岁"也是一种意见，但是这属于根据一般生活经验可以判断的事项，如其符合事实，是可以作为证据使用的。

考点15　适用强制措施的原则和应当考虑的因素

命题分析

从命制大题的角度来看，强制措施这部分容易考查的考点就是“适用强制措施的原则和应当考虑的因素”，且**可能会结合惩罚犯罪与保障人权等理论来设置理论性考点**，需要考生对此做好相应的准备。

考点解析

一、强制措施的内涵

强制措施在刑事诉讼中发挥着重要作用，可以防止犯罪嫌疑人、被告人逃避侦查、起诉和审判，防止犯罪嫌疑人、被告人实施妨害诉讼的活动或继续进行犯罪活动，防止犯罪嫌疑人、被告人自杀以及发生其他意外事件，还可以起到震慑犯罪分子，鼓励群众积极同犯罪行为做斗争，以及预防犯罪的作用。但由于强制措施涉及宪法所保障的公民的人身自由权，因此其适用必须慎重，遵循相应的原则并全面考虑相关因素。

二、适用原则

适用强制措施应当遵循必要性原则、相当性原则和变更性原则。

（1）必要性原则，是指只有在为保证刑事诉讼的顺利进行而有必要时方能采取，若无必要，不得随意适用强制措施。

（2）相当性原则，又称为比例原则，是指适用何种强制措施，应当与犯罪嫌疑人、被告人的人身危险性程度和涉嫌犯罪的轻重程度相适应。

（3）变更性原则，是指强制措施的适用，需要随着诉讼的进展、犯罪嫌疑人、被告人及案件情况的变化而及时变更或解除。

三、应当考虑的因素

除遵循上述三项原则外，**适用强制措施还要全面考虑一系列的因素**：

（1）犯罪嫌疑人、被告人所实施行为的社会危害性。社会危害性越大，采取强制措施的必要性也就越大，适用的强制措施的强制力度也就越高。

（2）犯罪嫌疑人、被告人逃避侦查、起诉和审判或者进行各种妨害刑事诉讼的行为的可能性。可能性越大，采取强制措施的必要性及强度就越高。

（3）公安司法机关对案件事实的调查情况和对案件证据的掌握情况。适用强制措施必须按照法定条件，只有根据已经查明的案件事实和已有的证据，才能确定对犯罪嫌疑人、被告人具体采用的强制措施的种类。

（4）犯罪嫌疑人、被告人的个人情况。如其身体健康状况，是否正在怀孕、哺乳自己婴儿的妇女等，以确定是否对其采用强制措施和采用何种强制措施。

考点16　取保候审

命题分析

取保候审这一考点不大可能单独命制主观题，**最可能出现的形式就是结合其他考点共同命制。**比如在案例题中描述了某个案件从立案、侦查、起诉再到审判的整个流程。其中侦查、起诉或者审判阶段就有可能涉及取保候审这一强制措施的适用，然后让考生分析材料中的做法是否正确，并说明理由。在接下来的监视居住、逮捕以及羁押必要性复查这几个考点都有非常相似的命题思路。

考点解析

一、保证人保证与保证金保证

人民法院、人民检察院和公安机关决定对犯罪嫌疑人、被告人取保候审，应当责令犯罪嫌疑人、被告人提出保证人或者交纳保证金。因此，取保候审的方式有两种：保证人保证和保证金保证。值得注意的是，对同一犯罪嫌疑人或被告人的取保候审，**不得同时使用保证人保证和保证金保证方式**，只能择其一而适用。

（一）保证人保证

1. 保证人保证的适用情形和保证人的数量

对下列被告人决定取保候审的，可以责令其提出1～2名保证人：①无力交纳保证金的；②未成年或者已满 75 周岁的；③不宜收取保证金的其他被告人。

2. 保证人的条件

保证人必须符合下列条件：①与本案无牵连；②有能力履行保证义务；③享有政治权利，人身自由未受到限制；④有固定的住处和收入。

3. 保证人的义务

保证人应当履行以下义务：①监督被保证人遵守取保候审期间应当遵守的相关规定；②发现被保证人可能发生或者已经发生违反规定的行为的，应当及时向执行机关报告。

4. 保证人未履行保证义务的责任

被保证人违反取保候审期间应遵守的规定，保证人未履行保证义务的，对保证人处以罚款，构成犯罪的，依法追究刑事责任。

根据案件事实和法律规定，认为已经构成犯罪的被告人在取保候审期间逃匿的，如果系保证人协助被告人逃匿，或者保证人明知被告人藏匿地点但拒绝向司法机关提供，对保证人应当依法追究刑事责任。

对取保候审保证人是否履行了保证义务，由公安机关认定，对保证人的罚款决定，也由公安机关作出。

5. 保证人保证方式的变更

被告人被取保候审期间，保证人不愿继续履行保证义务或者丧失履行保证义务能力的，人民法院应当在**收到保证人的申请或者公安机关的书面通知后 3 日内**，责令被告人重新提出保证人或者交纳保证金，或者变更强制措施，并通知公安机关。

上述内容可通过下表理解和记忆：

<table>
<tr><td rowspan="6">保证人保证</td><td>数量</td><td>1～2 名保证人</td></tr>
<tr><td rowspan="3">适用对象</td><td>无力交纳保证金的</td></tr>
<tr><td>未成年或者已满 75 周岁的</td></tr>
<tr><td>不宜收取保证金的其他被告人</td></tr>
<tr><td rowspan="2">义务</td><td>监督被保证人遵守本法第 71 条的规定</td></tr>
<tr><td>发现被保证人可能发生或者已经发生违反本法第 71 条规定的行为的，应当及时向执行机关报告</td></tr>
</table>

续表

<table>
<tr><td rowspan="6">保证人保证</td><td rowspan="3">责任</td><td colspan="2">被保证人有违反本法第 71 条规定的行为，保证人未履行保证义务的，构成犯罪的</td><td rowspan="2">依法追究刑事责任</td></tr>
<tr><td colspan="2">已经构成犯罪的被告人在取保候审期间逃匿的，如果系保证人协助被告人逃匿，或者保证人明知被告人藏匿地点但拒绝向司法机关提供</td></tr>
<tr><td colspan="3">保证人是否履行了保证义务由公安机关认定，罚款决定也由公安机关作出</td></tr>
<tr><td rowspan="2">变更</td><td>保证人不愿继续履行保证义务</td><td colspan="2" rowspan="2">责令被告人重新提出保证人或交纳保证金，或变更强制措施</td></tr>
<tr><td>保证人丧失履行保证义务能力</td></tr>
</table>

（二）保证金保证

1. 保证金的数额与收取管理

取保候审的决定机关应当综合考虑保证诉讼活动正常进行的需要，被取保候审人的社会危险性，案件的性质、情节，可能判处刑罚的轻重，被取保候审人的经济状况等情况，确定保证金的数额。提供保证金的人应当将保证金存入执行机关指定银行的专门账户。

对决定取保候审的被告人使用保证金保证的，应当责令被告人或者为其提供保证金的单位、个人将保证金一次性存入公安机关指定银行的专门账户。

《人民检察院刑事诉讼规则》第 90 条规定："采取保证金担保方式的，人民检察院可以根据犯罪嫌疑人的社会危险性，案件的性质、情节、危害后果，可能判处刑罚的轻重，犯罪嫌疑人的经济状况等，责令犯罪嫌疑人交纳一千元以上的保证金，对于未成年犯罪嫌疑人可以责令交纳五百元以上的保证金。"

2. 保证金的退还

犯罪嫌疑人、被告人在取保候审期间未违反相关规定的，取保候审结束的时候，凭解除取保候审的通知或者有关法律文书到银行领取退还的保证金。

对被取保候审的被告人的判决、裁定生效后，应当解除取保候审、退还保证金的，如果保证金属于其个人财产，人民法院可以书面通知公安机关将保证金移交人民法院，用以退赔被害人、履行附带民事赔偿义务或者执行财产刑，剩余部分应当退还被告人。

3. 保证金的“继承”

保证金的“继承”是指，如果已采取保证金取保候审的案件进入下一诉讼阶段，而下一诉讼阶段的机关决定继续采取保证金取保候审的，应重新作出取保候审的决定，期限也重新计算，但是不再重新收取保证金。

公安机关决定对犯罪嫌疑人取保候审，案件移送人民检察院审查起诉后，对于需要继续取保候审的，人民检察院应当依法重新作出取保候审决定，并对犯罪嫌疑人办理取保候审手续。取保候审的期限应当重新计算并告知犯罪嫌疑人。对继续采取保证金方式取保候审的，被取保候审人没有违反刑事诉讼法相关规定的，不变更保证金数额，不再重新收取保证金。

人民检察院、公安机关已经对犯罪嫌疑人取保候审、监视居住，案件起诉至人民法院后决定继续取保候审、监视居住的，应当**重新办理手续**，**期限重新计算**；继续使用保证金保证的，**不再收取保证金**。

4. 保证金的没收

公安机关在宣读没收保证金决定书时，应当告知如果对没收保证金的决定不服，被取保候审人或者其法定代理人可以向作出决定的公安机关申请复议。被取保候审人或者其法定代理人对复议决定不服的，可以向上一级公安机关申请复核一次。对上级公安机关撤销或者变更没收保证金决定的，下级公安机关应当执行。

5. 保证金的上缴

没收保证金的决定已过复议期限，或者经上级公安机关复核后维持原决定的，公安机关应当及时通知指定的银行将没收的保证金按照国家的有关规定上缴国库，并在三日以内通知决定取保候审的机关。

6. 保证金的暂扣

被取保候审人没有违反取保候审期间应遵守的相关规定，但在取保候审期间涉嫌重新故意犯罪被立案侦查的，负责执行的公安机关应当暂扣其交纳的保证金，待人民法院判决生效后，根据有关判决作出处理。

上述内容可通过下表理解和记忆：

<table>
<tr><td rowspan="21">保证金保证</td><td rowspan="8">金额</td><td>决定主体</td><td colspan="2">取保候审的决定机关</td></tr>
<tr><td rowspan="5">考虑因素</td><td colspan="2">保证诉讼活动正常进行的需要</td></tr>
<tr><td colspan="2">被取保候审人的社会危险性</td></tr>
<tr><td colspan="2">案件的性质、情节</td></tr>
<tr><td colspan="2">可能判处刑罚的轻重</td></tr>
<tr><td colspan="2">被取保候审人的经济状况等</td></tr>
<tr><td rowspan="2">起点金额</td><td colspan="2">1000 元以上</td></tr>
<tr><td colspan="2">未成年犯罪嫌疑人为 500 元以上</td></tr>
<tr><td>收取</td><td colspan="3">一次性存入（县级以上）公安机关指定银行的专门账户</td></tr>
<tr><td rowspan="5">退还</td><td colspan="3">凭解除取保候审的通知或者有关法律文书到银行领取</td></tr>
<tr><td colspan="2" rowspan="4">如果保证金属于其个人财产，人民法院可以书面通知公安机关将保证金移交人民法院</td><td>退赔被害人</td></tr>
<tr><td>履行附带民事赔偿义务</td></tr>
<tr><td>执行财产刑</td></tr>
<tr><td>剩余部分应当退还被告人</td></tr>
<tr><td>继承</td><td colspan="3">如下一阶段仍采保证金取保，需重新作出决定、计算期限，但不再收取保证金</td></tr>
<tr><td rowspan="2">没收</td><td colspan="3">可向作出决定的公安机关申请复议</td></tr>
<tr><td colspan="3">对复议决定不服的可向上一级公安机关申请复核</td></tr>
<tr><td rowspan="2">上缴</td><td colspan="2">没收保证金的决定已过复议期限</td><td rowspan="2">通知指定的银行上缴国库，并在 3 日以内通知决定取保候审的机关</td></tr>
<tr><td colspan="2">经上级公安机关复核后维持原决定的</td></tr>
<tr><td>暂扣</td><td colspan="2">涉嫌重新故意犯罪被立案侦查</td><td>暂扣保证金，待判决生效后依判决处理</td></tr>
</table>

二、被取保候审人的义务及违反义务的处理

（一）被取保候审人的义务

1. 法定义务

法定义务是指法律规定的每一个被取保候审的犯罪嫌疑人、被告人在取保候审期间都必须履行的义务，包括：①未经执行机关批准不得离开所居住的市、县；②住址、工作单位和联系方式发生变动的，在 24 小时以内向执行机关报告；③在传讯的时候及时到案；④不得以任何形式干扰证人作证；⑤不得毁灭、伪造证据或者串供。”

2. 酌定义务

酌定义务是指人民法院、人民检察院和公安机关根据案件和被取保候审人的具体情况，责令被取保候审人在取保候审期间须遵守的义务，可以包括以下一项或多项：①不得进入特定的场所；②不得与特定的人员会见或者通信；③不得从事特定的活动；④将护照等出入境证件、驾驶证件交执行机关保存。

上述内容可通过下表理解和记忆：

<table>
<tr><td rowspan="9">被取保候审人的义务</td><td rowspan="5">法定义务</td><td>未经执行机关批准不得离开所居住的市、县</td></tr>
<tr><td>住址、工作单位和联系方式发生变动的，在24小时以内向执行机关报告</td></tr>
<tr><td>在传讯的时候及时到案</td></tr>
<tr><td>不得以任何形式干扰证人作证</td></tr>
<tr><td>不得毁灭、伪造证据或者串供</td></tr>
<tr><td rowspan="4">酌定义务</td><td>不得进入特定的场所</td></tr>
<tr><td>不得与特定的人员会见或者通信</td></tr>
<tr><td>不得从事特定的活动</td></tr>
<tr><td>将护照等出入境证件、驾驶证件交执行机关保存</td></tr>
</table>

（二）被取保候审人违反义务的处理

被取保候审的犯罪嫌疑人、被告人违反在取保候审期间应遵守的规定，已交纳保证金的，没收部分或者全部保证金，并且区别情形，责令犯罪嫌疑人、被告人具结悔过，重新交纳保证金、提出保证人，或者监视居住、予以逮捕。对违反取保候审规定，需要予以逮捕的，可以对犯罪嫌疑人、被告人先行拘留。

被取保候审的被告人具有下列情形之一的，人民法院应当决定逮捕：①故意实施新的犯罪的；②企图自杀、逃跑的；③毁灭、伪造证据，干扰证人作证或者串供的；④对被害人、举报人、控告人实施打击报复的；⑤经传唤，无正当理由不到案，影响审判活动正常进行的；⑥擅自改变联系方式或者居住地，导致无法传唤，影响审判活动正常进行的；⑦未经批准，擅自离开所居住的市、县，影响审判活动正常进行，或者两次未经批准，擅自离开所居住的市、县的；⑧违反规定进入特定场所、与特定人员会见或者通信、从事特定活动，影响审判活动正常进行，或者两次违反有关规定的；⑨依法应当决定逮捕的其他情形。

人民法院发现使用保证金保证的被取保候审人违反《刑事诉讼法》第 71 条第 1 款、第 2 款规定的，应当提出没收部分或者全部保证金的**书面意见**，连同有关材料一并**送交负责执行的公安机关处理**。人民法院收到公安机关已经没收保证金的书面通知或者变更强制措施的建议后，应当区别情形，责令被告人具结悔过，重新交纳保证金或者提出保证人，或者变更强制措施，并通知公安机关。人民法院决定对被依法没收保证金的被告人继续取保候审的，**取保候审的期限连续计算**。

上述规定可以通过下表理解和记忆：

<table>
<tr><td rowspan="13">被取保候审人违反规定的处理</td><td rowspan="13">没收部分或全部保证金</td><td colspan="3">责令犯罪嫌疑人、被告人具结悔过</td></tr>
<tr><td colspan="3">重新交纳保证金、提出保证人（取保候审期限连续计算）</td></tr>
<tr><td colspan="3">监视居住</td></tr>
<tr><td rowspan="10">予以逮捕</td><td rowspan="9">原因</td><td>故意实施新的犯罪的</td></tr>
<tr><td>企图自杀、逃跑的</td></tr>
<tr><td>毁灭、伪造证据，干扰证人作证或者串供的</td></tr>
<tr><td>对被害人、举报人、控告人实施打击报复的</td></tr>
<tr><td>经传唤，无正当理由不到案，影响审判活动正常进行的</td></tr>
<tr><td>擅自改变联系方式或者居住地，导致无法传唤，影响审判活动正常进行的</td></tr>
<tr><td>未经批准，擅自离开所居住的市、县，影响审判活动正常进行，或者两次未经批准，擅自离开所居住的市、县的</td></tr>
<tr><td>违反规定进入特定场所、与特定人员会见或者通信、从事特定活动，影响审判活动正常进行，或者两次违反有关规定的</td></tr>
<tr><td>依法应当决定逮捕的其他情形</td></tr>
<tr><td>程序</td><td>可以对犯罪嫌疑人、被告人先行拘留</td></tr>
</table>

考点 17 指定居所监视居住

命题分析

指定居所监视居住的命题思路与上一考点相似。**需要注意的是，在 2018 年修改后的《刑事诉讼法》中对指定居所监视居住的适用进行了修改，提醒考生对此要注意。**

考点解析

一、指定居所监视居住的适用条件

指定居所监视居住是监视居住中的一种特殊情况，因此，指定居所监视居住的适用条件首先涉及监视居住的适用条件。

（一）监视居住的适用条件

人民法院、人民检察院和公安机关对符合逮捕条件，有下列情形之一的犯罪嫌疑人、被告人，可以监视居住：①患有严重疾病、生活不能自理的；②怀孕或者正在哺乳自己婴儿的妇女；③系生活不能自理的人的唯一扶养人；④因为案件的特殊情况或者办理案件的需要，采取监视居住措施更为适宜的；⑤羁押期限届满，案件尚未办结，需要采取监视居住措施的。对符合取保候审条件，但犯罪嫌疑人、被告人不能提出保证人，也不交纳保证金的，可以监视居住。

上述内容可通过下表理解和记忆：

<table>
<tr><td rowspan="6">监视居住适用条件</td><td rowspan="5">符合逮捕条件</td><td>患有严重疾病、生活不能自理的</td></tr>
<tr><td>怀孕或者正在哺乳自己婴儿的妇女</td></tr>
<tr><td>系生活不能自理的人的唯一扶养人</td></tr>
<tr><td>因为案件的特殊情况或者办理案件的需要，采取监视居住措施更为适宜的</td></tr>
<tr><td>羁押期限届满，案件尚未办结，需要采取监视居住措施的</td></tr>
<tr><td>符合取保条件</td><td>不能提出保证人，也不交纳保证金的</td></tr>
</table>

（二）指定居所监视居住的特殊适用条件

注意，2018 年《刑事诉讼法》对此进行了修改。监视居住应当在犯罪嫌疑人、被告人的住处执行；无固定住处的，可以在指定的居所执行。对于涉嫌危害国家安全犯罪、恐怖活动犯罪，在住处执行可能有碍侦查的，经上一级公安机关批准，也可以在指定的居所执行。但是，不得在羁押场所、专门的办案场所执行。

上述内容可以通过下表理解和记忆：

<table>
<tr><td rowspan="4">指定居所监视居住适用条件</td><td>所有犯罪</td><td colspan="2">无固定住处</td></tr>
<tr><td>危害国家安全犯罪</td><td rowspan="3">在住处执行可能有碍侦查</td><td rowspan="3">经上一级公安机关批准（删去了上一级人民检察院）</td></tr>
<tr><td>恐怖活动犯罪</td></tr>
<tr><td>特别重大贿赂犯罪（删去）</td></tr>
</table>

二、执行指定居所监视居住中的特殊规定

（一）执行地点

可以在指定的居所执行，但**不得在羁押场所、专门的办案场所执行**。

（二）及时通知被监视居住人家属

《刑事诉讼法》第 75 条第 2 款规定："指定居所监视居住的，**除无法通知的以外**，应当在执行监视居住后**二十四小时以内**，通知被监视居住人的家属。"该款规定仅要求将犯罪嫌疑人、被告人已被指定居所监视居住的信息通知其家属，并没有规定通知的内容。

关于指定居所监视居住中通知家属的内容，各部门的解释及规定均不相同。

《最高人民法院关于适用〈中华人民共和国刑事诉讼法〉的解释》第 126 条第 2 款规定："对被告人指定居所监视居住后，人民法院应当在二十四小时内，将监视居住的**原因**和**处所**通知其家属；确实无法通知的，应当记录在案。"**也即通知内容包括监视居住的原因和处所**。

《公安机关办理刑事案件程序规定》第 109 条第 1 款规定："指定居所监视居住的，除无法通知的以外，应当制作监视居住通知书，在执行监视居住后二十四小时以内，由决定机关通知被监视居住人的家属。"**没有明确规定通知内容**。

（三）折抵刑期

指定居所监视居住的期限应当折抵刑期。**被判处管制的，监视居住一日折抵刑期一日；被判处拘役、有期徒刑的，监视居住二日折抵刑期一日**。

考点 18　逮捕

命题分析

逮捕的命题思路与考点 16 相似。需要注意的是，**在 2018 年修改后的《刑**

事诉讼法》中对批准或决定逮捕时对社会危险性的审查进行了修改，提醒考生对此要注意。

考点解析

一、审查逮捕的程序

公安机关要求逮捕犯罪嫌疑人的时候，应当写出提请批准逮捕书，连同案卷材料、证据，一并移送同级人民检察院审查批准。必要的时候，人民检察院可以派人参加公安机关对于重大案件的讨论。

注意：2018年《刑事诉讼法》中对社会危险性的审查增加了一项：修改后的第81条增加了一款，“批准或者决定逮捕，应当将犯罪嫌疑人、被告人涉嫌犯罪的性质、情节，认罪认罚等情况，作为是否可能发生社会危险性的考虑因素。”

人民检察院审查批准或者决定逮捕犯罪嫌疑人，由侦查监督部门办理。

侦查监督部门办理审查逮捕案件，应当审阅案卷材料和证据，依法讯问犯罪嫌疑人、询问证人等诉讼参与人、听取辩护律师意见，制作审查逮捕意见书，提出批准或者决定逮捕、不批准或者不予逮捕的意见，经部门负责人审核后，报请检察长批准或者决定；重大案件应当经检察委员会讨论决定。**侦查监督部门办理审查逮捕案件，不另行侦查，不得直接提出采取取保候审措施的意见。**

关于审查逮捕中讯问犯罪嫌疑人的范围，《刑事诉讼法》第88条规定：“人民检察院审查批准逮捕，可以讯问犯罪嫌疑人；有下列情形之一的，应当讯问犯罪嫌疑人：（一）对是否符合逮捕条件有疑问的；（二）犯罪嫌疑人要求向检察人员当面陈述的；（三）侦查活动可能有重大违法行为的。人民检察院审查批准逮捕，可以询问证人等诉讼参与人，听取辩护律师的意见；辩护律师提出要求的，应当听取辩护律师的意见。”

但《人民检察院刑事诉讼规则》第305条扩大了应当讯问的犯罪嫌疑人的范围，该条规定：“侦查监督部门办理审查逮捕案件，可以讯问犯罪嫌疑人；有下列情形之一的，应当讯问犯罪嫌疑人：（一）对是否符合逮捕条件有疑问的；（二）犯罪嫌疑人要求向检察人员当面陈述的；（三）侦查活动可能有重大违法行为的；（四）案情重大疑难复杂的；（五）犯罪嫌疑人系未成年人的；（六）犯罪嫌疑人是盲、聋、哑人或者是尚未完全丧失辨认或者控制自己行为能力的精神病人的。讯问未被拘留的犯罪嫌疑人，讯问前应当征求侦查机关的意见，并做好办案安全风险评估预警工作。是否符合逮捕条件有疑问主要包括罪与非罪界限不清的，据以定罪的证据之间存在矛盾的，犯罪嫌疑人的供述前后矛盾或者违背常理的，有无社会危险性难以把握的，以及犯罪嫌疑人是否达到刑事责任年龄需要确认等情形。重大违法行为是指办案严重违反法律规定的程序，或者存在刑讯逼供等严重侵犯犯罪嫌疑人人身权利和其他诉讼权利等情形。”

此外，《人民检察院刑事诉讼规则》第 306 条还规定：“在审查逮捕中对被拘留的犯罪嫌疑人不予讯问的，应当送达听取犯罪嫌疑人意见书，由犯罪嫌疑人填写后及时收回审查并附卷。经审查发现应当讯问犯罪嫌疑人的，应当及时讯问。”

上述规定中的要点可通过下表予以理解和记忆：

<table>
<tr><th></th><th>方法</th><th>条件</th><th>备注</th></tr>
<tr><td rowspan="11">审查逮捕的程序</td><td rowspan="6">可以讯问犯罪嫌疑人；有下列情形之一的，应当讯问犯罪嫌疑人</td><td>对是否符合逮捕条件有疑问的</td><td rowspan="6">讯问未被拘留的犯罪嫌疑人，讯问前应当征求侦查机关的意见</td></tr>
<tr><td>犯罪嫌疑人要求向检察人员当面陈述的</td></tr>
<tr><td>侦查活动可能有重大违法行为的</td></tr>
<tr><td>案情重大疑难复杂的</td></tr>
<tr><td>犯罪嫌疑人系未成年人的</td></tr>
<tr><td>犯罪嫌疑人是盲、聋、哑人或者是尚未完全丧失辨认或者控制自己行为能力的精神病人的</td></tr>
<tr><td>送达听取意见书</td><td colspan="2">对未被讯问的被拘留人</td></tr>
<tr><td colspan="3">可以询问证人等诉讼参与人</td></tr>
<tr><td colspan="3">可以听取辩护律师的意见，辩护律师提出要求的，应当听取</td></tr>
<tr><td colspan="3">必要的时候，人民检察院可以派人参加公安机关对于重大案件的讨论</td></tr>
<tr><td colspan="3">不另行侦查</td></tr>
</table>

二、审查逮捕的决定

人民检察院审查批准逮捕犯罪嫌疑人**由检察长决定**。**重大案件应当提交检察委员会讨论决定**。

人民检察院对于公安机关提请批准逮捕的案件进行审查后，应当根据情况分别作出批准逮捕或者不批准逮捕的决定。对于批准逮捕的决定，公安机关应当立即执行，并且将执行情况及时通知人民检察院。对于不批准逮捕的，人民检察院应当说明理由，需要补充侦查的，应当同时通知公安机关。

公安机关对人民检察院不批准逮捕的决定，认为有错误的时候，可以要求复议，但是必须将被拘留的人立即释放。如果意见不被接受，可以向上一级人民检察院提请复核。上级人民检察院应当立即复核，作出是否变更的决定，通知下级人民检察院和公安机关执行。

上述规定中的要点可通过下表予以理解和记忆：

<table>
<tr><th></th><th></th><th>公安机关</th><th>检察院</th></tr>
<tr><td rowspan="7">审查逮捕的决定</td><td rowspan="2">批准逮捕</td><td>立即执行</td><td rowspan="2"></td></tr>
<tr><td>将执行情况及时通知检察院</td></tr>
<tr><td rowspan="5">不批准逮捕</td><td rowspan="3"></td><td>说明理由</td></tr>
<tr><td>需要补充侦查的，应同时通知公安机关</td></tr>
<tr><td>不得直接提出采取取保候审措施的意见</td></tr>
<tr><td>要求复议，并立即释放被拘留人</td><td></td></tr>
<tr><td>向上一级人民检察院提请复核</td><td></td></tr>
</table>

三、《刑事诉讼法》关于强制措施的变更、撤销或解除的一般规定

一般而言，强制措施的撤销或者变更是因为适用强制措施的条件自始或嗣后不存在，导致采取强制措施不当，因而予以撤销或者变更。强制措施的解除或者变更则是因为在强制措施执行的过程中出现了其他情形，导致不宜继续适用，因而予以解除或变更。

1. 采取强制措施不当的：人民法院、人民检察院和公安机关如果发现对犯罪嫌疑人、被告人采取强制措施不当的，应当及时撤销或者变更。公安机关释放被逮捕的人或者变更逮捕措施的，应当通知原批准的人民检察院。

2. 采取强制措施法定期限届满的：人民法院、人民检察院或者公安机关对被采取强制措施法定期限届满的犯罪嫌疑人、被告人，应当予以释放、解除取保候审、监视居住或者依法变更强制措施。犯罪嫌疑人、被告人及其法定代理人、近亲属或者辩护人对于人民法院、人民检察院或者公安机关采取强制措施法定期限届满的，有权要求解除强制措施。

3. 不能在法定办案期限办结的：犯罪嫌疑人、被告人被羁押的案件，不

能在本法规定的侦查羁押、审查起诉、一审、二审期限内办结的，对犯罪嫌疑人、被告人应当予以释放；需要继续查证、审理的，对犯罪嫌疑人、被告人可以取保候审或者监视居住。

上述规定可通过下表理解和记忆：

<table>
<tr><th></th><th>事由</th><th>处理</th></tr>
<tr><td rowspan="6">强制措施的变更、撤销或解除</td><td rowspan="2">采取强制措施不当</td><td>及时撤销或者变更</td></tr>
<tr><td>公安机关释放被逮捕的人或者变更逮捕措施的，应当通知原批准的人民检察院</td></tr>
<tr><td rowspan="2">采取强制措施法定期限届满</td><td>予以释放、解除取保候审、监视居住或者依法变更强制措施</td></tr>
<tr><td>犯罪嫌疑人、被告人及其法定代理人、近亲属或辩护人有权要求解除</td></tr>
<tr><td rowspan="2">羁押，不能在法定期限内办结</td><td>予以释放</td></tr>
<tr><td>需要继续查证、审理的，可以取保候审或者监视居住</td></tr>
</table>

此外，**犯罪嫌疑人、被告人及其法定代理人、近亲属或者辩护人**有权申请变更强制措施。人民法院、人民检察院和公安机关收到申请后，应当在**三日以内**作出决定；不同意变更强制措施的，应当告知申请人，并说明不同意的理由。

四、《最高人民法院关于适用〈中华人民共和国刑事诉讼法〉的解释》关于逮捕的变更、撤销或解除的规定

《最高人民法院关于适用〈中华人民共和国刑事诉讼法〉的解释》第133条规定："被逮捕的被告人具有下列情形之一的，人民法院可以变更强制措施：（一）患有严重疾病、生活不能自理的；（二）怀孕或者正在哺乳自己婴儿的；（三）系生活不能自理的人的唯一扶养人。"

《最高人民法院关于适用〈中华人民共和国刑事诉讼法〉的解释》第134条规定："第一审人民法院判决被告人无罪、不负刑事责任或者免除刑事处罚，被告人在押的，应当在宣判后立即释放。被逮捕的被告人具有下列情形之一的，人民法院应当变更强制措施或者予以释放：（一）第一审人民法院判处管制、宣告缓刑、单独适用附加刑，判决尚未发生法律效力的；（二）被告人被羁押的时间已到第一审人民法院对其判处的刑期期限的；（三）案件不能在法律规定的期限内审结的。"

上述规定可通过下表理解和记忆：

<table>
<tr><th></th><th>处理</th><th>事由</th><th colspan="2">程序</th></tr>
<tr><td rowspan="7">逮捕的变更撤销解除</td><td>应当予以释放</td><td>一审判决无罪、不负刑事责任或免除刑事处罚</td><td rowspan="7">立即将变更强制措施决定书或者释放通知书送交公安机关执行</td><td rowspan="7">检察院建议的应在收到建议后10日内将处理情况通知检察院</td></tr>
<tr><td rowspan="3">应当变更强制措施或予以释放</td><td>第一审人民法院判处管制、宣告缓刑、单独适用附加刑，判决尚未发生法律效力的</td></tr>
<tr><td>被告人被羁押的时间已到第一审人民法院对其判处的刑期期限的</td></tr>
<tr><td>案件不能在法律规定的期限内审结的</td></tr>
<tr><td rowspan="3">可以变更强制措施或予以释放</td><td>患有严重疾病、生活不能自理的</td></tr>
<tr><td>怀孕或者正在哺乳自己婴儿的</td></tr>
<tr><td>系生活不能自理的人的唯一扶养人</td></tr>
</table>

考点19　羁押必要性的审查

命题分析

羁押必要性审查是2012年刑事诉讼法修改后的新增内容。2016年最高人民检察院又发布了《人民检察院办理羁押必要性审查案件规定（试行）》，对《人民检察院刑事诉讼规则》中的相关规定作出了调整，因此考生在主观题的准备过程中应重视该考点。**备考时主要以《人民检察院办理羁押必要性审查案件规定（试行）》中的相关规定为准，同时注意结合前述考点15的内容，注意相关理论性考题的命制。**

考点解析

一、羁押必要性审查的对象、主体及启动方式

（一）羁押必要性审查的对象

《刑事诉讼法》第95条规定："犯罪嫌疑人、被告人被逮捕后，人民检察院仍应当对羁押的必要性进行审查。对不需要继续羁押的，应当建议予以释放或者变更强制措施……"

羁押必要性审查，是指人民检察院依据刑事诉讼法的相关规定，**对被逮捕的犯罪嫌疑人、被告人有无继续羁押的必要性**进行审查，对不需要继续羁押

的，建议办案机关予以释放或者变更强制措施的监督活动。

（二）羁押必要性审查的主体

《人民检察院办理羁押必要性审查案件规定（试行）》第3条规定：“羁押必要性审查案件由办案机关对应的**同级人民检察院刑事执行检察部门**统一办理，侦查监督、公诉、侦查、案件管理、检察技术等部门予以配合。”

《人民检察院办理羁押必要性审查案件规定（试行）》第8条规定：“羁押必要性审查的申请由办案机关对应的同级人民检察院刑事执行检察部门统一受理。办案机关对应的同级人民检察院控告检察、案件管理等部门收到羁押必要性审查申请后，应当在一个工作日以内移送本院刑事执行检察部门。其他人民检察院收到羁押必要性审查申请的，应当告知申请人向办案机关对应的同级人民检察院提出申请，或者在两个工作日以内将申请材料移送办案机关对应的同级人民检察院，并告知申请人。”

上述规定与《人民检察院刑事诉讼规则》中的相关规定不一致，《人民检察院办理羁押必要性审查案件规定（试行）》出台后应以该文件中的规定为准。

（三）羁押必要性审查的启动方式

1. 依申请启动

《人民检察院办理羁押必要性审查案件规定（试行）》第7条规定：“犯罪嫌疑人、被告人及其法定代理人、近亲属、辩护人申请进行羁押必要性审查的，应当说明不需要继续羁押的理由。有相关证明材料的，应当一并提供。”

《人民检察院办理羁押必要性审查案件规定（试行）》第27条规定：“人民检察院依看守所建议进行羁押必要性审查的，参照依申请进行羁押必要性审查的程序办理。”

2. 依职权启动

《人民检察院办理羁押必要性审查案件规定（试行）》第11条规定：“刑事执行检察部门对本院批准逮捕和同级人民法院决定逮捕的犯罪嫌疑人、被告人，应当依职权对羁押必要性进行初审。”

上述规定可通过下表理解和记忆：

<table>
<tr><td rowspan="6">羁押必要性审查</td><td>对象</td><td colspan="3">被逮捕的犯罪嫌疑人、被告人有无继续羁押的必要性</td></tr>
<tr><td>主体</td><td colspan="3">同级人民检察院刑事执行检察部门</td></tr>
<tr><td rowspan="4">启动</td><td rowspan="2">依申请</td><td>犯罪嫌疑人、被告人及其法定代理人、近亲属、辩护人</td><td rowspan="2">应当说明不需要继续羁押的理由，有相关证明材料的，应一并提供</td></tr>
<tr><td>看守所</td></tr>
<tr><td rowspan="2">依职权</td><td colspan="2">本院批准逮捕的</td></tr>
<tr><td colspan="2">同级人民法院决定逮捕的</td></tr>
</table>

二、羁押必要性审查的方法

（一）审查方式

《人民检察院办理羁押必要性审查案件规定（试行）》第 13 条规定：“人民检察院进行羁押必要性审查，可以采取以下方式：（一）审查犯罪嫌疑人、被告人不需要继续羁押的理由和证明材料；（二）听取犯罪嫌疑人、被告人及其法定代理人、辩护人的意见；（三）听取被害人及其法定代理人、诉讼代理人的意见，了解是否达成和解协议；（四）听取现阶段办案机关的意见；（五）听取侦查监督部门或者公诉部门的意见；（六）调查核实犯罪嫌疑人、被告人的身体状况；（七）其他方式。”

（二）公开审查的原则及其例外

《人民检察院办理羁押必要性审查案件规定（试行）》第 13 条规定：“人民检察院可以对羁押必要性审查案件进行公开审查。但是，涉及国家秘密、商业秘密、个人隐私的案件除外。公开审查可以邀请与案件没有利害关系的人大代表、政协委员、人民监督员、特约检察员参加。”

（三）羁押必要性的评估

《人民检察院办理羁押必要性审查案件规定（试行）》第 15 条规定：“人民检察院应当根据犯罪嫌疑人、被告人涉嫌犯罪事实、主观恶性、悔罪表现、身体状况、案件进展情况、可能判处的刑罚和有无再危害社会的危险等因素，综合评估有无必要继续羁押犯罪嫌疑人、被告人。”

《人民检察院办理羁押必要性审查案件规定（试行）》第 16 条规定：“评估犯罪嫌疑人、被告人有无继续羁押必要性可以采取量化方式，设置加分项目、减分项目、否决项目等具体标准。犯罪嫌疑人、被告人的得分情况可以作为综合评估的参考。”

上述规定可通过下表理解和记忆：

<table>
<tr><td rowspan="12">羁押必要性审查</td><td rowspan="7">审查方式</td><td colspan="2">审查犯罪嫌疑人、被告人不需要继续羁押的理由和证明材料</td></tr>
<tr><td colspan="2">听取犯罪嫌疑人、被告人及其法定代理人、辩护人的意见</td></tr>
<tr><td colspan="2">听取被害人及其法定代理人、诉讼代理人的意见，了解是否达成和解协议</td></tr>
<tr><td colspan="2">听取现阶段办案机关的意见</td></tr>
<tr><td colspan="2">听取侦查监督部门或者公诉部门的意见</td></tr>
<tr><td colspan="2">调查核实犯罪嫌疑人、被告人的身体状况</td></tr>
<tr><td colspan="2">其他方式</td></tr>
<tr><td rowspan="2">公开审查</td><td colspan="2">可邀与案件无利害关系的人大代表、政协委员、人民监督员、特约检察员参加</td></tr>
<tr><td>例外</td><td>涉及国家秘密、商业秘密、个人隐私的案件</td></tr>
<tr><td rowspan="2">评估</td><td>依据</td><td>犯罪嫌疑人、被告人涉嫌犯罪事实、主观恶性、悔罪表现、身体状况、案件进展情况、可能判处的刑罚和有无再危害社会的危险</td></tr>
<tr><td>方法</td><td>可以采取量化方式，量化结果仅为参考</td></tr>
</table>

三、羁押必要性审查后的处理

《人民检察院办理羁押必要性审查案件规定（试行）》第 17 条规定：“经羁押必要性审查，发现犯罪嫌疑人、被告人具有下列情形之一的，应当向办案机关提出释放或者变更强制措施的建议：（一）案件证据发生重大变化，没有证据证明有犯罪事实或者犯罪行为系犯罪嫌疑人、被告人所为的；（二）案件事实或者情节发生变化，犯罪嫌疑人、被告人可能被判处拘役、管制、独立适用附加刑、免予刑事处罚或者判决无罪的；（三）继续羁押犯罪嫌疑人、被告人，羁押期限将超过依法可能判处的刑期的；（四）案件事实基本查清，证据已经收集固定，符合取保候审或者监视居住条件的。”

《人民检察院办理羁押必要性审查案件规定（试行）》第 18 条规定：“经羁押必要性审查，发现犯罪嫌疑人、被告人具有下列情形之一，且具有悔罪表现，不予羁押不致发生社会危险性的，可以向办案机关提出释放或者变更强制措施的建议：（一）预备犯或者中止犯；（二）共同犯罪中的从犯或者胁从犯；（三）过失犯罪的；（四）防卫过当或者避险过当的；（五）主观恶性较小的初犯；（六）系未成年人或者年满七十五周岁的人；（七）与被害方依法自愿达成和解协议，且已经履行或者提供担保的；（八）患有严重疾病、生活不能自理的；（九）系怀孕或者正在哺乳自己婴儿的妇女；（十）系生活不能自理的人的唯一扶养人；（十一）可能被判处一年以下有期徒刑或者宣告缓刑的；（十二）其他不需要继续羁押犯罪嫌疑人、被告人的情形。”

上述规定可通过下表理解和记忆：

<table>
<tr><td rowspan="16">羁押必要性审查后的处理</td><td rowspan="4">应当向办案机关提出释放或者变更强制措施的建议</td><td colspan="2">案件证据发生重大变化，没有证据证明有犯罪事实或者犯罪行为系犯罪嫌疑人、被告人所为的</td></tr>
<tr><td colspan="2">案件事实或者情节发生变化，犯罪嫌疑人、被告人可能被判处拘役、管制、独立适用附加刑、免予刑事处罚或者判决无罪的</td></tr>
<tr><td colspan="2">继续羁押犯罪嫌疑人、被告人，羁押期限将超过依法可能判处的刑期的</td></tr>
<tr><td colspan="2">案件事实基本查清，证据已经收集固定，符合取保候审或监视居住条件的</td></tr>
<tr><td rowspan="12">可以向办案机关提出释放或者变更强制措施的建议</td><td rowspan="12">有悔罪表现，不予羁押不致发生社会危险性（不必逐项记忆）</td><td>预备犯或者中止犯</td></tr>
<tr><td>共同犯罪中的从犯或者胁从犯</td></tr>
<tr><td>过失犯罪的</td></tr>
<tr><td>防卫过当或者避险过当的</td></tr>
<tr><td>主观恶性较小的初犯</td></tr>
<tr><td>系未成年人或者年满七十五周岁的人</td></tr>
<tr><td>与被害方依法自愿达成和解协议，且已经履行或者提供担保的</td></tr>
<tr><td>患有严重疾病、生活不能自理的</td></tr>
<tr><td>系怀孕或者正在哺乳自己婴儿的妇女</td></tr>
<tr><td>系生活不能自理的人的唯一扶养人</td></tr>
<tr><td>可能被判处一年以下有期徒刑或者宣告缓刑的</td></tr>
<tr><td>其他不需要继续羁押犯罪嫌疑人、被告人的情形</td></tr>
</table>

四、羁押必要性审查的程序

（一）立案程序

《人民检察院办理羁押必要性审查案件规定（试行）》第12条规定：“经初审，对于犯罪嫌疑人、被告人可能具有本规定第十七条、第十八条情形之一的，检察官应当制作立案报告书，经检察长或者分管副检察长批准后予以立案。对于无理由或者理由明显不成立的申请，或者经人民检察院审查后未提供新的证明材料或者没有新的理由而再次申请的，由检察官决定不予立案，并书面告知申请人。”

（二）结案程序

《人民检察院办理羁押必要性审查案件规定（试行）》**第 20 条规定：**“办理羁押必要性审查案件，应当在立案后十个工作日以内决定是否提出释放或者变更强制措施的建议。案件复杂的，可以延长五个工作日。”

《人民检察院办理羁押必要性审查案件规定（试行）》**第 21 条规定：**“经审查认为无继续羁押必要的，检察官应当报经检察长或者分管副检察长批准，以本院名义向办案机关发出释放或者变更强制措施建议书，并要求办案机关在十日以内回复处理情况。释放或者变更强制措施建议书应当说明不需要继续羁押犯罪嫌疑人、被告人的理由和法律依据。”

《人民检察院办理羁押必要性审查案件规定（试行）》**第 22 条规定：**“人民检察院应当跟踪办案机关对释放或者变更强制措施建议的处理情况。办案机关未在十日以内回复处理情况的，可以报经检察长或者分管副检察长批准，以本院名义向其发出纠正违法通知书，要求其及时回复。”

《人民检察院办理羁押必要性审查案件规定（试行）》**第 23 条规定：**“经审查认为有继续羁押必要的，由检察官决定结案，并通知办案机关。”

《人民检察院办理羁押必要性审查案件规定（试行）》**第 24 条规定：**“对于依申请立案审查的案件，人民检察院办结后，应当将提出建议和办案机关处理情况，或者有继续羁押必要的审查意见和理由及时书面告知申请人。”

《人民检察院办理羁押必要性审查案件规定（试行）》**第 25 条规定：**“刑事执行检察部门应当通过检察机关统一业务应用系统等途径将审查情况、提出建议和办案机关处理情况及时通知本院侦查监督、公诉、侦查等部门。”

上述规定可通过下表理解和记忆：

<table>
<tr><th></th><th></th><th>条件</th><th>处理</th><th colspan="3">程序</th></tr>
<tr><td rowspan="6">羁押必要性审查</td><td rowspan="2">立案程序</td><td>略</td><td>立案</td><td colspan="3">经检察长或分管副检察长批准</td></tr>
<tr><td>略</td><td>不立案</td><td colspan="3">由检察官决定</td></tr>
<tr><td rowspan="4">结案程序</td><td rowspan="2">无羁押必要性</td><td rowspan="2">发出释放或变更强制措施建议书</td><td rowspan="2">报经检察长或分管副检察长批准</td><td>要求办案机关十日内回复</td><td>未回复的，可报批准，发出纠正违法通知书</td></tr>
<tr><td colspan="2">书面告知申请人</td></tr>
<tr><td rowspan="2">有羁押必要性</td><td rowspan="2">结案</td><td rowspan="2">由检察官决定</td><td colspan="2">通知办案机关</td></tr>
<tr><td colspan="2">书面告知申请人</td></tr>
</table>

考点20 附带民事诉讼的当事人

命题分析

附带民事诉讼涉及的考点较多，且与司法实践联系密切，**容易在案例分析大题中考查相关知识。考点 20 和考点 21 都属于附带民事诉讼的常见考点。**在 2008 年案例分析大题中，就以整个题目详细考查了附带民事诉讼的一审、二审等问题。**而且还需要注意的是，附带民事诉讼容易和刑法、行政法甚至民法（人身侵权、精神损害等）中相关考点结合起来命制综合性大题**，考生需要认真准备。

考点解析

一、有权提起附带民事诉讼的主体

被害人由于被告人的犯罪行为而遭受物质损失的，在刑事诉讼过程中，有权提起附带民事诉讼。被害人死亡或者丧失行为能力的，被害人的法定代理人、近亲属有权提起附带民事诉讼。如果是国家财产、集体财产遭受损失的，人民检察院在提起公诉的时候，可以提起附带民事诉讼。

国家财产、集体财产遭受损失，受损失的单位未提起附带民事诉讼，人民检察院在提起公诉时提起附带民事诉讼的，人民法院应当受理。**人民检察院提起附带民事诉讼的，应当列为附带民事诉讼原告人**。

附带民事诉讼的原告人可通过下表理解和记忆：

	范围		条件
原告人	被害人	因犯罪行为遭受物质损失的自然人	
		因犯罪行为遭受物质损失的单位	
	被害人的法定代理人、近亲属		被害人死亡或者为丧失行为能力
	人民检察院		国家、集体财产遭受损失，受损失的单位未提起附带民事诉讼

二、附带民事诉讼中依法负有赔偿责任的人

附带民事诉讼中依法负有赔偿责任的人包括：①刑事被告人以及未被追究

刑事责任的其他共同侵害人；②刑事被告人的监护人；③死刑罪犯的遗产继承人；④共同犯罪案件中，案件审结前死亡的被告人的遗产继承人；⑤对被害人的物质损失依法应当承担赔偿责任的其他单位和个人。附带民事诉讼被告人的亲友自愿代为赔偿的，应当准许。

被害人或者其法定代理人、近亲属仅对部分共同侵害人提起附带民事诉讼的，人民法院应当告知其可以对其他共同侵害人，包括没有被追究刑事责任的共同侵害人，一并提起附带民事诉讼，但共同犯罪案件中同案犯在逃的除外。被害人或者其法定代理人、近亲属放弃对其他共同侵害人的诉讼权利的，人民法院应当告知其相应法律后果，并在裁判文书中说明其放弃诉讼请求的情况。

共同犯罪案件，同案犯在逃的，不应列为附带民事诉讼被告人。逃跑的同案犯到案后，被害人或者其法定代理人、近亲属可以对其提起附带民事诉讼，但已经从其他共同犯罪人处获得足额赔偿的除外。

上述规定可通过下表理解和记忆：

<table>
<tr><th></th><th>范围</th><th colspan="2">备注</th></tr>
<tr><td rowspan="5">负有赔偿责任的人</td><td>刑事被告人以及未被追究刑事责任的其他共同侵害人</td><td></td><td rowspan="5">附带民事诉讼被告人的亲友自愿代为赔偿的，应当准许</td></tr>
<tr><td>刑事被告人的监护人</td><td></td></tr>
<tr><td>死刑罪犯的遗产继承人</td><td rowspan="2">在所继承遗产的范围内承担赔偿责任</td></tr>
<tr><td>共同犯罪案件中，案件审结前死亡的被告人的遗产继承人</td></tr>
<tr><td>对被害人的物质损失依法应承担赔偿责任的其他单位和个人</td><td></td></tr>
<tr><td rowspan="2">不列为被告</td><td>共同犯罪中在逃的同案犯</td><td colspan="2">到案后，被害人或者其法定代理人、近亲属可以对其提起附带民事诉讼，但已经从其他共同犯罪人处获得足额赔偿的除外</td></tr>
<tr><td>被害人对其放弃诉讼权利的其他共同侵害人</td><td colspan="2">人民法院应当告知其相应法律后果，并在裁判文书中说明其放弃诉讼请求的情况</td></tr>
</table>

考点21 附带民事诉讼的调解与审理

命题分析

关于本考点的命题分析可参见上一考点。

考点解析

一、附带民事诉讼的调解

（一）侦查、审查起诉期间的调解

侦查、审查起诉期间，有权提起附带民事诉讼的人提出赔偿要求，经公安机关、人民检察院调解，**当事人双方已经达成协议并全部履行**，被害人或者其法定代理人、近亲属又提起附带民事诉讼的，人民法院**不予受理**，但有证据证明调解违反自愿、合法原则的除外。

（二）一审期间的调解

人民法院审理附带民事诉讼案件，可以根据自愿、合法的原则进行调解。经调解达成协议的，应当制作调解书。调解书经双方当事人签收后，即具有法律效力。**调解达成协议并即时履行完毕的，可以不制作调解书，但应当制作笔录**，经双方当事人、审判人员、书记员签名或者盖章后即发生法律效力。

调解未达成协议或者调解书签收前当事人反悔的，附带民事诉讼应当**同刑事诉讼一并判决**。

（三）二审期间的调解

第一审期间未提起附带民事诉讼，在第二审期间提起的，第二审人民法院可以依法进行调解；**调解不成的，告知当事人可以在刑事判决、裁定生效后另行提起民事诉讼**。

上述内容可以通过下表理解和记忆：

	阶段	条件	后果
附带民事诉讼调解	审前	达成协议并全部履行	又提起附带民事诉讼的，不予受理（有证据证明调解违反自愿、合法原则的除外）
	一审	达成协议	制作调解书，双方签收后生效
		达成协议并即时履行完毕	可不制作调解书，但应制作笔录，各方签名或盖章后生效
		未达成协议	附带民事诉讼应当同刑事诉讼一并判决
		调解书签收前当事人反悔	
	二审	调解不成	告知当事人可在刑事裁判生效后另行提起民事诉讼

二、附带民事诉讼的审判

（一）审判组织

附带民事诉讼应当**同刑事案件一并审判**，只有为了防止刑事案件审判的过分迟延，才可以**在刑事案件审判后，由同一审判组织继续审理**附带民事诉讼；同一审判组织的成员确实不能继续参与审判的，**可以更换**。

（二）当事人拒不到庭的处理

附带民事诉讼原告人经传唤，无正当理由拒不到庭，或者未经法庭许可中途退庭的，**应当按撤诉处理**。刑事被告人以外的附带民事诉讼被告人经传唤，无正当理由拒不到庭，或者未经法庭许可中途退庭的，附带民事部分**可以缺席判决**。

主体	条件	处理
附带民事诉讼原告人	无正当理由拒不到庭	**应当**按撤诉处理
	未经法庭许可中途退庭	
刑事被告人以外的附带民事诉讼被告人	经传唤无正当理由拒不到庭	附带民事部分**可以**缺席判决
	未经法庭许可中途退庭	

注意，“按撤诉处理”是“应当”；“缺席判决”则是“可以”，而非“应当”。

（三）判决

1. 刑事部分

审理刑事附带民事诉讼案件，人民法院应当结合**被告人赔偿被害人物质损失的情况**认定其悔罪表现，并在量刑时予以考虑。

2. 附带民事部分

对附带民事诉讼作出判决，应当根据**犯罪行为造成的物质损失**，结合**案件具体情况**，确定被告人应当赔偿的数额。犯罪行为造成被害人人身损害的，应当赔偿医疗费、护理费、交通费等为治疗和康复支付的合理费用，以及因误工减少的收入。造成被害人残疾的，还应当赔偿残疾生活辅助具费等费用；造成被害人死亡的，还应当赔偿丧葬费等费用。驾驶机动车致人伤亡或者造成公私财产重大损失，构成犯罪的，依照《中华人民共和国道路交通安全法》第76条的规定确定赔偿责任。**附带民事诉讼当事人就民事赔偿问题达成调解、和解协议的，赔偿范围、数额不受上述限制。**

人身损害赔偿范围	一般情况	医疗费、护理费、交通费等为治疗和康复支付的合理费用
		因误工减少的收入
	残疾	残疾生活辅助具费等费用
	死亡	丧葬费等费用

人民检察院提起附带民事诉讼的，人民法院经审理，认为附带民事诉讼被告人依法应当承担赔偿责任的，应当判令附带民事诉讼被告人直接向遭受损失的单位作出赔偿；遭受损失的单位已经终止，有权利义务继受人的，应当判令其向继受人作出赔偿；**没有权利义务继受人的，应当判令其向人民检察院交付赔偿款，由人民检察院上缴国库。**

（四）适用法律

人民法院审理附带民事诉讼案件，除刑法、刑事诉讼法以及刑事司法解释已有规定的以外，适用民事法律的有关规定。

考点22　侦查措施

命题分析

侦查措施是案例分析大题中常见的考点。从另一个角度来看，**侦查措施实际也就是证据的收集**。在以往涉及证据的审查和分析的考题中，已经多次考查讯问犯罪嫌疑人、扣押物证、制作勘验检查笔录等侦查措施，在2013年案例分析大题中专门考查过技术侦查。因此，考生在准备本考点时要结合前述证据部分的考点一并准备。在以下的考点分析中，我们对容易考查的侦查措施进行讲解。

考点解析

一、讯问犯罪嫌疑人

（一）讯问主体、地点与期间

讯问犯罪嫌疑人必须由人民检察院或者公安机关的侦查人员负责进行。讯问的时候，侦查人员不得少于2人。犯罪嫌疑人被送交看守所羁押以后，侦查人员对其进行讯问，应当在看守所内进行。

对不需要逮捕、拘留的犯罪嫌疑人，可以传唤到犯罪嫌疑人所在市、县内的指定地点或者到他的住处进行讯问，但是应当出示人民检察院或者公安机关的证明文件。对在现场发现的犯罪嫌疑人，经出示工作证件，可以口头传唤，但应当在讯问笔录中注明。传唤、拘传持续的时间不得超过12小时；案情特别重大、复杂，需要采取拘留、逮捕措施的，传唤、拘传持续的时间不得超过24小时。不得以连续传唤、拘传的形式变相拘禁犯罪嫌疑人。传唤、拘传犯罪嫌疑人，应当保证犯罪嫌疑人的饮食和必要的休息时间。

上述规定可通过下表予以理解和记忆：

<table>
<tr><td rowspan="7">讯问</td><td>主体</td><td colspan="2">侦查人员</td><td>不得少于二人</td></tr>
<tr><td rowspan="3">地点</td><td rowspan="2">不需要逮捕、拘留</td><td>犯罪嫌疑人所在市、县内的指定地点</td><td rowspan="2">传唤犯罪嫌疑人，出示证明文件；现场发现的，出示工作证件，口头传唤，在讯问笔录中注明</td></tr>
<tr><td>住处</td></tr>
<tr><td>送交看守所羁押后</td><td colspan="2">看守所内</td></tr>
<tr><td rowspan="2">期间</td><td>一般情况下</td><td>不得超过 12 小时</td><td rowspan="2">不得以连续传唤、拘传的形式变相拘禁犯罪嫌疑人；应保证饮食和必要的休息时间</td></tr>
<tr><td>案情特别重大、复杂，需要拘留、逮捕的</td><td>不得超过 24 小时</td></tr>
</table>

（二）讯问程序

1. 基本程序

侦查人员在讯问犯罪嫌疑人的时候，应当首先讯问犯罪嫌疑人是否有犯罪行为，让他陈述有罪的情节或者无罪的辩解，然后向他提出问题。犯罪嫌疑人对侦查人员的提问，应当如实回答。但是对与本案无关的问题，有拒绝回答的权利。**注意，2018 年《刑事诉讼法》对侦查人员的告知义务进行了修改：修改后的第一百二十条，第二款修改为侦查人员在讯问犯罪嫌疑人的时候，应当告知犯罪嫌疑人享有的诉讼权利，如实供述自己罪行可以从宽处理和认罪认罚的法律规定**。增加了告知认罪认罚的相关规定。

上述规定的要点如下：

（1）首先讯问犯罪嫌疑人是否有犯罪行为，让他陈述有罪的情节或者无罪的辩解。

（2）然后向他提出问题。犯罪嫌疑人对侦查人员的提问应当如实回答，但是对于与本案无关的问题，有拒绝回答的权利。

（3）应当告知犯罪嫌疑人如实供述自己的罪行可以从宽处理和**认罪认罚（新增）**的法律规定。

2. 讯问聋、哑犯罪嫌疑人的程序

讯问聋、哑的犯罪嫌疑人，应当有通晓聋、哑手势的人参加，并且将这种情况记明笔录。

3. 制作讯问笔录和书写供词

讯问笔录应当交犯罪嫌疑人核对，对于没有阅读能力的，应当向他宣读。

如果记载有遗漏或者差错，犯罪嫌疑人可以提出补充或者改正。犯罪嫌疑人承认笔录没有错误后，应当签名或者盖章。侦查人员也应当在笔录上签名。**犯罪嫌疑人请求自行书写供述的，应当准许。必要的时候，侦查人员也可以要犯罪嫌疑人亲笔书写供词。**

4. 讯问时录音录像制度

侦查人员在讯问犯罪嫌疑人的时候，可以对讯问过程进行录音或者录像；对于可能判处无期徒刑、死刑的案件或者其他重大犯罪案件，应当对讯问过程进行录音或者录像。录音或者录像应当全程进行，保持完整性。

<table>
<tr><td rowspan="2">讯问时录音或录像</td><td>可以</td><td colspan="2">一般情况下</td></tr>
<tr><td>应当</td><td>可能判处无期徒刑、死刑或其他重大犯罪案件</td><td>全程进行，保持完整性</td></tr>
</table>

二、询问证人、被害人的程序和方式

侦查人员询问证人，可以在现场进行，也可以到证人所在单位、住处或者证人提出的地点进行，在必要的时候，可以通知证人到人民检察院或者公安机关提供证言。在现场询问证人，应当出示工作证件，到证人所在单位、住处或者证人提出的地点询问证人，应当出示人民检察院或者公安机关的证明文件。**询问证人应当个别进行。**

<table>
<tr><td rowspan="4">询问证人的地点</td><td>现场</td><td>出示工作证件</td></tr>
<tr><td>证人所在单位、住处</td><td rowspan="2">出示侦查机关的证明文件</td></tr>
<tr><td>证人提出的地点</td></tr>
<tr><td>侦查机关</td><td>必要时通知证人</td></tr>
</table>

询问证人，应当告知他应当如实地提供证据、证言和有意作伪证或者隐匿罪证要负的法律责任。

注意询问证人和讯问犯罪嫌疑人有以下区别：

第一，对犯罪嫌疑人的讯问适用**传唤**，对证人的询问适用**通知**。

第二，对犯罪嫌疑人可以在犯罪嫌疑人所在市县内的指定地点进行讯问，对证人则不可以。**对证人可以在其自己提出的地点进行询问，但不能为其指定地点。**

第三，**现场**询问证人、讯问犯罪嫌疑人，应当出示**工作证件**；**到证人所在**

单位、住处或者证人提出的地点询问证人，把犯罪嫌疑人传唤到其所在市县内的指定地点或者到他的住处讯问犯罪嫌疑人，则应出示侦查机关的**证明文件**。

第四，只有在**必要的时候**，才可以通知证人到人民检察院或公安机关提供证言。

三、勘验、检查的程序

（一）参加人员

侦查人员对于与犯罪有关的场所、物品、人身、尸体应当进行勘验或者检查。在必要的时候，可以指派或者聘请具有专门知识的人，在侦查人员的主持下进行勘验、检查。”

公安机关对案件现场进行勘查不得少于二人。勘查现场时，应当邀请与案件无关的公民作为见证人。

《最高人民法院关于适用〈中华人民共和国刑事诉讼法〉的解释》第67条规定：“下列人员不得担任刑事诉讼活动的见证人：（一）生理上、精神上有缺陷或者年幼，不具有相应辨别能力或者不能正确表达的人；（二）与案件有利害关系，可能影响案件公正处理的人；（三）行使勘验、检查、搜查、扣押等刑事诉讼职权的公安、司法机关的工作人员或者其聘用的人员。由于客观原因无法由符合条件的人员担任见证人的，应当在笔录材料中注明情况，并对相关活动进行录像。”

上述规定可通过下表予以理解和记忆：

<table>
<tr><td rowspan="5">勘验检查参加人</td><td>侦查人员</td><td colspan="3">现场勘查不得少于二人</td></tr>
<tr><td>具有专门知识的人</td><td colspan="3">在必要的时候，在侦查人员的主持下进行勘验、检查</td></tr>
<tr><td rowspan="3">见证人</td><td rowspan="3">不适格</td><td>生理上、精神上有缺陷或者年幼，不具有相应辨别能力或者不能正确表达的人</td><td rowspan="3">由于客观原因无法找到适格见证人的，应在笔录材料中注明，并录像</td></tr>
<tr><td>与案件有利害关系，可能影响案件公正处理</td></tr>
<tr><td>行使相关刑事诉讼职权的公安、司法机关的工作人员或者其聘用的人员</td></tr>
</table>

可见，**勘验检查等刑事诉讼活动应当邀请见证人参加，但如果因客观原因无法找到适格的见证人，也可以在没有见证人的情况下进行，但应当在笔录材料中注明，并对相关活动进行录像。**

（二）程序

1. 必须持有证明文件

侦查人员执行勘验、检查，必须持有人民检察院或者公安机关的**证明文件**。

2. 解剖尸体的条件与程序

对于死因不明的尸体，公安机关有权决定解剖，并且通知死者家属到场。

为了确定死因，经县级以上公安机关负责人批准，可以解剖尸体，并且通知死者家属到场，让其在解剖尸体通知书上签名。死者家属无正当理由拒不到场或者拒绝签名的，侦查人员应当在解剖尸体通知书上注明。对身份不明的尸体，无法通知死者家属的，应当在笔录中注明。

<table>
<tr><td rowspan="3">尸体解剖</td><td>条件</td><td colspan="3">死因不明</td></tr>
<tr><td rowspan="2">程序</td><td colspan="3">经县级以上公安机关负责人批准</td></tr>
<tr><td>通知死者家属到场并让其在通知书上签名</td><td>无正当理由拒不到场或拒绝签名的，在通知书上注明</td><td>因尸体身份不明无法通知死者家属的在笔录中注明</td></tr>
</table>

3. 人身检查的条件和程序

为了确定被害人、犯罪嫌疑人的某些特征、伤害情况或者生理状态，可以对人身进行检查，可以提取指纹信息，采集血液、尿液等生物样本。犯罪嫌疑人如果拒绝检查，侦查人员认为必要的时候，可以强制检查。检查妇女的身体，应当由女工作人员或者医师进行。

注意两点：第一，**对拒绝检查的犯罪嫌疑人在必要的时候可以强制检查，对被害人不能强制检查**。第二，**检查妇女身体，应当由女工作人员或医师进行，对医师没有性别要求**。

4. 制作笔录

勘验、检查的情况应当写成笔录，由参加勘验、检查的人和见证人签名或者盖章。

勘查现场，应当拍摄现场照片、绘制现场图，制作笔录，由参加勘查的人和见证人签名。**对重大案件的现场，应当录像**。

5. 复验复查

人民检察院审查案件的时候，对公安机关的勘验、检查，认为需要复验、

复查时，可以要求公安机关复验、复查，并且可以派检察人员参加。

四、辨认的程序

（一）辨认主体和辨认对象

为了查明案情，在必要的时候，侦查人员可以让被害人、证人或者犯罪嫌疑人对与犯罪有关的物品、文件、尸体、场所或者犯罪嫌疑人进行辨认。

辨认主体			辨认对象				
被害人	证人	犯罪嫌疑人	物品	文件	尸体	场所	犯罪嫌疑人

（二）辨认程序

1. 个别辨认

辨认应当在侦查人员的主持下进行。主持辨认的侦查人员不得少于 2 人。**几名辨认人对同一辨认对象进行辨认时，应当由辨认人个别进行。**

2. 混杂辨认

辨认时，应当将辨认对象混杂在特征相类似的其他对象中，**不得给辨认人任何暗示**。辨认犯罪嫌疑人时，被辨认的人数不得少于 7 人；对犯罪嫌疑人照片进行辨认的，不得少于 10 人的照片；辨认物品时，混杂的同类物品不得少于五件。对场所、尸体等特定辨认对象进行辨认，或者辨认人能够准确描述物品独有特征的，陪衬物不受数量的限制。

混杂辨认	犯罪嫌疑人	不得少于 7 人
	犯罪嫌疑人照片	不得少于 10 人的照片
	物品	同类物品不得少于 5 件
	场所、尸体等特定辨认对象	不受数量的限制
	辨认人能够准确描述物品独有特征的	不受数量的限制

3. 对辨认人的保护

对犯罪嫌疑人的辨认，辨认人不愿意公开进行时，可以在**不暴露辨认人**的情况下进行，并应当为其**保守秘密**。

4. 制作辨认笔录

对辨认经过和结果，应当制作辨认笔录，由侦查人员、辨认人、见证人签名。**必要时，应当对辨认过程进行录音或者录像**。

五、技术侦查

（一）技术侦查及秘密侦查的措施

技术侦查措施是指由设区的市一级以上公安机关负责技术侦查的部门实施的**记录监控、行踪监控、通信监控、场所监控**等措施。

为了查明案情，在必要的时候，经公安机关负责人决定，可以**由有关人员隐匿其身份实施侦查**。但是，不得诱使他人犯罪，不得采用可能危害公共安全或者发生重大人身危险的方法。对涉及给付毒品等违禁品或者财物的犯罪活动，公安机关根据侦查犯罪的需要，可以依照规定实施**控制下交付**。

注意：**由有关人员隐匿身份侦查的，不得诱使他人犯罪，不得采用可能危害公共安全或者发生重大人身危险的方法**。

控制下交付适用于**给付毒品等违禁品或者财物的犯罪活动**。

（二）技术侦查的适用对象

技术侦查措施的适用对象是**犯罪嫌疑人、被告人**以及**与犯罪活动直接关联的人员**。

（三）技术侦查的适用范围

公安机关在立案后，对于危害国家安全犯罪、恐怖活动犯罪、黑社会性质的组织犯罪、重大毒品犯罪或者其他严重危害社会的犯罪案件，根据侦查犯罪的需要，经过严格的批准手续，可以采取技术侦查措施。追捕被通缉或者批准、决定逮捕的在逃的犯罪嫌疑人、被告人，经过批准，可以采取追捕所必需的技术侦查措施。

需要注意的是，2018 年《刑事诉讼法》对检察机关适用技术侦查的案件范围进行了修改。第 150 条第 2 款修改为“人民检察院在立案后，对于利用职权实施的严重侵犯公民人身权利的重大犯罪案件，根据侦查犯罪的需要，经过严格的批准手续，可以采取技术侦查措施，按照规定交有关机关执行”。

注意，技术侦查必须在立案后才能实施

（四）技术侦查的程序

批准决定应当根据侦查犯罪的需要，确定采取技术侦查措施的种类和适用对象。采取技术侦查措施，**必须严格按照批准的措施种类、适用对象和期限**

执行。

批准决定自签发之日起3个月以内有效。对于不需要继续采取技术侦查措施的，应当及时解除；**对于复杂、疑难案件，期限届满仍有必要继续采取技术侦查措施的，经过批准，有效期可以延长，每次不得超过3个月**。

侦查人员对采取技术侦查措施过程中知悉的国家秘密、商业秘密和个人隐私，应当**保密**；对采取技术侦查措施获取的与案件无关的材料，必须**及时销毁**。采取技术侦查措施获取的材料，**只能用于对犯罪的侦查、起诉和审判，不得用于其他用途**。公安机关依法采取技术侦查措施，有关单位和个人应当配合，并对有关情况予以保密。

（五）对技术侦查收集证据的使用

《刑事诉讼法》第154条规定："依照本节规定采取侦查措施收集的材料在刑事诉讼中可以作为证据使用。"说明依照该节规定采取侦查措施所收集的材料是具有证据资格的。

该证据可能危及有关人员的人身安全，或者可能产生其他严重后果的，应当采取不暴露有关人员身份、技术方法等保护措施，必要的时候，可以由审判人员在庭外对证据进行核实。

条件	条件
使用该证据可能危及有关人员的人身安全，或者可能产生其他严重后果的	采取不暴露有关人员身份、技术方法等保护措施
	必要时由审判人员在庭外对证据进行核实

考点23 审查起诉

命题分析

审查起诉的考点下包含了移送审查起诉案件的受理、审查起诉的内容、审查起诉的步骤和方法、审查起诉的期限等小考点，其中审查起诉中对一些特殊情况的处理是容易在案例分析大题中设置考点的。比如2016年案例分析大题中就考查了补充起诉的问题。**在2018年《刑事诉讼法》修改后，由于增加了认罪认罚制度、值班律师值班以及监察法与刑事诉讼法的衔接，这都导致"审查起诉"出现了较多新增考点，需要考生高度关注**。为突出重点，在本部分主要分析审查起诉的基础知识点，而 2018 年新增的内容将会在后续的考点中单独讲解。

考点解析

一、审查起诉的方法

人民检察院审查案件，应当讯问犯罪嫌疑人，听取辩护人、被害人及其诉讼代理人的意见，并记录在案。辩护人、被害人及其诉讼代理人提出书面意见的，应当附卷。

直接听取辩护人、被害人及其诉讼代理人的意见有困难的，可以通知辩护人、被害人及其诉讼代理人提出书面意见，在指定期限内未提出意见的，应当记录在案。

对于重大、疑难、复杂的案件，人民检察院认为确有必要时，可以派员适时介入侦查活动，对收集证据、适用法律提出意见，监督侦查活动是否合法。

上述规定可通过下表理解和记忆：

<table>
<tr><th></th><th>条件</th><th colspan="2">方法</th></tr>
<tr><td rowspan="7">审查起诉的方法</td><td></td><td colspan="2">阅卷</td></tr>
<tr><td></td><td colspan="2">讯问犯罪嫌疑人</td></tr>
<tr><td></td><td colspan="2">听取辩护人、被害人及其诉讼代理人的意见</td></tr>
<tr><td rowspan="2">直接听取意见有困难的</td><td rowspan="2">可通知辩护人、被害人及诉讼代理人提出书面意见</td><td>应当附卷</td></tr>
<tr><td>在指定期限内未提出意见的，记录在案</td></tr>
<tr><td rowspan="2">重大疑难复杂的案件，确有必要时</td><td rowspan="2">派员适时介入侦查活动</td><td>对收集证据、适用法律提出意见</td></tr>
<tr><td>监督侦查活动是否合法</td></tr>
</table>

二、审查起诉中各种情况的处理

（一）关于管辖问题的处理

各级人民检察院提起公诉，**应当与人民法院审判管辖相适应**。

公诉部门收到移送审查起诉的案件后，经审查认为不属于本院管辖的，应当移送有管辖权的人民检察院。认为属于上级人民法院管辖的第一审案件的，应当报送上一级人民检察院，同时通知移送审查起诉的公安机关；认为属于同级其他人民法院管辖的第一审案件的，应当移送有管辖权的人民检察院或者报送共同的上级人民检察院指定管辖，同时通知移送审查起诉的公安机关。上级人民检察院受理同级公安机关移送审查起诉案件，认为属于下级人民法院管辖的，可以交下级人民检察院审查，由下级人民检察院向同级人民法院提起公诉，同时通知移送审查起诉的公安机关。一人犯数罪、共同犯罪和其他需要并案审理的案件，只要其中一人或者一罪属于上级人民检察院管辖的，全案由上级人民检察院审查起诉。需要依照刑事诉讼法的规定指定审判管辖的，人民检察院应当在侦查机关移送审查起诉前协商同级人民法院办理指定管辖有关事宜。

关于上述规定，可以通过下表理解和记忆：

<table>
<tr><th></th><th>情形</th><th colspan="2">处理</th></tr>
<tr><td rowspan="4">管辖</td><td>属于上级人民法院管辖</td><td>应报送上一级人民检察院</td><td rowspan="4">同时通知移送审查起诉的公安机关</td></tr>
<tr><td rowspan="2">属于同级其他人民法院管辖</td><td>应移送有管辖权的人民检察院</td></tr>
<tr><td>（或）报送共同的上级人民检察院指定管辖</td></tr>
<tr><td>属于下级人民法院管辖</td><td>可交下级人民检察院审查</td></tr>
</table>

上述规定中，对于上级人民检察院受理同级公安机关移送审查起诉案件，认为属于下级人民法院管辖的，可以交下级人民检察院审查。在这一个规定中，有两点值得注意，

第一，是“可以”而不是“应当”交下级人民检察院审查。也就是说，**上级人民检察院受理同级公安机关移送审查起诉的案件，认为属于下级人民检察院管辖的，既可以交下级人民检察院审查，也可以自己审查。**

第二，**中级人民法院受理同级人民检察院提起公诉的案件，认为属于基层人民法院管辖的，则应当依法审判，不应再交基层人民法院审判。**对此，《最高人民法院关于适用〈中华人民共和国刑事诉讼法〉的解释》第 12 条规定：“人民检察院认为可能判处无期徒刑、死刑，向中级人民法院提起公诉的案件，中级人民法院受理后，认为不需要判处无期徒刑、死刑的，应当依法审判，不再交基层人民法院审判。”

（二）关于证据问题的处理

1. 对各种类证据的审查

人民检察院认为需要对案件中某些专门性问题进行鉴定而侦查机关没有鉴

定的，应当要求侦查机关进行鉴定；必要时也可以由人民检察院进行鉴定或者由人民检察院送交有鉴定资格的人进行。人民检察院自行进行鉴定的，可以商请侦查机关派员参加，必要时可以聘请有鉴定资格的人参加。

人民检察院对鉴定意见有疑问的，可以询问鉴定人并制作笔录附卷，也可以指派检察技术人员或者聘请有鉴定资格的人对案件中的某些专门性问题进行补充鉴定或者重新鉴定。公诉部门对审查起诉案件中涉及专门技术问题的证据材料需要进行审查的，可以送交检察技术人员或者其他有专门知识的人审查，审查后应当出具审查意见。

人民检察院审查案件的时候，对公安机关的勘验、检查，认为需要复验、复查的，应当要求公安机关复验、复查，人民检察院可以派员参加；也可以自行复验、复查，商请公安机关派员参加，必要时也可以聘请专门技术人员参加。

人民检察院对物证、书证、视听资料、电子数据及勘验、检查、辨认、侦查实验等笔录存在疑问的，可以要求侦查人员提供获取、制作的有关情况。必要时也可以询问提供物证、书证、视听资料、电子数据及勘验、检查、辨认、侦查实验等笔录的人员和见证人并制作笔录附卷，对物证、书证、视听资料、电子数据进行技术鉴定。

人民检察院对证人证言笔录存在疑问或者认为对证人的询问不具体或者有遗漏的，可以对证人进行询问并制作笔录附卷。

对于随案移送的讯问犯罪嫌疑人录音、录像或者人民检察院调取的录音、录像，人民检察院应当审查相关的录音、录像；对于重大、疑难、复杂的案件，必要时可以审查全部录音、录像。

这部分内容较多，**不需要逐条详细记忆**，只需要把握一个基本的原则，即人民检察院在审查起诉中对证据有疑问的，可以采取要求相关人员提供情况、询问、鉴定、补充鉴定或者重新鉴定、复验、复查、审查录音、录像等多种方式，**对于鉴定、复验、复查等，既可以要求公安机关进行，也可以自己进行并商请公安机关派员参加**。**对于录音、录像，一般只需要审查相关的录音、录像，对于重大、疑难、复杂的案件，必要时可以审查全部录音、录像**。

2. 对证据方面特殊情况的处理

人民检察院对侦查机关移送的案件进行审查后，在法院作出生效判决之前，认为需要补充提供法庭审判所必需的证据的，可以书面要求侦查机关提供。

人民检察院在审查起诉中，发现可能存在《刑事诉讼法》第 56 条规定的以非法方法收集证据情形的，可以要求侦查机关对证据收集的合法性作出书面说明或者提供相关证明材料。

人民检察院公诉部门在审查中发现侦查人员以非法方法收集犯罪嫌疑人供述、被害人陈述、证人证言等证据材料的，应当依法排除非法证据并提出纠正意见，同时可以要求侦查机关另行指派侦查人员重新调查取证，必要时人民检察院也可以自行调查取证。

上述内容可通过下表理解和记忆：

	情形	处理
审查起诉	需要补充提供庭审所必需的证据	书面要求侦查机关提供
审查起诉	可能存在非法取证情形的	要求侦查机关作出书面说明或提供相关证明材料
审查起诉	侦查人员以非法方法收集犯罪嫌疑人供述、被害人陈述、证人证言等证据材料的	依法排除非法证据并提出纠正意见
审查起诉	侦查人员以非法方法收集犯罪嫌疑人供述、被害人陈述、证人证言等证据材料的	要求侦查机关另行指派侦查人员重新调查取证
审查起诉	侦查人员以非法方法收集犯罪嫌疑人供述、被害人陈述、证人证言等证据材料的	必要时自行调查取证

（三）关于经两次补充侦查后又发现的新的犯罪事实的处理

人民检察院对已经退回侦查机关二次补充侦查的案件，在审查起诉中又发现**新的犯罪事实**的，应当**移送侦查机关立案侦查**；对**已经查清的犯罪事实**，应当**依法提起公诉**。

（四）关于犯罪嫌疑人在逃的处理

对于移送审查起诉的案件，如果犯罪嫌疑人在逃的，应当**要求公安机关采取措施保证犯罪嫌疑人到案后再移送审查起诉。共同犯罪案件中部分犯罪嫌疑人在逃的，对在案的犯罪嫌疑人的审查起诉应当依法进行**。

三、补充、追加和变更起诉

《人民检察院刑事诉讼规则》第 455 条规定：“法庭审判过程中遇有下列情形之一的，公诉人可以建议法庭延期审理：……（三）发现遗漏罪行或者遗漏同案犯罪嫌疑人，虽不需要补充侦查和补充提供证据，但需要补充、追加或者变更起诉的……”

《最高人民法院关于适用〈中华人民共和国刑事诉讼法〉的解释》第 243

条规定："审判期间，人民法院发现新的事实，可能影响定罪的，可以建议人民检察院补充或者变更起诉；人民检察院不同意或者在七日内未回复意见的，人民法院应当就起诉指控的犯罪事实，依照本解释第二百四十一条的规定作出判决、裁定。"

上述规定可通过下表理解和记忆：

	条件	处理	条件
检察院	发现遗漏罪行	补充、追加或者变更起诉	
	发现遗漏同案犯罪嫌疑人		
法院	发现新的事实可能影响定罪	建议检察院补充或变更起诉	检察院不同意

考点24　监察法与刑事诉讼法衔接

命题分析

2018年《刑事诉讼法》修改的一个重点就是**明确了监察法与刑事诉讼法的衔接。作为一个新增且重要的考点，在今后的法考主观题中有较大的考查可能。**在目前尚未有专门的司法解释之前，考生需要对修改后的《刑事诉讼法》中的相关条文重点掌握。

考点解析

一、调整了检察机关的立案管辖范围（参见前述考点7）

由于管辖范围的变化，相应地修改了以下内容：

侦查阶段辩护律师会见犯罪嫌疑人需要经过办案机关同意的案件范围（删去了特别重大贿赂犯罪案件）；

可以适用指定居所监视居住的案件类型也减少为两类（删去了特别重大贿赂犯罪案件）；

检察机关可以适用技术侦查措施的案件类型调整为，对于利用职权实施的严重侵犯公民人身权利的重大犯罪案件，根据侦查犯罪的需要，经过严格的批准手续，可以采取技术侦查措施，按照规定交有关机关执行（删去了重大的贪污、贿赂犯罪案件）。

二、监察委移送审查起诉

人民检察院对于监察机关移送起诉的案件，依照本法和监察法的有关规定进行审查。**人民检察院经审查，认为需要补充核实的，应当退回监察机关补充调查，必要时可以自行补充侦查。对于监察机关移送起诉的已采取留置措施的案件，人民检察院应当对犯罪嫌疑人先行拘留，留置措施自动解除。人民检察院应当在拘留后的十日以内作出是否逮捕、取保候审或者监视居住的决定。在特殊情况下，决定的时间可以延长一日至四日。**人民检察院决定采取强制措施的期间不计入审查起诉期限。

三、审查起诉的期限

人民检察院对于**监察机关**、公安机关移送起诉的案件，应当在一个月以内作出决定，重大、复杂的案件，可以延长十五日；犯罪嫌疑人认罪认罚，符合速裁程序适用条件的，应当在十日以内作出决定，对可能判处的有期徒刑超过一年的，可以延长至十五日。

考点25　不起诉

命题分析

本考点的命题思路与考点23相似。需要考生注意的是，2018年《刑事诉讼法》中增加了不起诉或者部分不起诉的新规定。

考点解析

一、不起诉的种类

不起诉可以分为法定不起诉、酌定不起诉、存疑不起诉和附条件不起诉四类，其中，附条件不起诉仅适用于未成年犯罪嫌疑人，且前三类不起诉作出的是不起诉决定，附条件不起诉作出的则是附条件不起诉决定。

（一）法定不起诉

法定不起诉，是指犯罪嫌疑人没有犯罪事实，或者有《刑事诉讼法》

第 16 条规定的情形之一的，人民检察院应当作出不起诉决定。法定不起诉又称绝对不起诉或应当不起诉。**对于犯罪嫌疑人没有犯罪事实或者依法不应当追究刑事责任的，人民检察院应当、必须、只能做出不起诉决定，**没有其他选择。

前文中对《刑事诉讼法》第 16 条规定的不追究刑事责任的情形已有讨论，这里不再赘述。

（二）酌定不起诉

酌定不起诉，是指对于犯罪情节轻微，依照刑法规定不需要判处刑罚或者免除刑罚的，人民检察院可以作出不起诉决定。酌定不起诉又称相对不起诉。**对于犯罪情节轻微，依照刑法规定不需要判处刑罚或者免除刑罚的，人民检察院可以决定不起诉，也可以决定起诉。**

《刑法》第 37 条对“犯罪情节轻微不需要判处刑罚”作出了规定，即“对于犯罪情节轻微不需要判处刑罚的，可以免予刑事处罚，但是可以根据案件的不同情况，予以训诫或者责令具结悔过、赔礼道歉、赔偿损失，或者由主管部门予以行政处罚或者行政处分”。

《刑法》总则和分则中均有关于“免除刑罚”的规定，其中总则中关于“免除刑罚”的规定主要有：①**又聋又哑的人或者盲人**犯罪，可以从轻、减轻或者免除处罚。②**正当防卫明显超过必要限度造成重大损害**的，应当负刑事责任，但是应当减轻或者免除处罚。③**紧急避险超过必要限度造成不应有的损害**的，应当负刑事责任，但是应当减轻或者免除处罚。④对于**预备犯**，可以比照既遂犯从轻、减轻处罚或者免除处罚。⑤对于**中止犯，没有造成损害**的，应当免除处罚；造成损害的，应当减轻处罚。⑥对于**从犯**，应当从轻、减轻处罚或者免除处罚。⑦对于**被胁迫参加犯罪的**，应当按照他的犯罪情节减轻处罚或者免除处罚。⑧对于**自首**的犯罪分子，可以从轻或者减轻处罚。其中，**犯罪较轻**的，可以免除处罚。⑨**有重大立功表现**的，可以减轻或者免除处罚。⑩凡在中华人民共和国领域外犯罪，依照本法应当负刑事责任的，虽然经过外国审判，仍然可以依照本法追究，但是**在外国已经受过刑罚处罚**的，可以免除或者减轻处罚。

关于是具有上述可以免除刑罚的情形，就可以做出不起诉决定，还是必须同时具备“犯罪情节轻微”才能作出不起诉决定，通说认为，**必须同时具备两个条件**。例如，即便有重大立功表现，如果犯罪情节并非轻微，也不能做出不起诉决定。

（三）存疑不起诉

证据不足不起诉，是指人民检察院对于**二次退回补充侦查的案件，仍然认为证据不足，不符合起诉条件的，应当作出不起诉决定。对于经过一次退回补充侦查的案件，认为证据不足，不符合起诉条件，且没有退回补充侦查必要的，可以作出不起诉决定**。存疑不起诉又称证据不足不起诉。

（四）附条件不起诉

《刑事诉讼法》第282条第1款规定："对于未成年人涉嫌刑法分则第四章、第五章、第六章规定的犯罪，可能判处一年有期徒刑以下刑罚，符合起诉条件，但有悔罪表现的，人民检察院可以作出附条件不起诉的决定……"该款规定的情形即为附条件不起诉。关于附条件不起诉的具体内容，我们放在"未成年人刑事案件诉讼程序"中再予讨论。

上述内容可通过下表理解和记忆：

不起诉的种类	条件	后果
法定不起诉	没有犯罪事实	应当不起诉
	有《刑事诉讼法》第16条规定的情形之一	
酌定不起诉	犯罪情节轻微，依照刑法规定不需要判处刑罚	可以不起诉
	犯罪情节轻微，依照刑法规定可以免除刑罚	
存疑不起诉	二次退回补充侦查，仍然认为证据不足	应当不起诉
	一次退回补充侦查，认为证据不足，且没有退回补充侦查必要的	可以不起诉
附条件不起诉	未成年人涉嫌刑法分则第四、第五、第六章的犯罪，可能判处一年有期徒刑以下刑罚，符合起诉条件，但有悔罪表现的	可以附条件不起诉

（五）新增加的不起诉的情形

2018《刑事诉讼法》第182条："犯罪嫌疑人自愿如实供述涉嫌犯罪的事实，有重大立功或者案件涉及国家重大利益的，经最高人民检察院核准，公安机关可以撤销案件，人民检察院可以作出不起诉决定，也可以对涉嫌数罪中的一项或者多项不起诉。

根据前款规定不起诉或者撤销案件的，人民检察院、公安机关应当及时对查封、扣押、冻结的财物及其孳息作出处理。"

二、不起诉的救济程序

（一）公安机关要求复议、提请复核

对于公安机关移送起诉的案件，人民检察院决定不起诉的，应当将不起诉决定书送达公安机关。公安机关认为不起诉的决定有错误的时候，可以要求复议，如果意见不被接受，可以向上一级人民检察院提请复核。

（二）被害人申诉或自诉

对于有被害人的案件，决定不起诉的，人民检察院应当将不起诉决定书送达被害人。被害人如果不服，可以自收到决定书后七日以内向上一级人民检察院申诉，请求提起公诉。人民检察院应当将复查决定告知被害人。对人民检察院维持不起诉决定的，被害人可以向人民法院起诉。被害人也可以不经申诉，直接向人民法院起诉。人民法院受理案件后，人民检察院应当将有关案件材料移送人民法院。"

（三）被不起诉人申诉

《刑事诉讼法》第181条规定："对于人民检察院依照本法第一百七十七条第二款规定作出的不起诉决定，被不起诉人如果不服，可以自收到决定书后七日以内向人民检察院申诉。人民检察院应当作出复查决定，通知被不起诉的人，同时抄送公安机关。"

《人民检察院刑事诉讼规则》第421条第1款规定："被不起诉人对不起诉决定不服，在收到不起诉决定书后七日以内提出申诉的，应当由作出决定的人民检察院刑事申诉检察部门立案复查。被不起诉人在收到不起诉决定书七日后提出申诉的，由刑事申诉检察部门审查后决定是否立案复查。"

可见，**根据刑事诉讼法的规定，只有酌定不起诉的被不起诉人才能提出申诉，但《人民检察院刑事诉讼规则》却无此限制。**

上述内容可通过下表来理解和记忆：

	作出不起诉决定的检察院	上一级检察院	法院
公安机关	要求复议	提请复核	
被害人		提出申诉	提出自诉
被不起诉人	提出申诉		

关于上述内容，还有以下几点需要注意：

第一，**公安机关只能对自己移送起诉的案件的不起诉决定要求复议复核**。

第二，**被害人的申诉应当向上一级检察院提出**，如果其向作出不起诉决定的人民检察院提出，后者应当将申诉材料连同案卷一并报送上一级人民检察院；**被不起诉人的申诉应当向作出不起诉决定的检察院提出**。

第三，**被害人可以在人民检察院维持不起诉决定后向人民法院提起自诉，也可以不经申诉直接提起自诉**。

（四）人民检察院复查

人民检察院发现不起诉决定确有错误，符合起诉条件的，应当撤销不起诉决定，提起公诉。

最高人民检察院对地方各级人民检察院的起诉、不起诉决定，上级人民检察院对下级人民检察院的起诉、不起诉决定，发现确有错误的，应当予以撤销或者指令下级人民检察院纠正。

人民检察院收到人民法院受理被害人对被不起诉人起诉的通知后，人民检察院应当终止复查，将作出不起诉决定所依据的有关案件材料移送人民法院。

此外，人民检察院作出证据不足不起诉的，在发现新的证据，符合起诉条件时，可以提起公诉。

上述规定可通过下表理解和记忆：

检察院 条件	作出不起诉决定的人民检察院	上一级人民检察院	最高人民检察院及上级人民检察院
发现不起诉确有错误，符合起诉条件	撤销不起诉决定，提起公诉	撤销不起诉决定或指令下级人民检察院纠正	
收到人民法院受理被害人自诉的通知		中止复查，将有关案件材料移送人民法院	
疑罪不起诉，发现新证据，符合起诉条件	可以提起公诉		

考点26 审判公开原则

命题分析

审判公开原则是审判原则中一个重要的考点。近年来，司法公开是最高人民法院推动的一项重要的司法改革措施，已经初步建立了审判流程公开、裁判文书公开、执行信息公开三大司法公开平台。**从命制主观题的角度，有可能要求考生结合相关材料，论述对于司法公开的理解。考生在答题时，可以依托审判公开的相关原理和知识进行分析。**

考点解析

一、审判公开的概念

审判公开是指人民法院审理案件和宣告判决，公开进行，允许公民到法庭旁听，允许新闻记者采访报道，也就是把法庭的全过程，除了休庭评议之外都公之于众。**审判公开是一项民主的审判原则，已为现代各国立法所普遍规定。**我国《宪法》第130条规定：人民法院审理案件，除法律规定的特别情况外，一律公开进行。《刑事诉讼法》第11条规定：人民法院审判案件，除本法另有规定的以外，一律公开进行。

就公开的内容而言，审判公开包括审理过程的公开和审判结果的公开。审理过程公开就是要公开开庭，当庭调查事实和证据，当庭进行辩论；审判结果公开就是要公开宣告判决，包括公开判决的内容、判决的理由和根据。

就公开的对象而言，审判公开包括向当事人公开和向社会公开。向当事人公开要求开庭审理，而不得进行书面审理，案件事实与证据的调查应当在当事人的参加下进行。向社会公开就是允许公民到场旁听审判过程，允许新闻记者向社会公开报道审判活动和审判结果。

二、审判公开的意义

（一）审判公开将审判活动置于当事人和社会的监督之下，**有利于实现审判的公正性。**

（二）**有利于增强刑事司法的公信力和权威性**，审判公开增强了刑事司法的透明度，并且将刑事审判过程和审判结果置于当事人和公众的监督之下，不仅有助于防止司法腐败和司法权的滥用，而且有利于当事人和公众对国家刑事司法活动的认可、信任和尊重，从而有利于提升刑事司法的公信力，增加刑事司法的权威性。

（三）**有利于加强法制宣传，增强民众的法律意识。**

三、审判公开的基本规定

<table>
<tr><td rowspan="3">应当不公开</td><td>涉及国家秘密的案件（注意，不是涉外案件）</td></tr>
<tr><td>个人隐私的案件</td></tr>
<tr><td>审判时不满十八周岁的案件（经未成年被告人及其法定代理人同意，未成年被告人所在学校和未成年人保护组织可以派代表到场）。到场代表的人数和范围，由法庭决定。到场代表经法庭同意，可以参与对未成年被告人的法庭教育工作
对依法公开审理，但可能需要封存犯罪记录的案件，不得组织人员旁听
对未成年人刑事案件宣告判决应当公开进行，但不得采取召开大会等形式
对依法应当封存犯罪记录的案件，宣判时，不得组织人员旁听；有旁听人员的，应当告知其不得传播案件信息。（《最高人民法院关于适用〈中华人民共和国刑事诉讼法〉的解释》第 487 条）</td></tr>
<tr><td>可以不公开</td><td>涉及商业秘密的案件：当事人申请不公开审理的，可以决定不公开审理</td></tr>
<tr><td>公开审理的程序要求</td><td>公开审判的案件，在开庭三日以前先期公布案由、被告人姓名、开庭时间和地点</td></tr>
<tr><td rowspan="3">不公开审理的程序要求</td><td>对于不公开审理的案件，应当当庭宣布不公开审理的理由</td></tr>
<tr><td>依法不公开审理的案件，任何公民包括与审理该案无关的法院工作人员和被告人的近亲属都不得旁听。但法律另有规定的除外</td></tr>
<tr><td>精神病人、醉酒的人、未经人民法院批准的未成年人以及其他不宜旁听的人不得旁听案件审理（《最高人民法院关于适用〈中华人民共和国刑事诉讼法〉的解释》第 187 条）</td></tr>
<tr><td>公开审理转为不公开审理</td><td>公开审理案件时，公诉人、诉讼参与人提出涉及国家秘密、商业秘密或者个人隐私的证据的，法庭应当中止。有关证据确与本案有关的，可以根据具体情况，决定将案件转为不公开审理，或者对相关证据的法庭调查不公开进行</td></tr>
<tr><td colspan="2">宣判必须公开，但评议一律秘密进行
重大、疑难、复杂案件，可以邀请人大代表、政协委员、基层群众代表等旁听观审</td></tr>
</table>

考点 27　人民陪审

命题分析

2018 年 4 月 27 日，第十三届全国人民代表大会常务委员会第二次会议通过《中华人民共和国人民陪审员法》。2018 年修订后的《刑事诉讼法》也对人民陪审进行了修改。作为新增考点，**在今后的法考中命题的可能性很大，考生应根据《人民陪审员法》和修改后的《刑事诉讼法》相关规定掌握人民陪审制度。**

考点解析

一、人民陪审员任职资格

公民担任人民陪审员，应当具备下列条件：①拥护中华人民共和国宪法；②年满28周岁；③遵纪守法、品行良好、公道正派；④具有正常履行职责的身体条件。担任人民陪审员，一般应当具有高中以上文化程度。

不能担任陪审员的情形：

A. 职业禁止：下列人员不能担任人民陪审员：①人民代表大会常务委员会的组成人员，监察委员会、人民法院、人民检察院、公安机关、国家安全机关、司法行政机关的工作人员；②律师、公证员、仲裁员、基层法律服务工作者；③其他因职务原因不适宜担任人民陪审员的人员。

B. 违纪违法：有下列情形之一的，不得担任人民陪审员：①受过刑事处罚的；②被开除公职的；③被吊销律师、公证员执业证书的；④被纳入失信被执行人名单的；⑤因受惩戒被免除人民陪审员职务的；⑥其他有严重违法违纪行为，可能影响司法公信的。

二、人民陪审员的名额与产生

（一）名额

人民陪审员的名额，由基层人民法院根据审判案件的需要，提请同级人民代表大会常务委员会确定。人民陪审员的名额数不低于本院法官数的三倍。

（二）产生

1. 随机抽选：司法行政机关会同基层人民法院、公安机关，从辖区内的常住居民名单中随机抽选拟任命人民陪审员数五倍以上的人员作为人民陪审员候选人，对人民陪审员候选人进行资格审查，征求候选人意见。司法行政机关会同基层人民法院，从通过资格审查的人民陪审员候选人名单中随机抽选确定人民陪审员人选，由基层人民法院院长提请同级人民代表大会常务委员会任命。

2. 申请推荐：因审判活动需要，可以通过个人申请和所在单位、户籍所在地或者经常居住地的基层群众性自治组织、人民团体推荐的方式产生人民陪审员候选人，经司法行政机关会同基层人民法院、公安机关进行资格审查，确定人民陪审员人选，由基层人民法院院长提请同级人民代表大会常务委员会任命。依照前款规定产生的人民陪审员，不得超过人民陪审员名额数的五分之一。

三、任职宣誓与任职期限

人民陪审员经人民代表大会常务委员会任命后，应当公开进行就职宣誓。宣誓仪式由基层人民法院会同司法行政机关组织。**人民陪审员的任期为五年，一般不得连任**。

四、合议庭的组成

2018 年《刑事诉讼法》第 183 条：基层人民法院、中级人民法院审判第一审案件，应当由审判员 3 人或者由审判员和人民陪审员共 3 人或者 7 人组成合议庭进行，但是基层人民法院适用简易程序、速裁程序的案件可以由审判员 1 人独任审判。

高级人民法院审判第一审案件，应当由审判员 3 人至 7 人或者由审判员和人民陪审员共 3 人或者 7 人组成合议庭进行。最高人民法院审判第一审案件，应当由审判员 3 人至 7 人组成合议庭进行。

注意：最高人民法院审理案件、上诉和抗诉案件没有人民陪审员。

五、陪审的案件范围

人民法院审判第一审刑事、民事、行政案件，有下列情形之一的，由人民陪审员和法官组成合议庭进行：①涉及群体利益、公共利益的；②人民群众广泛关注或者其他社会影响较大的；③案情复杂或者有其他情形，需要由人民陪审员参加审判的。人民法院审判前款规定的案件，法律规定由法官独任审理或者由法官组成合议庭审理的，从其规定。

人民法院审判下列第一审案件，由人民陪审员和法官组成七人合议庭进行：①可能判处十年以上有期徒刑、无期徒刑、死刑，社会影响重大的刑事案件；②根据民事诉讼法、行政诉讼法提起的公益诉讼案件；③涉及征地拆迁、生态环境保护、食品药品安全，社会影响重大的案件；④其他社会影响重大的案件。

第一审刑事案件被告人、民事案件原告或者被告、行政案件**原告申请由人

民陪审员参加合议庭审判的，人民法院**可以决定**由人民陪审员和法官组成合议庭审判。

六、人民陪审员参与审判

1. 审判长应当履行与案件审判相关的指引、提示义务，但不得妨碍人民陪审员对案件的独立判断。合议庭评议案件，审判长应当对本案中涉及的事实认定、证据规则、法律规定等事项及应当注意的问题，向人民陪审员进行必要的解释和说明。

2. 人民陪审员参加**3人合议庭**审判案件，**对事实认定、法律适用**，独立发表意见，行使表决权。

3. 人民陪审员参加**7人合议庭**审判案件，**对事实认定，独立发表意见**，并与法官共同表决；对法律适用，可以发表意见，但不参加表决。

4. 合议庭评议案件，实行少数服从多数的原则。人民陪审员同合议庭其他组成人员意见分歧的，应当将其意见写入笔录。合议庭组成人员意见有重大分歧的，人民陪审员或者法官可以要求合议庭将案件提请院长决定是否提交审判委员会讨论决定。

七、免职

人民陪审员有下列情形之一，经所在基层人民法院会同司法行政机关查证属实的，由院长提请同级人民代表大会常务委员会免除其人民陪审员职务：①本人因正当理由申请辞去人民陪审员职务的；②具有本法第六条、第七条所列情形之一的（即前述职业禁止、违纪违法）；③无正当理由，拒绝参加审判活动，影响审判工作正常进行的；④违反与审判工作有关的法律及相关规定，徇私舞弊，造成错误裁判或者其他严重后果的。

人民陪审员有上自然段③、④所列行为的，可以采取通知其所在单位、户籍所在地或者经常居住地的基层群众性自治组织、人民团体，在辖区范围内公开通报等措施进行惩戒；构成犯罪的，依法追究刑事责任。

八、履职保障

（一）人身安全

人民陪审员的人身和住所安全受法律保护。任何单位和个人不得对人民陪审员及其近亲属打击报复。对报复陷害、侮辱诽谤、暴力侵害人民陪审员及其近亲属的，依法追究法律责任。

（二）经济补偿

人民陪审员参加审判活动期间，所在单位不得克扣或者变相克扣其工资、奖金及其他福利待遇。人民陪审员参加审判活动期间，由人民法院依照有关规定按实际工作日给予补助。人民陪审员因参加审判活动而支出的交通、就餐等费用，由人民法院依照有关规定给予补助。

考点28 庭前会议

命题分析

庭前会议是2012年刑事诉讼法修改后增加的新考点。在2016年案例大题中的第四小问，结合非法证据排除考查了该考点。从考查趋势来看，**庭前会议仍有可能再次考查。**

考点解析

一、庭前会议的适用范围

案件具有下列情形之一的，审判人员**可以召开**庭前会议：①当事人及其辩护人、诉讼代理人申请排除非法证据的；②证据材料较多、案情重大复杂的；③社会影响重大的；④需要召开庭前会议的其他情形。

上述规定可以通过下表理解和记忆：

庭前会议的适用范围	当事人及其辩护人、诉讼代理人申请排除非法证据的
	证据材料较多、案情重大复杂的
	社会影响重大的
	需要召开庭前会议的其他情形

二、庭前会议的参加人员

在开庭以前，**审判人员**可以召集**公诉人、当事人和辩护人、诉讼代理人**，对回避、出庭证人名单、非法证据排除等与审判相关的问题，了解情况，听取意见。

召开庭前会议，**根据案件情况，可以通知被告人参加。**

三、庭前会议的内容及效力

召开庭前会议，审判人员可以就下列问题向控辩双方了解情况，听取意见：①是否对案件管辖有异议；②是否申请有关人员回避；③是否申请调取在侦查、审查起诉期间公安机关、人民检察院收集但未随案移送的证明被告人无罪或者罪轻的证据材料；④是否提供新的证据；⑤是否对出庭证人、鉴定人、有专门知识的人的名单有异议；⑥是否申请排除非法证据；⑦是否申请不公开审理；⑧与审判相关的其他问题。

审判人员可以询问控辩双方对证据材料有无异议，对有异议的证据，应当在庭审时重点调查；无异议的，庭审时举证、质证可以简化。

被害人或者其法定代理人、近亲属提起附带民事诉讼的，可以调解。

庭前会议情况应当制作笔录。

上述内容可通过下表理解和记忆：

<table>
<tr><td rowspan="11">庭前会议的内容及效力</td><td rowspan="8">了解情况、听取意见</td><td colspan="3">是否对案件管辖有异议</td></tr>
<tr><td colspan="3">是否申请有关人员回避</td></tr>
<tr><td colspan="3">是否申请调取在侦查、审查起诉期间公安机关、人民检察院收集但未随案移送的证明被告人无罪或者罪轻的证据材料</td></tr>
<tr><td colspan="3">是否提供新的证据</td></tr>
<tr><td colspan="3">是否对出庭证人、鉴定人、有专门知识的人的名单有异议</td></tr>
<tr><td colspan="3">是否申请排除非法证据</td></tr>
<tr><td colspan="3">是否申请不公开审理</td></tr>
<tr><td colspan="3">与审判相关的其他问题</td></tr>
<tr><td rowspan="2">询问</td><td rowspan="2">对证据材料有无异议</td><td>有异议</td><td>在庭审时重点调查</td></tr>
<tr><td>无异议</td><td>庭审时举证、质证可以简化</td></tr>
<tr><td colspan="4">对附带民事诉讼进行调解</td></tr>
</table>

可见，庭前会议只能就相关问题了解情况、听取意见，而**不能做出实质性的决定**。例如，庭前会议不能就是否排除非法证据作出决定。

考点29 法庭调查的程序

命题分析

“法庭调查的程序”属于内容较多的考点，**从考查内容来看，证人、鉴定人出庭，包括其出庭的条件、不出庭的后果、强制证人出庭制度都容易设计成案例分析题中的考点**。

考点解析

一、证人、鉴定人、有专门知识的人出庭制度

（一）证人、鉴定人出庭的条件和拒不出庭的后果

公诉人、当事人或者辩护人、诉讼代理人对证人证言有异议，且该证人证言对案件定罪量刑有重大影响，人民法院认为证人有必要出庭作证的，证人应当出庭作证。人民警察就其执行职务时目击的犯罪情况作为证人出庭作证，适用上述规定。公诉人、当事人或者辩护人、诉讼代理人对鉴定意见有异议，人民法院认为鉴定人有必要出庭的，鉴定人应当出庭作证。经人民法院通知，鉴定人拒不出庭作证的，鉴定意见不得作为定案的根据。

（二）强制证人出庭制度

经人民法院通知，证人没有正当理由不出庭作证的，人民法院可以强制其到庭，但是被告人的配偶、父母、子女除外。证人没有正当理由拒绝出庭或者出庭后拒绝作证的，予以训诫，情节严重的，经院长批准，处以十日以下的拘留。被处罚人对拘留决定不服的，可以向上一级人民法院申请复议。复议期间不停止执行。

（三）证人可以不出庭的条件和替代方法

证人具有下列情形之一，无法出庭作证的，人民法院可以准许其不出庭：①在庭审期间身患严重疾病或者行动极为不便的；②居所远离开庭地点且交通极为不便的；③身处国外短期无法回国的；④有其他客观原因，确实无法出庭的。具有上述规定情形的，可以通过视频等方式作证。

（四）有专门知识的人出庭的条件和人数限制

公诉人、当事人及其辩护人、诉讼代理人申请法庭通知有专门知识的人出庭，就鉴定意见提出意见的，应当说明理由。法庭认为有必要的，应当通知有专门知识的人出庭。**申请有专门知识的人出庭，不得超过 2 人。有多种类鉴定意见的，可以相应增加人数**。有专门知识的人出庭，适用鉴定人出庭的有关规定。

上述内容可通过下表理解和记忆：

<table>
<tr><th></th><th>主体</th><th colspan="2">条件</th><th>拒不出庭的效果</th></tr>
<tr><td rowspan="11">证人、鉴定人出庭作证</td><td rowspan="7">证人（含执行职务时目击犯罪的警察）</td><td rowspan="3">积极条件（应当出庭作证）</td><td>控辩双方对证人证言有异议</td><td rowspan="3">强制出庭（被告人的配偶、父母、子女除外）</td></tr>
<tr><td>证人证言对案件定罪量刑有重大影响</td></tr>
<tr><td>人民法院认为证人有必要出庭作证</td></tr>
<tr><td rowspan="4">消极条件（可以准许其不出庭）</td><td>庭审期间身患严重疾病或行动极为不便</td><td rowspan="4">可通过视频等方式作证</td></tr>
<tr><td>居所远离开庭地点且交通极为不便的</td></tr>
<tr><td>身处国外短期无法回国的</td></tr>
<tr><td>有其他客观原因，确实无法出庭的</td></tr>
<tr><td rowspan="2">鉴定人</td><td rowspan="2">积极条件</td><td>控辩双方对鉴定意见有异议</td><td rowspan="2">鉴定意见不得作为定案的根据</td></tr>
<tr><td>人民法院认为鉴定人有必要出庭</td></tr>
<tr><td rowspan="2">有专门知识的人</td><td rowspan="2">积极条件</td><td>需要就鉴定意见提出意见的</td><td rowspan="2"></td></tr>
<tr><td>人民法院认为有必要的</td></tr>
</table>

通过上表可以看出，证人、鉴定人出庭制度存在以下区别：

第一，条件不同。证人应当出庭作证的条件除了控辩双方有异议、人民法院认为有必要外，还多一条，即“证人证言对定罪量刑有重大影响”；**鉴定人应当出庭提供意见的条件则只有控辩双方有异议、人民法院认为有必要这两条，不要求鉴定意见对定罪量刑有重大影响。**

第二，证人或鉴定人拒不出庭的效果不同。一则，对无正当理由拒不出庭的证人，除被告人的配偶、父母、子女外，可强制出庭；**对拒不出庭的鉴定人不能强制出庭**。二则，**鉴定人如果拒不出庭，其鉴定意见不得作为定案的根据；证人如果不出庭或出庭后拒绝作证**，法律仅对其规定了相应的惩戒措施，但**并没有规定其庭前的证言不得作为定案的根据**。

此外，关于强制证人出庭制度，可通过下表理解和记忆：

<table>
<tr><td rowspan="2">强制到庭</td><td>条件</td><td colspan="2">经人民法院通知证人无正当理由不出庭作证</td></tr>
<tr><td>适用人员</td><td colspan="2">除被告人配偶、父母、子女以外的证人</td></tr>
<tr><td rowspan="4">惩戒</td><td rowspan="2">条件</td><td colspan="2">无正当理由拒不到庭</td></tr>
<tr><td colspan="2">出庭后拒绝作证</td></tr>
<tr><td rowspan="2">措施</td><td colspan="2">训诫</td></tr>
<tr><td>拘留</td><td>情节严重的，经院长批准，处十日以下拘留
可向上一级法院申请复议，复议期间不停止执行</td></tr>
</table>

关于强制证人出庭制度，需要注意以下几点：

第一，**对被告人的配偶、父母、子女不能够强制出庭**。

第二，对无正当理由拒不到庭或到庭后拒绝作证的证人可以采取的惩戒措施是**训诫和拘留，没有罚款**。**拘留只能在情节严重的情况下，经院长批准后才能适用，且不得超过十日**。

第三，对拘留决定不服可向**上一级人民法院**申请复议，而不是向作出拘留决定的人民法院申请复议。

二、法庭调查的基本流程

（一）宣读起诉书及向当事人发问

公诉人在法庭上宣读起诉书后，被告人、被害人可以就起诉书指控的犯罪进行陈述，公诉人可以讯问被告人。被害人、附带民事诉讼的原告人和辩护人、诉讼代理人，经审判长许可，可以向被告人发问。审判人员可以讯问被告人。

审判长宣布法庭调查开始后，应当先由公诉人宣读起诉书；有附带民事诉讼的，再由附带民事诉讼原告人或者其法定代理人、诉讼代理人宣读附带民事起诉状。

起诉书指控的被告人的犯罪事实为两起以上的，法庭调查一般应当分别进行。

在审判长主持下，被告人、被害人可以就起诉书指控的犯罪事实分别陈述。

在审判长主持下，公诉人可以就起诉书指控的犯罪事实讯问被告人。经审判长准许，被害人及其法定代理人、诉讼代理人可以就公诉人讯问的犯罪事实补充发问；附带民事诉讼原告人及其法定代理人、诉讼代理人可以就附带民事部分的事实向被告人发问；被告人的法定代理人、辩护人，附带民事诉讼被告人及其法定代理人、诉讼代理人可以在控诉一方就某一问题讯问完毕后向被告人发问。

讯问同案审理的被告人，应当分别进行。必要时，可以传唤同案被告人等到庭对质。

经审判长准许，控辩双方可以向被害人、附带民事诉讼原告人发问。

审判人员可以讯问被告人。必要时，可以向被害人、附带民事诉讼当事人发问。

上述规定可通过下文理解和记忆：

<table>
<tr><th></th><th>步骤</th><th colspan="2">条件和主体</th><th>程序</th><th>备注</th></tr>
<tr><td rowspan="10">宣读起诉书及向当事人发问</td><td rowspan="2">宣读起诉书</td><td colspan="2">公诉人</td><td colspan="2">宣读起诉书</td></tr>
<tr><td colspan="2">附带民诉原告人方</td><td colspan="2">宣读附带民事起诉状</td></tr>
<tr><td>当事人陈述</td><td colspan="2">被告人、被害人</td><td>可就指控的犯罪事实分别陈述</td><td>犯罪事实为两起以上的，法庭调查一般应分别进行</td></tr>
<tr><td rowspan="5">讯问被告人或向被告人发问</td><td>审判长主持下</td><td>公诉人</td><td>可就指控的犯罪事实讯问被告人</td><td rowspan="5">讯问同案审理的被告人，应分别进行。必要时，可以传唤同案被告人等到庭对质</td></tr>
<tr><td rowspan="3">经审判长准许</td><td>被害人方</td><td>可补充发问</td></tr>
<tr><td>附带民事诉讼原告人方</td><td>可就附带民事部分的事实发问</td></tr>
<tr><td>被告人方及附带民事诉讼被告人方</td><td>可在控方就某一问题讯问完毕后发问</td></tr>
<tr><td></td><td>审判人员</td><td>可以讯问被告人</td></tr>
<tr><td rowspan="2">向被害人、附带民诉原告人发问</td><td>经审判长准许</td><td>控辩双方</td><td rowspan="2">可以向被害人、附带民事诉讼原告人发问</td><td rowspan="2"></td></tr>
<tr><td>必要时</td><td>审判人员</td></tr>
</table>

（二）向出庭的证人、鉴定人、有专门知识的人发问

证人作证，审判人员应当告知他要如实地提供证言和有意作伪证或者隐匿罪证要负的法律责任。公诉人、当事人和辩护人、诉讼代理人经审判长许可，可以对证人、鉴定人发问。审判长认为发问的内容与案件无关的时候，应当制止。审判人员可以询问证人、鉴定人。

向证人、鉴定人发问，应当先由提请通知的一方进行；发问完毕后，经审

判长准许，对方也可以发问。

控辩双方的讯问、发问方式不当或者内容与本案无关的，对方可以提出异议，申请审判长制止，审判长应当判明情况予以支持或者驳回；对方未提出异议的，审判长也可以根据情况予以制止。

审判人员认为必要时，可以询问证人、鉴定人、有专门知识的人。

向证人、鉴定人、有专门知识的人发问应当分别进行。证人、鉴定人、有专门知识的人经控辩双方发问或者审判人员询问后，审判长应当告知其退庭。证人、鉴定人、有专门知识的人不得旁听对本案的审理。

上述规定可通过下表理解和记忆：

<table>
<tr><th>步骤</th><th colspan="2">程序和主体</th><th>顺序</th><th colspan="2">制止条件及程序</th><th>退庭</th></tr>
<tr><td rowspan="5">向证人、鉴定人、有专门知识的人发问</td><td rowspan="4">经审判长准许</td><td>公诉人</td><td rowspan="4">先由提请通知的一方发问完毕后，经审判长准许，对方也可发问</td><td rowspan="4">讯问、发问方式不当或内容与本案无关</td><td rowspan="4">对方可提出异议，申请审判长制止，审判长应判明情况予以支持或者驳回；审判长也可依职权予以制止</td><td rowspan="4">应当分别进行；不得旁听对本案的审理</td></tr>
<tr><td>当事人</td></tr>
<tr><td>辩护人</td></tr>
<tr><td>诉讼代理人</td></tr>
<tr><td>必要时</td><td>审判人员</td><td colspan="3"></td><td></td></tr>
</table>

（三）出示物证、宣读作为证据的文书

公诉人、辩护人应当向法庭出示物证，让当事人辨认，对未到庭的证人的证言笔录、鉴定人的鉴定意见、勘验笔录和其他作为证据的文书，应当当庭宣读。审判人员应当听取公诉人、当事人和辩护人、诉讼代理人的意见。

上述规定可通过下表理解和记忆：

<table>
<tr><td rowspan="5">出示物证、宣读作为证据的文书</td><td>出示</td><td>物证</td><td>让当事人辨认</td><td rowspan="5">审判人员应当听取公诉人、当事人和辩护人、诉讼代理人的意见</td></tr>
<tr><td rowspan="4">宣读</td><td>未到庭的证人的证言笔录</td><td rowspan="4"></td></tr>
<tr><td>未到庭的鉴定人的鉴定意见</td></tr>
<tr><td>勘验笔录</td></tr>
<tr><td>其他作为证据的文书</td></tr>
</table>

考点30 认罪认罚制度与速裁程序

命题分析

认罪认罚制度与速裁程序是2018年《刑事诉讼法》新增的重要内容，同时也是近年来我国刑事诉讼制度的一项重要改革措施，**在2019年的法考中命题的可能性极大**，请考生务必高度重视本考点。**从命题思路上分析，既可能以案例的形式考查认罪认罚制度的基本知识点；也有可能涉及理论性考点，考查认罪认罚制度的理论价值**，考生需要结合前述考点中**诉讼价值、公正与效率的关系来分析**。

考点解析

一、认罪认罚的含义

2018年《刑事诉讼法》第15条：犯罪嫌疑人、被告人自愿如实供述自己的罪行，承认指控的犯罪事实愿意接受处罚的，可以依法从宽处理。由此可见包含三层含义：**一是认罪，即自愿如实供述自己的罪行，承认所指控的犯罪事实；二是认罚，即愿意接受处罚；三是从宽。**

二、认罪认罚的程序

（一）侦查阶段

1. 侦查人员在讯问犯罪嫌疑人的时候，应当告知犯罪嫌疑人享有的诉讼权利，如实供述自己罪行可以从宽处理和**认罪认罚的法律规定**。

2. 犯罪嫌疑人自愿认罪的，**应当记录在案，随案移送并在起诉意见书中写明有关情况**。

（二）审查起诉阶段

1. 人民检察院对于监察机关、公安机关移送起诉的案件，应当在1个月以内作出决定，重大、复杂的案件，可以延长15日；**犯罪嫌疑人认罪认罚，符合速裁程序适用条件的，应当在10日以内作出决定，对可能判处的有期徒刑超过1年的，可以延长至15日。**

2. 人民检察院审查案件，应当讯问犯罪嫌疑人，听取辩护人或者值班律师、被害人及其诉讼代理人的意见，并记录在案。辩护人或者值班律师、被害人及其诉讼代理人提出书面意见的，应当附卷。

犯罪嫌疑人认罪认罚的，人民检察院应当告知其享有的诉讼权利和认罪认罚的法律规定，听取犯罪嫌疑人、辩护人或者值班律师、被害人及其诉讼代理人对下列事项的意见，并记录在案：①涉嫌的犯罪事实、罪名及适用的法律规定；②从轻、减轻或者免除处罚等从宽处罚的建议；③认罪认罚后案件审理适用的程序；④其他需要听取意见的事项。

人民检察院依照上述规定听取值班律师意见的，应当提前为值班律师了解案件有关情况提供必要的便利。

3. **犯罪嫌疑人自愿认罪，同意量刑建议和程序适用的，应当在辩护人或者值班律师在场的情况下签署认罪认罚具结书。**

犯罪嫌疑人认罪认罚，有下列情形之一的，不需要签署认罪认罚具结书：①犯罪嫌疑人是盲、聋、哑人，或者是尚未完全丧失辨认或者控制自己行为能力的精神病人的；②未成年犯罪嫌疑人的法定代理人、辩护人对未成年人认罪认罚有异议的；③其他不需要签署认罪认罚具结书的情形。

4. 犯罪嫌疑人认罪认罚的，人民检察院应当就主刑、附加刑、是否适用缓刑等提出量刑建议，并随案移送认罪认罚具结书等材料。

（三）审判阶段

1. 被告人认罪认罚的，**审判长应当告知被告人享有的诉讼权利和认罪认罚的法律规定，审查认罪认罚的自愿性和认罪认罚具结书内容的真实性、合法性。**

2. 对于认罪认罚案件，人民法院依法作出判决时，**一般应当采纳人民检察院指控的罪名和量刑建议**，但有下列情形的除外：①被告人的行为不构成犯罪或者不应当追究其刑事责任的；②被告人违背意愿认罪认罚的；③被告人否认指控的犯罪事实的；④起诉指控的罪名与审理认定的罪名不一致的；⑤其他可能影响公正审判的情形。

人民法院经审理认为量刑建议明显不当，或者被告人、辩护人对量刑建议提出异议的，人民检察院可以调整量刑建议。人民检察院不调整量刑建议或者调整量刑建议后仍然明显不当的，人民法院应当依法作出判决。

三、速裁程序

（一）**适用范围**：基层人民法院管辖的可能判处 3 年有期徒刑以下刑罚的

案件，案件事实清楚，证据确实、充分，被告人认罪认罚并同意适用速裁程序的，可以适用速裁程序，由审判员一人独任审判。人民检察院在提起公诉的时候，可以建议人民法院适用速裁程序。

（二）**不得适用的情形**：①被告人是盲、聋、哑人，或者是尚未完全丧失辨认或者控制自己行为能力的精神病人的；②被告人是未成年人的；③案件有重大社会影响的；④共同犯罪案件中部分被告人对指控的犯罪事实、罪名、量刑建议或者适用速裁程序有异议的；⑤被告人与被害人或者其法定代理人没有就附带民事诉讼赔偿等事项达成调解或者和解协议的；⑥其他不宜适用速裁程序审理的。

（三）**审理方式**：适用速裁程序审理案件，不受相关送达期限的限制，一般不进行法庭调查、法庭辩论，但在判决宣告前应当听取辩护人的意见和被告人的最后陈述意见。适用速裁程序审理案件，应当当庭宣判。

（四）**审理期限**：适用速裁程序审理案件，人民法院应当在受理后 10 日以内审结；对可能判处的有期徒刑超过一年的，可以延长至 15 日。

（五）**转程序**：人民法院在审理过程中，发现有被告人的行为不构成犯罪或者不应当追究其刑事责任、被告人违背意愿认罪认罚、被告人否认指控的犯罪事实或者其他不宜适用速裁程序审理的情形的，应当按照公诉案件一审普通程序或者简易程序的规定重新审理。

考点 31　上诉不加刑原则

命题分析

上诉不加刑原则属于二审程序中的常见考点，在 2016 年案例分析大题中也通过设置小问题的方式考查了这一考点。这一考点难度不大，只要把握住“不得以任何理由和方式加重被告人的刑罚”这一基本要求即可，各种具体的情形实际上是万变不离其宗的，无须专门记忆。

考点解析

第二审人民法院审理被告人或者他的法定代理人、辩护人、近亲属上诉的案件，不得加重被告人的刑罚。第二审人民法院发回原审人民法院重新审判的案件，除有新的犯罪事实，人民检察院补充起诉的以外，原审人民法院也不得加重被告人的刑罚。人民检察院提出抗诉或者自诉人提出上诉的，不受此规定的限制。

审理被告人或者其法定代理人、辩护人、近亲属提出上诉的案件，不得加重被告人的刑罚，并应当执行下列规定：

1. 同案审理的案件，只有部分被告人上诉的，既不得加重上诉人的刑罚，也不得加重其他同案被告人的刑罚；

2. 原判事实清楚，证据确实、充分，只是认定的罪名不当的，可以改变罪名，但不得加重刑罚；

3. 原判对被告人实行数罪并罚的，不得加重决定执行的刑罚，也不得加重数罪中某罪的刑罚；

4. 原判对被告人宣告缓刑的，不得撤销缓刑或者延长缓刑考验期；

5. 原判没有宣告禁止令的，不得增加宣告；原判宣告禁止令的，不得增加内容、延长期限；

6. 原判对被告人判处死刑缓期执行没有限制减刑的，不得限制减刑；

7. 原判事实清楚，证据确实、充分，但判处的刑罚畸轻、应当适用附加刑而没有适用的，不得直接加重刑罚、适用附加刑，也不得以事实不清、证据不足为由发回第一审人民法院重新审判。**必须依法改判的，应当在第二审判决、裁定生效后，依照审判监督程序重新审判**。

人民检察院只对部分被告人的判决提出抗诉，或者自诉人只对部分被告人的判决提出上诉的，第二审人民法院不得对其他同案被告人加重刑罚。

被告人或者其法定代理人、辩护人、近亲属提出上诉的案件，第二审人民法院发回重新审判后，除有新的犯罪事实，人民检察院补充起诉的以外，原审人民法院不得加重被告人的刑罚。

上述内容可以通过下表理解和记忆：

	前提	情形	处理
上诉不加刑原则	只有被告人一方上诉（人民检察院抗诉或自诉人上诉的不在此限）	同案审理的案件，只有部分被告人上诉	既不得加重上诉人的刑罚，也不得加重其他同案被告人的刑罚
		人民检察院只对部分被告人的判决提出抗诉，或者自诉人只对部分被告人的判决提出上诉的	不得对其他同案被告人加重刑罚
		原判事实清楚，证据确实、充分，只是认定的罪名不当	可以改变罪名，但不得加重刑罚
		原判对被告人实行数罪并罚的	不得加重决定执行的刑罚，也不得加重数罪中某罪的刑罚
		原判对被告人宣告缓刑	不得撤销缓刑或延长缓刑考验期

续表

<table>
<tr><th></th><th>前提</th><th>情形</th><th>处理</th></tr>
<tr><td rowspan="6">上诉不加刑原则</td><td rowspan="6">只有被告人一方上诉（人民检察院抗诉或自诉人上诉的不在此限）</td><td>原判没有宣告禁止令的</td><td>不得增加宣告</td></tr>
<tr><td>原判宣告禁止令的</td><td>不得增加内容、延长期限</td></tr>
<tr><td>原判对被告人判处死缓没有限制减刑</td><td>不得限制减刑</td></tr>
<tr><td rowspan="2">原判事实清楚，证据确实、充分，但判处的刑罚畸轻、应当适用附加刑而没有适用的</td><td>不得直接加重刑罚、适用附加刑，也不得以事实不清、证据不足为由发回第一审人民法院重新审判</td></tr>
<tr><td>必须依法改判的，应当二审裁判生效后，依照审判监督程序重新审判</td></tr>
<tr><td>二审法院发回重新审判的案件除有新的犯罪事实，人民检察院补充起诉的以外，原审人民法院不得加重被告人的刑罚</td><td></td></tr>
</table>

关于上表中的内容，需要注意以下几个问题：

第一，上诉不加刑原则的基本内容就是**在只有被告人一方上诉的情况下，第二审人民法院不得以任何理由、方式加重被告人的刑罚。在这一点上是不存在例外的**。这与再审不加刑原则不同。《最高人民法院关于适用〈中华人民共和国刑事诉讼法〉的解释》第386条规定：“除人民检察院抗诉的以外，**再审一般不得加重被告人的刑罚。”“一般”二字说明再审不加刑原则是存在例外的**。

第二，对于只有被告人一方上诉，而二审发回重新审判的案件，原审人民法院也不得加重被告人的刑罚。在这一点上也不存在例外。**对发回重审的案件，有新的犯罪事实，人民检察院补充起诉的，原审人民法院可能加重被告人的刑罚，但这是基于新诉的犯罪事实产生的刑罚，而非针对原来的犯罪事实加重刑罚**，因此也不能算作是上诉不加刑原则的例外。

考点32　二审程序

命题分析

二审程序是历年主观题考查的常见考点。2008年案例分析大题考查了附带民事诉讼的二审；2009 年和 2016 年考查了二审的审理方式、发回重审后的处理等问题，考生应予以重视。

考点解析

一、二审案件开庭审理的范围

下列案件，应当开庭审理：①被告人、自诉人及其法定代理人对第一审认定的事实、证据提出异议，可能影响定罪量刑的上诉案件；②被告人被判处死刑立即执行的上诉案件；③人民检察院抗诉的案件；④应当开庭审理的其他案件。被判处死刑立即执行的被告人没有上诉，同案的其他被告人上诉的案件，第二审人民法院应当开庭审理。

被告人被判处死刑缓期执行的上诉案件，虽不属于上述情形，有条件的，也应当开庭审理。

对上诉、抗诉案件，第二审人民法院经审查，认为原判事实不清、证据不足，或者具有刑事诉讼法第 238 条规定的违反法定诉讼程序情形，需要发回重新审判的，可以不开庭审理。

上述规定可以通过下表理解和记忆：

<table>
<tr><th></th><th>案件</th><th>备注</th></tr>
<tr><td rowspan="4">二审应当开庭的案件</td><td>被告人、自诉人及其法定代理人对第一审认定的事实、证据提出异议，可能影响定罪量刑的上诉案件</td><td>需要发回重新审判的，可以不开庭审理</td></tr>
<tr><td>被告人被判处死刑立即执行的上诉案件（含被判处死刑立即执行的被告人没有上诉，同案其他被告人上诉的案件）</td><td>被告人被判死缓的上诉案件，有条件的也应开庭</td></tr>
<tr><td>人民检察院抗诉的案件</td><td></td></tr>
<tr><td>应当开庭审理的其他案件</td><td></td></tr>
</table>

值得注意的是，对被告人、自诉人及其法定代理人对第一审认定的事实、证据提出异议，可能影响定罪量刑的上诉案件，如果经审查认为原判事实不清、证据不足，需要发回原审人民法院重审的，则可以不开庭审理而直接发回重审。

二、二审案件开庭审理的方式和程序

（一）地点

第二审人民法院开庭审理上诉、抗诉案件，可以到**案件发生地**或者**原审人民法院所在地**进行。

（二）开庭前的准备

人民检察院提出抗诉的案件或者第二审人民法院**开庭审理的公诉案件**，同级人民检察院都应当派员出席法庭。也即**只要是人民法院开庭审理的公诉案件，即便人民检察院没有提出抗诉的，同级人民检察院也应当派员出席法庭**。开庭审理上诉、抗诉的公诉案件，应当通知同级人民检察院派员出庭。抗诉案件，人民检察院接到开庭通知后不派员出庭，且未说明原因的，人民法院可以裁定按人民检察院撤回抗诉处理，并通知第一审人民法院和当事人。

开庭审理第二审公诉案件，应当在决定开庭审理后及时通知人民检察院查阅案卷。自通知后的第二日起，人民检察院查阅案卷的时间不计入审理期限。

第二审期间，人民检察院或者被告人及其辩护人提交新证据的，人民法院应当及时通知对方查阅、摘抄或者复制。

上述内容可通过下表理解和记忆：

<table>
<tr><th></th><th>条件</th><th colspan="2">处理</th></tr>
<tr><td rowspan="3">二审案件庭审前的准备</td><td>提交新证据</td><td colspan="2">及时通知对方查阅、摘抄或者复制</td></tr>
<tr><td rowspan="2">决定开庭</td><td>及时通知检察院查阅案卷</td><td>应在一个月以内查阅完毕。自通知后的第二日起，查阅案卷的时间不计入审理期限</td></tr>
<tr><td>通知同级检察院派员出庭</td><td>抗诉案件，检察院接到开庭通知后不派员出庭，且未说明原因，可裁定按撤回抗诉处理</td></tr>
</table>

（三）审理程序

1. *法庭调查和法庭辩论的顺序*

开庭审理上诉、抗诉案件，除参照适用第一审程序的有关规定外，应当按照下列规定进行：①法庭调查阶段，审判人员宣读第一审判决书、裁定书后，上诉案件由上诉人或者辩护人先宣读上诉状或者陈述上诉理由，抗诉案件由检察员先宣读抗诉书；既有上诉又有抗诉的案件，先由检察员宣读抗诉书，再由上诉人或者辩护人宣读上诉状或者陈述上诉理由；②法庭辩论阶段，上诉案件，先由上诉人、辩护人发言，后由检察员、诉讼代理人发言；抗诉案件，先由检察员、诉讼代理人发言，后由被告人、辩护人发言；既有上诉又有抗诉的案件，先由检察员、诉讼代理人发言，后由上诉人、辩护人发言。也即，**上诉案件上诉方优先；抗诉案件和既有上诉又有抗诉的案件，抗诉方优先**。

2. 审理程序的特点

开庭审理上诉、抗诉案件，可以重点围绕对第一审判决、裁定有争议的问题或者有疑问的部分进行。根据案件情况，可以按照下列方式审理：①宣读第一审判决书，可以只宣读案由、主要事实、证据名称和判决主文等；②法庭调查应当重点围绕对第一审判决提出异议的事实、证据以及提交的新的证据等进行；对没有异议的事实、证据和情节，可以直接确认；③对同案审理案件中未上诉的被告人，未被申请出庭或者人民法院认为没有必要到庭的，可以不再传唤到庭；④被告人犯有数罪的案件，对其中事实清楚且无异议的犯罪，可以不在庭审时审理。同案审理的案件，未提出上诉、人民检察院也未对其判决提出抗诉的被告人要求出庭的，应当准许。出庭的被告人可以参加法庭调查和辩论。

上述内容可通过下表理解和记忆：

<table>
<tr><th></th><th>总特点</th><th colspan="2">具体特点</th></tr>
<tr><td rowspan="7">二审开庭审理的特点</td><td rowspan="7">重点围绕对一审裁判有争议的问题或有疑问的部分进行</td><td>宣读第一审判决书</td><td>可以只宣读案由、主要事实、证据名称和判决主文等</td></tr>
<tr><td rowspan="2">法庭调查</td><td>应重点围绕对一审判决提出异议的事实、证据以及提交的新的证据等进行</td></tr>
<tr><td>对没有异议的事实、证据和情节，可以直接确认</td></tr>
<tr><td rowspan="2">对同案审理案件中未上诉，也未被抗诉的被告人</td><td>未被申请出庭或法院认为没有必要到庭的，可不再传唤到庭</td></tr>
<tr><td>要求出庭的，应当准许。出庭的被告人可以参加法庭调查和辩论</td></tr>
<tr><td>被告人犯有数罪的</td><td>对其中事实清楚且无异议的犯罪，可不在庭审时审理</td></tr>
</table>

三、二审案件不开庭审理的方式和程序

第二审案件依法不开庭审理的，应当讯问被告人，听取其他当事人、辩护人、诉讼代理人的意见。合议庭全体成员应当阅卷，必要时应当提交书面阅卷意见。

据此，**二审案件不开庭审理的方式和程序如下：**

1. 合议庭成员共同阅卷，必要时应当提交书面阅卷意见。
2. 讯问被告人；对没有上诉的被告人也应当讯问。
3. 听取其他当事人、辩护人、诉讼代理人的意见。
4. 合议庭评议和宣判。

四、二审程序中的委托辩护

第二审期间，被告人除**自行辩护**外，还可以**继续委托第一审辩护人**或者**另行委托辩护人**辩护。共同犯罪案件，只有部分被告人提出上诉，或者自诉人只对部分被告人的判决提出上诉，或者人民检察院只对部分被告人的判决提出抗诉的，**其他同案被告人也可以委托辩护人辩护**。

五、对上诉、抗诉案件审理后的处理

第二审人民法院对不服第一审判决的上诉、抗诉案件，经过审理后，应当按照下列情形分别处理：①原判决认定事实和适用法律正确、量刑适当的，应当裁定驳回上诉或者抗诉，维持原判；②原判决认定事实没有错误，但适用法律有错误，或者量刑不当的，应当改判；③原判决事实不清楚或者证据不足的，可以在查清事实后改判；也可以裁定撤销原判，发回原审人民法院重新审判。

第二审人民法院发现第一审人民法院的审理有下列违反法律规定的诉讼程序的情形之一的，应当裁定撤销原判，发回原审人民法院重新审判：①违反本法有关公开审判的规定的；②违反回避制度的；③剥夺或者限制了当事人的法定诉讼权利，可能影响公正审判的；④审判组织的组成不合法的；⑤其他违反法律规定的诉讼程序，可能影响公正审判的。

第二审人民法院对不服第一审裁定的上诉或者抗诉，经过审查后，应当分别情形用裁定驳回上诉、抗诉，或者撤销、变更原裁定。

上述内容可以通过下表理解和记忆：

<table>
<tr><th></th><th></th><th>事实、证据</th><th>适用法律、量刑</th><th>处理</th></tr>
<tr><td rowspan="13">对上诉抗诉案件审理后的处理</td><td rowspan="6">原判决</td><td rowspan="2">认定事实正确</td><td>适用法律正确</td><td rowspan="2">裁定驳回上诉或抗诉，维持原判</td></tr>
<tr><td>量刑适当</td></tr>
<tr><td rowspan="2">认定事实没有错误</td><td>适用法律有错误</td><td rowspan="2">改判</td></tr>
<tr><td>量刑不当</td></tr>
<tr><td rowspan="2">事实不清楚或证据不足</td><td rowspan="2"></td><td>在查清事实后改判</td></tr>
<tr><td rowspan="6">裁定撤销原判，发回原审人民法院重新审判</td></tr>
<tr><td rowspan="5">原一审程序</td><td colspan="2">违反公开审判的规定</td></tr>
<tr><td colspan="2">违反回避制度的</td></tr>
<tr><td colspan="2">剥夺或限制当事人的法定诉讼权利，可能影响公正审判的</td></tr>
<tr><td colspan="2">审判组织的组成不合法的</td></tr>
<tr><td colspan="2">其他违反法定诉讼程序可能影响公正审判的</td></tr>
<tr><td rowspan="2">裁定</td><td colspan="2"></td><td>裁定驳回上诉、抗诉</td></tr>
<tr><td colspan="2"></td><td>撤销、变更原裁定</td></tr>
</table>

六、对发回重审的案件的处理

原审人民法院对于发回重新审判的案件，应当另行组成合议庭，依照第一审程序进行审判。对于重新审判后的判决，可以上诉、抗诉。

第二审人民法院发回原审人民法院重新审判的案件，**原审人民法院从收到发回的案件之日起，重新计算审理期限**。

原判事实不清、证据不足，第二审人民法院发回重新审判的案件，原审人民法院重新作出判决后，被告人上诉或者人民检察院抗诉的，第二审人民法院应当依法作出判决、裁定，**不得再发回重新审判**。

第二审人民法院发现原审人民法院在重新审判过程中，有法定的违反法定程序的情形的，应当裁定撤销原判，发回重新审判。

上述内容可通过下表理解和记忆：

<table>
<tr><th></th><th>情由</th><th>程序</th><th colspan="2">处理</th></tr>
<tr><td rowspan="4">对发回重审案件的处理</td><td>因原判决事实不清、证据不足发回重审</td><td rowspan="2">另行组成合议庭，依照第一审程序进行审判</td><td rowspan="4">对重审后的判决，可上诉、抗诉</td><td>第二审人民法院不得再发回重新审判</td></tr>
<tr><td>因原一审程序违反法定程序发回重审</td><td>根据《刑事诉讼法》第 238 条第 1 款分别情况处理</td></tr>
<tr><td rowspan="2">重审过程中</td><td>没有另行组成合议庭</td><td rowspan="2">裁定撤销原判发回重审</td></tr>
<tr><td>违法法定程序</td></tr>
</table>

值得注意的是，二审发回重审的情形有两种，一是原判事实不清、证据不足，可以裁定撤销原判，发回重审；二是原一审程序违反法定程序（具有《刑事诉讼法》第 238 条规定的情形之一），依法应当裁定撤销原判，发回重审的。而并非所有发回重审的案件再次进入二审后，第二审人民法院都不能再发回重审。**只有因原判事实不清、证据不足发回重审的案件再次进入二审后，第二审人民法院才不能再次发回重新审判**。这主要是为了防止在司法实践中，一些证据不足的案件因反复发回重审而给被告人带来长期的羁押和权利侵害。

七、对附带民事诉讼案件的处理

第二审人民法院审理对刑事部分提出上诉、抗诉，附带民事部分已经发生法律效力的案件，发现第一审判决、裁定中的附带民事部分确有错误的，应当依照审判监督程序对附带民事部分予以纠正。

第二审人民法院审理对附带民事部分提出上诉，刑事部分已经发生法律效力的案件，发现第一审判决、裁定中的刑事部分确有错误的，应当依照审判监督程序对刑事部分进行再审，并将附带民事部分与刑事部分一并审理。

第二审期间，第一审附带民事诉讼原告人增加独立的诉讼请求或者第一审附带民事诉讼被告人提出反诉的，第二审人民法院可以根据自愿、合法的原则进行调解；调解不成的，告知当事人另行起诉。

上述内容可通过下表理解和记忆：

	情形	处理
二审对附带民诉案件的处理	对刑事部分提出上诉、抗诉，附带民事部分已经发生法律效力的案件，发现附带民事部分确有错误	依审判监督程序对附带民事部分予以纠正
	对附带民事部分提出上诉，刑事部分已经发生法律效力的案件，发现刑事部分确有错误	依审判监督程序对刑事部分再审，并一并审理附带民事部分
	第一审附带民事诉讼原告人增加独立的诉讼请求	调解；调解不成的，告知当事人另行起诉
	第一审附带民事诉讼被告人提出反诉	

八、对自诉案件的处理

对第二审自诉案件，必要时可以调解，当事人也可以自行和解。调解结案的，应当制作调解书，第一审判决、裁定视为自动撤销；当事人自行和解的，应当裁定准许撤回自诉，并撤销第一审判决、裁定。

第二审期间，自诉案件的当事人提出反诉的，应当告知其另行起诉。

	情形		处理
自诉案件二审	必要时	可以调解	调解结案的，应制作调解书，第一审判决、裁定视为自动撤销
	当事人自行和解		裁定准许撤回自诉，并撤销第一审判决、裁定
	当事人提出反诉		告知当事人另行起诉

注意，**在附带民事诉讼案件的二审中，被告人提起反诉的，应当先调解，调解不成的，才告知当事人另行起诉；在自诉案件的二审中，当事人提出反诉的，则应当直接告诉其另行起诉。**

考点33　死刑复核

命题分析

2009年案例分析大题专门考查了死刑复核程序。2018年《刑事诉讼法》对死刑复核进行了少量修改。**将来单独以大题的形式考查的可能性不大，但不排除以结合其他考点设置小问题的方式再次考查的可能。**

考点解析

一、2018 年《刑事诉讼法》修改

第 261 条第 2 款修改为："被判处死刑缓期二年执行的罪犯，在死刑缓期执行期间，如果没有故意犯罪，死刑缓期执行期满，**应当予以减刑的**，由执行机关提出书面意见，报请高级人民法院裁定；如果故意犯罪，**情节恶劣**，查证属实，应当执行死刑的，由高级人民法院报请最高人民法院核准；**对于故意犯罪未执行死刑的，死刑缓期执行的期间重新计算，并报最高人民法院备案。**

二、死刑立即执行案件复核后的处理

（一）死刑立即执行案件复核后的处理

最高人民法院复核死刑案件，应当按照下列情形分别处理：

1. 原判认定事实和适用法律正确、量刑适当、诉讼程序合法的，应当裁定核准；

2. 原判认定的某一具体事实或者引用的法律条款等存在瑕疵，但判处被告人死刑并无不当的，可以在纠正后作出核准的判决、裁定；

3. 原判事实不清、证据不足的，应当裁定不予核准，并撤销原判，发回重新审判；

4. 复核期间出现新的影响定罪量刑的事实、证据的，应当裁定不予核准，并撤销原判，发回重新审判；

5. 原判认定事实正确，但依法不应当判处死刑的，应当裁定不予核准，并撤销原判，发回重新审判；

6. 原审违反法定诉讼程序，可能影响公正审判的，应当裁定不予核准，并撤销原判，发回重新审判。

对一人有两罪以上被判处死刑的数罪并罚案件，最高人民法院复核后，认为其中部分犯罪的死刑判决、裁定事实不清、证据不足的，应当对全案裁定不予核准，并撤销原判，发回重新审判；认为其中部分犯罪的死刑判决、裁定认定事实正确，但依法不应当判处死刑的，可以改判，并对其他应当判处死刑的犯罪作出核准死刑的判决。

对有两名以上被告人被判处死刑的案件，最高人民法院复核后，认为其中

部分被告人的死刑判决、裁定事实不清、证据不足的，应当对全案裁定不予核准，并撤销原判，发回重新审判；认为其中部分被告人的死刑判决、裁定认定事实正确，但依法不应当判处死刑的，可以改判，并对其他应当判处死刑的被告人作出核准死刑的判决。

上述内容可通过下表理解和记忆：

<table>
<tr><th></th><th>案件</th><th>原判</th><th>复核后的处理</th></tr>
<tr><td rowspan="8">死刑案件复核后的处理</td><td rowspan="6">一人一罪被判死刑</td><td>认定事实和适用法律正确、量刑适当、程序合法</td><td>裁定核准</td></tr>
<tr><td>认定的某一具体事实或者引用的法律条款等存在瑕疵，但判处被告人死刑并无不当</td><td>可以在纠正后作出核准的判决、裁定</td></tr>
<tr><td>事实不清、证据不足的</td><td rowspan="5">(对全案) 裁定不予核准，并撤销原判，发回重新审判</td></tr>
<tr><td>复核期间出现新的影响定罪量刑的事实、证据</td></tr>
<tr><td>原判认定事实正确，但依法不应当判处死刑</td></tr>
<tr><td>原审违反法定诉讼程序，可能影响公正审判</td></tr>
<tr><td rowspan="2">一人有两罪以上或有两名以上被告人被判死刑</td><td>部分犯罪或有部分被告人的死刑判决、裁定事实不清、证据不足</td></tr>
<tr><td>部分犯罪或部分被告人的死刑判决、裁定认定事实正确，但依法不应当判处死刑的</td><td>可以改判，并对其他应判处死刑的犯罪或被告人作出核准死刑的判决</td></tr>
</table>

（二）发回重审的处理

最高人民法院裁定不予核准死刑的，根据案件情况，可以发回第二审人民法院或者第一审人民法院重新审判。第一审人民法院重新审判的，应当开庭审理。第二审人民法院重新审判的，可以直接改判；必须通过开庭查清事实、核实证据或者纠正原审程序违法的，应当开庭审理。

高级人民法院依照复核程序审理后报请最高人民法院核准死刑，最高人民法院裁定不予核准，发回高级人民法院重新审判的，高级人民法院可以依照第二审程序提审或者发回重新审判。

上述内容可通过下表理解和记忆：

<table>
<tr><th></th><th>情形</th><th>重审法院</th><th colspan="2">处理</th></tr>
<tr><td rowspan="5">死刑复核后发回重审的处理</td><td rowspan="3">根据案件情况</td><td>发回一审法院重审</td><td colspan="2">应当开庭审理</td></tr>
<tr><td rowspan="2">发回二审法院重审</td><td colspan="2">可以直接改判</td></tr>
<tr><td>必须通过开庭查清事实、核实证据或纠正原审程序违法的</td><td>应当开庭审理</td></tr>
<tr><td rowspan="2">高级人民法院复核后报最高法院核准死刑</td><td rowspan="2">发回高级人民法院重审</td><td colspan="2">可以依照第二审程序提审</td></tr>
<tr><td colspan="2">可以发回重新审判</td></tr>
</table>

最高人民法院裁定不予核准死刑，发回重新审判的案件，原审人民法院应当另行组成合议庭审理，但复核期间出现新的影响定罪量刑的事实、证据或者原判认定事实正确，但依法不应当判处死刑的案件除外。

上述内容可通过下表理解和记忆：

<table>
<tr><th></th><th>理由</th><th>是否需要另组合议庭</th></tr>
<tr><td rowspan="4">不予核准死刑，发回重新审判</td><td>事实不清、证据不足的</td><td rowspan="2">另行组成合议庭</td></tr>
<tr><td>原审违反法定诉讼程序，可能影响公正审判</td></tr>
<tr><td>复核期间出现新的影响定罪量刑的事实、证据</td><td rowspan="2">不需要另行组成合议庭</td></tr>
<tr><td>原判认定事实正确，但依法不应当判处死刑</td></tr>
</table>

值得注意的是，因为复核期间出现新的影响定罪量刑的事实、证据而发回重审的，因为原审合议庭并没有接触过这些新的事实、证据，因此不需要另组合议庭；原判认定事实正确，只是依法不应当判处死刑的，因为不涉及事实和证据的调查，也不需要另组合议庭。

三、死刑缓期二年执行案件复核后的处理

高级人民法院复核死刑缓期执行案件，应当按照下列情形分别处理：

1. 原判认定事实和适用法律正确、量刑适当、诉讼程序合法的，应当裁定核准；

2. 原判认定的某一具体事实或者引用的法律条款等存在瑕疵，但判处被告人死刑缓期执行并无不当的，可以在纠正后作出核准的判决、裁定；

3. 原判认定事实正确，但适用法律有错误，或者量刑过重的，应当改判；

4. 原判事实不清、证据不足的，可以裁定不予核准，并撤销原判，发回重新审判，或者依法改判；

5. 复核期间出现新的影响定罪量刑的事实、证据的，可以裁定不予核准，

并撤销原判，发回重新审判，或者依照本解释第220条规定审理后依法改判；

6. 原审违反法定诉讼程序，可能影响公正审判的，应当裁定不予核准，并撤销原判，发回重新审判。

高级人民法院复核死刑缓期执行案件，不得加重被告人的刑罚。

法庭对证据有疑问的，可以告知公诉人、当事人及其法定代理人、辩护人、诉讼代理人补充证据或者作出说明；必要时，可以宣布休庭，对证据进行调查核实。对公诉人、当事人及其法定代理人、辩护人、诉讼代理人**补充的和法庭庭外调查核实取得的证据，应当经过当庭质证才能作为定案的根据。但是，经庭外征求意见，控辩双方没有异议的除外**。有关情况，应当记录在案。

<table>
<tr><th></th><th>案件</th><th>原判</th><th>复核后的处理</th></tr>
<tr><td rowspan="6">死缓复核后的处理</td><td rowspan="6">一人一罪被判死刑</td><td>认定事实和适用法律正确、量刑适当、程序合法</td><td>裁定核准</td></tr>
<tr><td>认定的某一具体事实或者引用的法律条款等存在瑕疵，但判处被告人死缓并无不当</td><td>可以在纠正后作出核准的判决、裁定</td></tr>
<tr><td>认定事实正确，但适用法律有错误或量刑过重</td><td>改判</td></tr>
<tr><td rowspan="2">事实不清、证据不足的或者复核期间出现新的影响定罪量刑的事实、证据</td><td>裁定不予核准，并撤销原判，发回重新审判</td></tr>
<tr><td>改判</td></tr>
<tr><td>原审违反法定诉讼程序，可能影响公正审判</td><td>裁定不予核准，并撤销原判，发回重新审判</td></tr>
</table>

此外，《最高人民法院关于死刑缓期执行限制减刑案件审理程序若干问题的规定》（2011）第3条规定：“高级人民法院审理或者复核判处死刑缓期执行并限制减刑的案件，认为原判对被告人判处死刑缓期执行适当，但判决限制减刑不当的，应当改判，撤销限制减刑。”实际上，即便不知道这一规定，根据《最高人民法院关于适用〈中华人民共和国刑事诉讼法〉的解释》的相关规定也能判断出相应情况下应如何处理：**认定事实正确，但量刑过重的，应当直接改判为较轻刑罚，而不需要撤销原判，发回重审，那么同理，认定事实正确，量刑适当，只是限制减刑不当的，当然也应当直接改判，撤销限制减刑即可。**

《最高人民法院关于死刑缓期执行限制减刑案件审理程序若干问题的规定》（2011）第4条第1款规定：“高级人民法院审理判处死刑缓期执行没有限制减刑的上诉案件，认为原判事实清楚、证据充分，但应当限制减刑的，不得直接改判，也不得发回重新审判。**确有必要限制减刑的，应当在第二审判决、裁定生效后，按照审判监督程序重新审判。**”本规定也是“**高级人民法院复核死刑缓期执行案件，不得加重被告人的刑罚**”的应有之义。

将二审、死刑立即执行案件的符合、死缓案件的复核的处理相对比，有以下异同：

第一，对认定事实清楚，只是适用法律有错误或量刑不当的，二审和死缓复核应当直接改判；死刑复核则应当裁定撤销原判，发回重审。

第二，对事实不清、证据不足的，二审和死缓复核可以裁定撤销原判、发回重审，也可以在查清事实后改判；死刑复核则只能裁定撤销原判，发回重审。

第三，对复核期间出现新的影响定罪的事实、证据，死缓复核可以裁定撤销原判，发回重审，也可以依法改判；死刑复核则只能裁定撤销原判，发回重审。

第四，对原审违反法定诉讼程序，可能影响公正审判的，二审、死缓复核、死刑复核均应裁定撤销原判，发回重审。

三者之间的对比可通过下表理解和记忆：

<table>
<tr><th>情形</th><th>二审</th><th>死缓复核</th><th>死刑复核</th></tr>
<tr><td>认定事实清楚，只是适用法律有错误或量刑不当</td><td colspan="2">改判</td><td rowspan="3">裁定撤销原判，发回重审</td></tr>
<tr><td rowspan="2">事实不清、证据不足及出现新的影响定罪的事实、证据</td><td colspan="2">裁定撤销原判、发回重审</td></tr>
<tr><td colspan="2">在查清事实后改判</td></tr>
<tr><td>原审违反法定诉讼程序，可能影响公正审判</td><td colspan="3">裁定撤销原判，发回重审</td></tr>
</table>

考点 34　提起审判监督程序的材料来源

命题分析

审判监督程序历来属于难度较大的考点。在 2017 年案例分析大题中即考查了向检察院申诉的程序。**从考查趋势来看，“提起审判监督程序的材料来源”，尤其是受理及审查处理，仍为考查重点。**

考点解析

一、有权提出申诉的主体和期限

（一）有权提出申诉的主体

当事人及其法定代理人、近亲属对已经发生法律效力的判决、裁定提出申诉的，人民法院应当审查处理。案外人认为已经发生法律效力的判决、裁定侵害其合法权益，提出申诉的，人民法院应当审查处理。可见，**当事人及其法定代理人、近亲属、认为生效裁判侵害其合法权益的案外人**均可提出申诉。

申诉可**委托律师**代为进行。

（二）有权提出申诉的期限

人民法院对刑事案件的申诉人在刑罚执行完毕后两年内提出的申诉，应当受理；超过两年提出申诉，具有下列情形之一的，应当受理：①可能对原审被告人宣告无罪的；②原审被告人在本条规定的期限内向人民法院提出申诉，人民法院未受理的；③属于疑难、复杂、重大案件的。

	一般	例外
申诉的期限	刑罚执行完毕后两年内	可能对原审被告人宣告无罪的
		原审被告人在刑罚执行完毕两年内提出申诉，人民法院未受理的
		属于疑难、复杂、重大案件的

二、申诉的受理

（一）人民法院对申诉案件的受理（级别管辖）

申诉由终审人民法院审查处理。但是，第二审人民法院裁定准许撤回上诉的案件，申诉人对第一审判决提出申诉的，可以由第一审人民法院审查处理。上一级人民法院对未经终审人民法院审查处理的申诉，可以告知申诉人向终审人民法院提出申诉，或者直接交终审人民法院审查处理，并告知申诉人；案件疑难、复杂、重大的，也可以直接审查处理。对未经终审人民法院及其上一级人民法院审查处理，直接向上级人民法院申诉的，上级人民法院可以告知申诉人向下级人民法院提出。

对死刑案件的申诉，可以由原核准的人民法院直接审查处理，也可以交由原审人民法院审查。**原审人民法院应当写出审查报告，提出处理意见，层报原核准的人民法院审查处理**。

上述内容可通过下表理解和记忆：

法院	第一条件	第二条件	处理
终审法院			审查处理
一审法院	二审裁定准许撤回上诉		可以审查处理
（终审法院的）上一级法院	未经终审法院审查处理	一般情况下	告知申诉人向终审法院申诉
			直接交终审法院审查处理
		案件疑难复杂重大	可以直接审查处理
（再）上级法院	未经终审法院及其上一级法院审查处理		可以告知申诉人向下级人民法院提出
死刑案件的原核准法院			可以直接审查处理
			也可交原审人民法院审查，但需层报原核准法院处理

（二）人民检察院对申诉案件的受理（级别管辖、内部部门管辖）

当事人及其法定代理人、近亲属认为人民法院已经发生法律效力的刑事判决、裁定确有错误，向人民检察院申诉的，由作出生效判决、裁定的人民法院的同级人民检察院**刑事申诉检察部门**依法办理。当事人及其法定代理人、近亲属直接向上级人民检察院申诉的，上级人民检察院可以交由作出生效判决、裁定的人民法院的同级人民检察院受理；案情重大、疑难、复杂的，上级人民检察院可以直接受理。

上述内容可通过下表理解和记忆：

检察院	条件	处理
作出生效裁判的人民法院的同级检察院		受理
上级检察院	一般情况下	交由作出生效裁判的法院的同级检察院受理
	案件重大疑难复杂	可以直接受理

此外，需要注意的是，**对死刑判决、裁定尚未执行的申诉，由监所检察部门办理，除此之外的案件均有刑事申诉检察部门办理**。

三、对申诉的审查及期限

（一）申诉审查的内容（提起审判监督程序的理由）

对申诉的审查实际上可以分为两步：**第一步是程序性审查，也即审查申诉是否符合形式性要件，包括是否符合管辖、期限的规定，从而决定是否受理；第二步是立案受理后的实体性审查，也即审查申诉理由是否符合人民法院重新审判或人民检察院提出抗诉的条件，从而决定是否对案件予以重新审判。**

对此，《刑事诉讼法》第253条规定："当事人及其法定代理人、近亲属的申诉符合下列情形之一的，人民法院应当重新审判：（一）有新的证据证明原判决、裁定认定的事实确有错误，可能影响定罪量刑的；（二）据以定罪量刑的证据不确实、不充分、依法应当予以排除，或者证明案件事实的主要证据之间存在矛盾的；（三）原判决、裁定适用法律确有错误的；（四）违反法律规定的诉讼程序，可能影响公正审判的；（五）审判人员在审理该案件的时候，有贪污受贿，徇私舞弊，枉法裁判行为的。"

《最高人民法院关于适用〈中华人民共和国刑事诉讼法〉的解释》第375条第2款规定："经审查，具有下列情形之一的，应当根据刑事诉讼法第二百四十二条的规定，决定重新审判：（一）有新的证据证明原判决、裁定认定的事实确有错误，可能影响定罪量刑的；（二）据以定罪量刑的证据不确实、不充分、依法应当排除的；（三）证明案件事实的主要证据之间存在矛盾的；（四）主要事实依据被依法变更或者撤销的；（五）认定罪名错误的；（六）量刑明显不当的；（七）违反法律关于溯及力规定的；（八）违反法律规定的诉讼程序，可能影响公正裁判的；（九）审判人员在审理该案件时有贪污受贿、徇私舞弊、枉法裁判行为的。"

《人民检察院刑事诉讼规则》第591条第1款规定："人民检察院认为人民法院已经发生法律效力的判决、裁定确有错误，具有下列情形之一的，应当按照审判监督程序向人民法院提出抗诉：（一）有新的证据证明原判决、裁定认定的事实确有错误，可能影响定罪量刑的；（二）据以定罪量刑的证据不确实、不充分的；（三）据以定罪量刑的证据依法应当予以排除的；（四）据以定罪量刑的主要证据之间存在矛盾的；（五）原判决、裁定的主要事实依据被依法变更或者撤销的；（六）认定罪名错误且明显影响量刑的；（七）违反法律关于追诉时效期限的规定的；（八）量刑明显不当的；（九）违反法律规定的诉讼程序，可能影响公正审判的；（十）审判人员在审理案件的时候有贪污受贿，徇私舞弊，枉法裁判行为的。”

上述规定的内容可通过下表予以理解和记忆：

	人民法院决定重新审判的条件	人民检察院决定抗诉的条件
事实证据	有新的证据证明原判决、裁定认定的事实确有错误，可能影响定罪量刑的	
	据以定罪量刑的证据不确实、不充分	
	据以定罪量刑的证据依法应当排除	
	证明案件事实的主要证据之间存在矛盾的	
	主要事实依据被依法变更或者撤销的	
法律适用	认定罪名错误的	认定罪名错误且明显影响量刑的
	违反法律关于溯及力规定的	违反法律关于追诉时效期限的规定
量刑	量刑明显不当的	
程序	违反法律规定的诉讼程序，可能影响公正裁判的	
行为	审判人员在审理该案件时有贪污受贿、徇私舞弊、枉法裁判行为的	

此外，《最高人民法院关于适用〈中华人民共和国刑事诉讼法〉的解释》第376条规定：“具有下列情形之一，可能改变原判决、裁定据以定罪量刑的事实的证据，应当认定为刑事诉讼法第二百五十三条第（一）项规定的‘新的证据’：（一）原判决、裁定生效后新发现的证据；（二）原判决、裁定生效前已经发现，但未予收集的证据；（三）原判决、裁定生效前已经收集，但未经质证的证据；（四）原判决、裁定所依据的鉴定意见，勘验、检查等笔录或者其他证据被改变或者否定的。”

对“新的证据”可通过下表予以理解：

新的证据	原判决、裁定生效后新发现的证据
	原判决、裁定生效前已经发现，但未予收集的证据
	原判决、裁定生效前已经收集，但未经质证的证据
	原判决、裁定所依据的鉴定意见，勘验、检查等笔录或者其他证据被改变或者否定的

（二）申诉审查的期限

《最高人民法院关于适用〈中华人民共和国刑事诉讼法〉的解释》第375条规定：“对立案审查的申诉案件，应当在**三个月内**作出决定，**至迟不得超过六个月**。”可见，这个期限是指立案后的进行实体审查的期限。

四、对再次申诉的处理

（一）对驳回申诉的裁定或不予抗诉的决定不服而再次申诉的处理

1. 对人民法院驳回申诉的裁定不服而再次申诉

《最高人民法院关于适用〈中华人民共和国刑事诉讼法〉的解释》第377条规定："申诉人对驳回申诉不服的，可以向上一级人民法院申诉。上一级人民法院经审查认为申诉不符合刑事诉讼法第二百五十三条和本解释第三百七十五条第二款规定的，应当说服申诉人撤回申诉；对仍然坚持申诉的，应当驳回或者通知不予重新审判。"

<table>
<tr><th>情形</th><th>处理</th><th>条件</th><th colspan="2">处理</th></tr>
<tr><td rowspan="3">被驳回申诉后向上一级法院申诉</td><td rowspan="3">应当受理</td><td>申诉符合重新审判的条件</td><td colspan="2">决定重新审判</td></tr>
<tr><td rowspan="2">申诉不符合重新审判的条件</td><td rowspan="2">说服申诉人撤回申诉，申诉人坚持</td><td>驳回申诉</td></tr>
<tr><td>通知不予重新审判</td></tr>
</table>

2. 对人民检察院不予抗诉的决定不服而再次申诉

《人民检察院刑事诉讼规则》第593条第3款规定："当事人及其法定代理人、近亲属对人民法院已经发生法律效力的判决、裁定提出申诉，经人民检察院复查决定不予抗诉后继续提出申诉的，**上一级人民检察院应当受理**。"

（二）对经审监程序维持原判或经两级法院复查驳回或经两级检察院办理且经省级检察院复查后再次申诉的处理

1. 人民法院对经审监程序维持原判或经两级法院复查均驳回而再次申诉的处理

《最高人民法院关于规范人民法院再审立案的若干意见》（2002）第15条规定：上级人民法院对经终审法院的上一级人民法院依照审判监督程序审理后维持原判或者经两级人民法院依照审判监督程序复查均驳回的申请再审或申诉案件，一般不予受理。但再审申请人或申诉人提出新的理由，且符合《中华人民共和国刑事诉讼法》第204条（现第253条）规定条件的，以及刑事案件的原审被告人可能被宣告无罪的除外。

该规定可通过下表予以理解和记忆：

<table>
<tr><th colspan="2">条件</th><th colspan="2">处理</th></tr>
<tr><td rowspan="4">经终审法院的上一级法院依审监程序审理后维持原判</td><td rowspan="4">经两级法院依审监程序复查均驳回</td><td>一般情况下</td><td>不予受理</td></tr>
<tr><td>提出新的事实和理由，且符合重新审判的条件</td><td rowspan="3">受理</td></tr>
<tr><td>原审被告人可能被宣告无罪</td></tr>
<tr><td>判决、裁定有其他重大错误可能</td></tr>
</table>

本规定存在不合理之处：根据《最高人民法院关于适用〈中华人民共和国刑事诉讼法〉的解释》的规定，对申诉案件是否符合重新审判的条件应当是在立案后进行审查的，而且审查时间长达三个月甚至六个月，审查结果是决定是否重新审判；而本规定却要求在受理前就对申诉是否符合人民法院重新审判的条件予以审查，并依此来决定是否受理案件。这显然是不合理的。但是该规定在2015年被考查过。

2. 人民检察院对经两级检察院办理且经省级检察院复查后再次申诉的处理

依据最高人民检察院《人民检察院刑事诉讼规则》第594条规定，对不服人民法院已经发生法律效力的刑事判决、裁定的申诉，经两级人民检察院办理且省级人民检察院已经复查的，如果没有新的事实和理由，人民检察院不再立案复查，但原审被告人可能被宣告无罪或者判决、裁定有其他重大错误可能的除外。

该规定可通过下表理解和记忆：

<table>
<tr><th>条件</th><th colspan="2">处理</th></tr>
<tr><td rowspan="4">经两级人民检察院办理且省级人民检察院已经复查</td><td>一般情况下</td><td>不再立案复查</td></tr>
<tr><td>提出新的事实和理由</td><td rowspan="3">立案复查</td></tr>
<tr><td>原审被告人可能被宣告无罪</td></tr>
<tr><td>判决、裁定有其他重大错误可能</td></tr>
</table>

与上面最高人民法院《关于规范人民法院再审立案的若干意见》第15条不同，根据上述规定，**只要申诉人提出了新的事实、证据和理由，或者符合本条最后规定的例外情形的，就应当立案复查，至于申诉是否符合检察院提出抗诉的条件，这应当是立案后要复查的内容**，审查的结果是决定是否抗诉。

五、申诉的效力

申诉不停止判决、裁定的执行。

六、申诉和上诉的区别

申诉和上诉的区别可通过下表理解和记忆：

	上诉	申诉
对象	尚未生效的一审裁判	已生效裁判
主体	被告人、自诉人、附带民事诉讼当事人及其法定代理人、经被告人同意的辩护人及近亲属	当事人及其法定代理人、近亲属、认为生效裁判侵害其合法利益的案外人
受理机关	原审法院及其上一级法院	原审法院及其上级法院
		与原审法院及其上级法院同级的检察院
期限	对判决的上诉期为十日，裁定为五日	一般为刑罚执行完毕两年内
效力	必然引起二审，一审裁判不能生效	不必然引起再审，不影响原生效裁判的效力

注意，**近亲属上诉要经被告人同意，申诉则无须被告人同意。**

考点35 审判监督程序的启动与审理

命题分析

审判监督程序中另一个难点就是审判监督程序的启动以及启动后的审理程序。在2017年案例分析大题的第5问即考查了按审判监督程序重新审理后的处理。本考点的难度在于法条的规定较为简单，**考查的主要是相关的司法解释，且内容较多，容易结合案例来命制题目。**

考点解析

一、审判监督程序的启动

（一）决定再审

决定再审是指各级人民法院院长对本院已经发生法律效力的判决和裁定，如果发现在认定事实上或者在适用法律上确有错误，经提交审判委员会讨论决定再审。

（二）指令再审

指令再审是指最高人民法院对各级人民法院已经发生法律效力的判决和裁定，上级人民法院对下级人民法院已经发生法律效力的判决和裁定，如果发现确有错误，可以指令下级人民法院再审。

上级人民法院指令下级人民法院再审的，**一般应当指令原审人民法院以外的下级人民法院审理；由原审人民法院审理更有利于查明案件事实、纠正裁判错误的，可以指令原审人民法院审理**。

对于指令再审的案件，如果**原来是第一审案件**，接受抗诉的人民法院应当**指令第一审人民法院依照第一审程序进行审判**，所作出的判决、裁定，可以上诉、抗诉；如果**原来是第二审案件**，接受抗诉的人民法院应当**指令第二审人民法院依照第二审程序进行审判**，所作出的判决、裁定，是终审的判决、裁定。

（三）决定提审

决定提审是指最高人民法院对各级人民法院已经发生法律效力的判决和裁定，上级人民法院对下级人民法院已经发生法律效力的判决和裁定，**认定事实正确但适用法律错误**，或者**案件疑难、复杂、重大**，或者有**不宜由原审人民法院审理**情形的，也可以提审，即可以直接组成合议庭，调取原审案卷和材料并进行审判。

（四）提出抗诉

提出抗诉是指最高人民检察院对各级人民法院已经发生法律效力的判决和裁定，上级人民检察院对下级人民法院已经发生法律效力的判决和裁定，如果发现确有错误，有权按照审判监督程序向同级人民法院提出抗诉。

上述内容可通过下表理解和记忆：

		方式	主体	对象
提起审监的主体和方式	法院	决定再审	各级法院院长经提交审委会讨论	本院生效裁判
		指令再审或决定提审	最高人民法院	各级法院生效裁判
			上级人民法院	下级法院生效裁判
	检察院	提出抗诉	最高人民检察院	各级法院生效裁判
			上级人民检察院	下级法院生效裁判

最高人民法院2011年公布了《关于审理人民检察院按照审判监督程序提出的刑事抗诉案件若干问题的规定》，该规定于2012年1月1日施行。而于

2013 年 1 月 1 日施行的刑事诉讼法和《最高人民法院关于适用〈中华人民共和国刑事诉讼法〉的解释》对该规定中的内容予以了吸收和修改，因此对于相关内容应以刑事诉讼法和《最高人民法院关于适用〈中华人民共和国刑事诉讼法〉的解释》为准。

1. 对抗诉的程序性审查及处理

《关于审理人民检察院按照审判监督程序提出的刑事抗诉案件若干问题的规定》第 1 条规定："人民法院收到人民检察院的抗诉书后，应在一个月内立案。经审查，具有下列情形之一的，应当决定退回人民检察院：（一）不属于本院管辖的；（二）按照抗诉书提供的住址无法向被提出抗诉的原审被告人送达抗诉书的；（三）以有新证据为由提出抗诉，抗诉书未附有新的证据目录、证人名单和主要证据复印件或者照片的；（四）以有新证据为由提出抗诉，但该证据并不是指向原起诉事实的。人民法院决定退回的刑事抗诉案件，人民检察院经补充相关材料后再次提出抗诉，经审查符合受理条件的，人民法院应当予以受理。"

《最高人民法院关于适用〈中华人民共和国刑事诉讼法〉的解释》第 380 条将此规定修改为："对人民检察院依照审判监督程序提出抗诉的案件，人民法院应当在收到抗诉书后一个月内立案。但是，有下列情形之一的，应当区别情况予以处理：（一）对不属于本院管辖的，应当将案件退回人民检察院；（二）按照抗诉书提供的住址无法向被抗诉的原审被告人送达抗诉书的，应当通知人民检察院在三日内重新提供原审被告人的住址；逾期未提供的，将案件退回人民检察院；（三）以有新的证据为由提出抗诉，但未附相关证据材料或者有关证据不是指向原起诉事实的，应当通知人民检察院在三日内补送相关材料；逾期未补送的，将案件退回人民检察院。决定退回的抗诉案件，人民检察院经补充相关材料后再次抗诉，经审查符合受理条件的，人民法院应当受理。"其变化有二：一是**对于材料欠缺的，先通知人民检察院在三日内补充，逾期未补充的才退回，而不是直接退回**；二是**对于以并不是指向原起诉事实的新证据为由提出抗诉的，不能将案件退回人民检察院**。

上述内容可以通过下表理解和记忆：

	处理	情形
程序性审查及处理	退回人民检察院	不属于本院管辖的
		按照抗诉书提供的住址无法向被提出抗诉的原审被告人送达抗诉书，且经通知逾期未提供的
		以有新证据为由提出抗诉，抗诉书未附有新的证据目录、证人名单和主要证据复印件或者照片的，且经通知逾期未补送的

2. 接受抗诉的人民法院应当组成合议庭重新审理，对于原判决事实不清楚或者证据不足的可以指令下级人民法院再审

《关于审理人民检察院按照审判监督程序提出的刑事抗诉案件若干问题的规定》第2条规定："人民检察院按照审判监督程序提出的刑事抗诉案件，接受抗诉的人民法院应当组成合议庭进行审理。涉及新证据需要指令下级人民法院再审的，接受抗诉的人民法院应当在接受抗诉之日起一个月以内作出决定，并将指令再审决定书送达提出抗诉的人民检察院。"

《关于审理人民检察院按照审判监督程序提出的刑事抗诉案件若干问题的规定》第4条规定："对于原判决、裁定事实不清或者证据不足的案件，接受抗诉的人民法院进行重新审理后，应当按照下列情形分别处理：（一）经审理能够查清事实的，应当在查清事实后依法裁判；（二）经审理仍无法查清事实，证据不足，不能认定原审被告人有罪的，应当判决宣告原审被告人无罪；（三）经审理发现有新证据且超过刑事诉讼法规定的指令再审期限的，可以裁定撤销原判，发回原审人民法院重新审判。"

因此，根据上述规定，只有涉及新证据的才需要指令下级人民法院再审，只有经审理发现新证据且超过法定指令再审期限的，才可以发回原审人民法院重新审判，除此之外，对于原判决、裁定事实不清或者证据不足的，均应由接受抗诉的人民法院直接予以重新审理并作出裁判。

但是，《刑事诉讼法》第254条第4款却规定："**人民检察院抗诉的案件，接受抗诉的人民法院应当组成合议庭重新审理，对于原判决事实不清楚或者证据不足的，可以指令下级人民法院再审**。"《最高人民法院关于适用〈中华人民共和国刑事诉讼法〉的解释》第381条规定："对人民检察院依照审判监督程序提出抗诉的案件，接受抗诉的人民法院应当组成合议庭审理。对原判事实不清、证据不足，包括有新的证据证明原判可能有错误，需要指令下级人民法院再审的，应当在立案之日起一个月内作出决定，并将指令再审决定书送达抗诉的人民检察院。"**由于《关于审理人民检察院按照审判监督程序提出的刑事**

抗诉案件若干问题的规定》是2012年实施的，而《刑事诉讼法》和《最高人民法院关于适用〈中华人民共和国刑事诉讼法〉的解释》是2013年实施的，因此应采用《刑事诉讼法》《最高人民法院关于适用〈中华人民共和国刑事诉讼法〉的解释》的规定。据此，2017年第四卷案例分析题的第4题根据《关于审理人民检察院按照审判监督程序提出的刑事抗诉案件若干问题的规定》第4条给出答案，实际上是有问题的。

三、再审的程序

（一）制作再审决定书

对决定依照审判监督程序重新审判的案件，**除人民检察院抗诉的以外，人民法院应当制作再审决定书。**

（二）中止执行与强制措施

1. **再审期间不停止原判决、裁定的执行。**

2. **可以决定中止执行的情形：**

（1）被告人可能经再审改判无罪。

（2）被告人可能经再审减轻原判刑罚而致刑期届满。

3. **必要时，可以对被告人采取取保候审、监视居住措施。**

4. **人民法院决定再审的案件，需要对被告人采取强制措施的，由人民法院依法决定；人民检察院提出抗诉的再审案件，需要对被告人采取强制措施的，由人民检察院依法决定。**

（三）审理程序

1. 适用程序

如果原来是第一审案件，应当依照第一审程序进行审判，所作的判决、裁定，可以上诉、抗诉；如果原来是第二审案件，或者是上级人民法院提审的案件，应当依照第二审程序进行审判，所作的判决、裁定，是终审的判决、裁定。

2. 审理方式

（1）开庭审理：原则上开庭审理。

（2）不开庭审理：**对原审被告人、原审自诉人已经死亡或者丧失行为能力的再审案件，可以不开庭审理。**

3. 参加人员

（1）由原审人民法院审理的，应当另行组成合议庭进行。

（2）开庭审理的，同级人民检察院应当派员出席法庭。

（3）开庭审理的，再审决定书或者抗诉书只针对部分原审被告人，其他同案原审被告人不出庭不影响审理的，可以不出庭参加诉讼。

4. 审理范围

依照审判监督程序重新审判的案件，人民法院应当**重点针对申诉、抗诉和决定再审的理由进行审理**。**必要时**，应当对原判决、裁定认定的事实、证据和适用法律进行**全面审查**。

5. 撤诉和按撤诉处理

人民法院审理人民检察院抗诉的再审案件，人民检察院在**开庭审理前**撤回抗诉的，应当裁定准许；**人民检察院接到出庭通知后不派员出庭，且未说明原因的**，可以**裁定按撤回抗诉处理**，并通知诉讼参与人。

人民法院审理申诉人申诉的再审案件，申诉人**在再审期间**撤回申诉的，应当裁定准许；申诉人经依法通知无正当理由拒不到庭，或者未经法庭许可中途退庭的，应当裁定按撤回申诉处理，但**申诉人不是原审当事人的除外**。

（四）重新审判后的处理

再审案件经过重新审理后，应当按照下列情形分别处理：①原判决、裁定认定事实和适用法律正确、量刑适当的，应当裁定驳回申诉或者抗诉，维持原判决、裁定；②原判决、裁定定罪准确、量刑适当，但在认定事实、适用法律等方面有瑕疵的，应当裁定纠正并维持原判决、裁定；③原判决、裁定认定事实没有错误，但适用法律错误，或者量刑不当的，应当撤销原判决、裁定，依法改判；④依照第二审程序审理的案件，原判决、裁定事实不清或者证据不足的，可以在查清事实后改判，也可以裁定撤销原判，发回原审人民法院重新审判。

原判决、裁定事实不清或者证据不足，经审理事实已经查清的，应当根据查清的事实依法裁判；事实仍无法查清，证据不足，不能认定被告人有罪的，应当撤销原判决、裁定，判决宣告被告人无罪。

原判决、裁定认定被告人姓名等身份信息有误，但认定事实和适用法律正确、量刑适当的，作出生效判决、裁定的人民法院可以通过裁定对有关信息予以更正。

上述内容可通过下表理解和记忆：

<table>
<tr><th></th><th>原判决、裁定的情况</th><th colspan="2">处理</th></tr>
<tr><td rowspan="7">重新审理后的处理</td><td>认定事实和适用法律正确、量刑适当</td><td colspan="2">裁定驳回申诉或者抗诉，维持原判决、裁定</td></tr>
<tr><td>定罪准确、量刑适当，但在认定事实、适用法律等方面有瑕疵</td><td colspan="2">裁定纠正并维持原判决、裁定</td></tr>
<tr><td>认定事实没有错误，但适用法律错误，或者量刑不当</td><td colspan="2">撤销原判决、裁定，依法改判</td></tr>
<tr><td rowspan="3">事实不清或者证据不足</td><td>依照二审程序审理的</td><td>可以裁定撤销原判，发回原审人民法院重新审判</td></tr>
<tr><td rowspan="2">依照一审程序审理的或依照二审程序审理没有发回重审的</td><td>经审理事实已经查清的，应当根据查清的事实依法裁判</td></tr>
<tr><td>事实仍无法查清，证据不足，不能认定被告人有罪的，应当撤销原裁判，判决宣告被告人无罪</td></tr>
<tr><td>认定被告人姓名等身份信息有误，但认定事实和适用法律正确、量刑适当</td><td colspan="2">作出生效判决、裁定的人民法院可以通过裁定对有关信息予以更正</td></tr>
</table>

此外，**除人民检察院抗诉的以外，再审一般不得加重原审被告人的刑罚。再审决定书或者抗诉书只针对部分原审被告人的，不得加重其他同案原审被告人的刑罚。**可见，再审不加刑与上诉不加刑不同，前者是“一般”不得加重被告人刑罚，后者是“一律”不得加重被告人刑罚。

考点 36　财产刑和附带民事裁判的执行

命题分析

在以往的主观题考试中，执行程序考查得较少，只在 2009 年案例分析大题中结合死刑复核程序，考查了死刑执行的变更问题。**从近几年的命题思路来看，财产刑和附带民事裁判的执行成为考点的可能性较大，可与刑法、民法、民事诉讼法等学科组合成综合性考题，需要考生注意。**

考点解析

一、关于财产刑和附带民事裁判的执行的一般规定

（一）执行主体

财产刑和附带民事裁判由**第一审人民法院负责裁判执行的机构**执行。

被执行人或者被执行财产在外地的，可以委托当地人民法院执行。受托法院在执行财产刑后，应当及时将执行的财产上缴国库。

没收财产的判决，在必要的时候，可以会同公安机关执行。

（二）罚金的执行方法

1. 一次或分期缴纳

罚金在判决规定的期限内一次或者分期缴纳。

2. 强制缴纳与随时追缴

期满无故不缴纳或者未足额缴纳的，人民法院应当强制缴纳。经强制缴纳仍不能全部缴纳的，在任何时候，包括主刑执行完毕后，发现被执行人有可供执行的财产的，应当追缴。

3. 罚金的减免

因遭遇不能抗拒的灾祸缴纳罚金确有困难，被执行人申请减少或者免除罚金的，应当提交相关证明材料。人民法院应当在收到申请后一个月内作出裁定。符合法定减免条件的，应当准许；不符合条件的，驳回申请。

4. 罚金的抵扣

行政机关对被告人就同一事实已经处以罚款的，人民法院判处罚金时应当折抵，扣除行政处罚已执行的部分。

上述内容可通过下表理解和记忆：

	条件	执行方法
罚金的执行	一般情况下	在判决规定的期限内一次或者分期缴纳
	期满无故不缴纳或者未足额缴纳	强制缴纳
	经强制缴纳仍不能全部缴纳	随时（包括主刑执行完毕后）追缴
	因遭遇不能抗拒的灾祸缴纳罚金确有困难	减少或者免除
	行政机关对被告人就同一事实已处罚款	抵扣行政处罚已执行部分

（三）履行顺序

被判处财产刑，同时又承担附带民事赔偿责任的被执行人，应当**先履行民事赔偿责任**。

判处财产刑之前被执行人所负正当债务，需要以被执行的财产偿还的，经债权人请求，应当偿还。

（四）中止执行与终结执行

1. 中止执行

执行财产刑过程中，具有下列情形之一的，人民法院应当裁定中止执行：①执行标的物系人民法院或者仲裁机构正在审理案件的争议标的物，需等待该案件审理完毕确定权属的；②案外人对执行标的物提出异议的；③应当中止执行的其他情形。

中止执行的原因消除后，应当恢复执行。

2. 终结执行

执行财产刑过程中，具有下列情形之一的，人民法院应当裁定终结执行：①据以执行的判决、裁定被撤销的；②被执行人死亡或者被执行死刑，且无财产可供执行的；③被判处罚金的单位终止，且无财产可供执行的；④依照刑法第五十三条规定免除罚金的；⑤应当终结执行的其他情形。

裁定终结执行后，发现被执行人的财产有被隐匿、转移等情形的，应当追缴。

上述内容可通过下表理解和记忆：

	情形	备注
中止执行	执行标的物系人民法院或者仲裁机构正在审理案件的争议标的物，需等待该案件审理完毕确定权属的	中止执行的原因消除后，应当恢复执行
	案外人对执行标的物提出异议的	
	应当中止执行的其他情形	
终结执行	据以执行的判决、裁定被撤销的	裁定终结执行后，发现被执行人的财产有被隐匿、转移等情形的，应当追缴
	被执行人死亡或者被执行死刑，且无财产可供执行的	
	被判处罚金的单位终止，且无财产可供执行的	
	免除罚金的	
	应当终结执行的其他情形	

（五）撤销

财产刑全部或者部分被撤销的，已经执行的财产应当全部或者部分返还被执行人；无法返还的，应当依法赔偿。

二、《最高人民法院关于刑事裁判涉财产部分执行的若干规定》

（一）执行主体

刑事裁判涉财产部分，由**第一审人民法院**执行。第一审人民法院可以委托**财产所在地的同级人民法院**执行。

（二）裁判内容

刑事裁判涉财产部分的裁判内容，应当明确、具体。

涉案财物或被害人人数较多，不宜在判决主文中详细列明的，可以概括叙明并另附清单。

判处没收部分财产的，应当明确没收的具体财物或者金额。

判处追缴或责令退赔的，应当明确追缴或者退赔的金额或财物的名称、数量等相关情况。

（三）执行期限

人民法院办理刑事裁判涉财产部分执行案件的期限为**六个月**。有特殊情况需要延长的，**经本院院长批准，可以延长**。

（四）执行程序与方式

1. 执行部门与程序

（1）人民法院刑事审判中可能判处被告人财产刑、责令退赔的，**刑事审判部门**应当依法**对被告人的财产状况进行调查**；发现可能隐匿、转移财产的，应当**及时查封、扣押、冻结**其相应财产。

（2）由人民法院执行机构负责执行的刑事裁判涉财产部分，刑事审判部门应当**及时移送立案部门审查立案**。移送立案应当提交生效裁判文书及其附件和其他相关材料，并填写《移送执行表》。《移送执行表》应当载明以下内容：①被执行人、被害人的基本信息；②已查明的财产状况或者财产线索；③随案移送的财产和已经处置财产的情况；④查封、扣押、冻结财产的情况；⑤移送执行的时间；⑥其他需要说明的情况。人民法院立案部门经审查，认为属于移送范围且移送材料齐全的，应当在7日内立案，并**移送执行机构**。

2. 执行方式

（1）续行查封、扣押、冻结与直接裁定处置

刑事审判或者执行中，对于侦查机关已经采取的查封、扣押、冻结，人民法院应当**在期限届满前及时续行**查封、扣押、冻结。**人民法院续行查封、扣押、冻结的顺位与侦查机关查封、扣押、冻结的顺位相同。**

对侦查机关查封、扣押、冻结的财产，人民法院执行中**可以直接裁定处置，无须侦查机关出具解除手续**，但裁定中应当指明侦查机关查封、扣押、冻结的事实。

（2）请求有关单位协助调查、查封、扣押、冻结、划拨等

人民法院可以向**刑罚执行机关、社区矫正机构等**有关单位调查被执行人的财产状况，并可以根据不同情形要求有关单位协助采取查封、扣押、冻结、划拨等执行措施。

（3）拍卖、变卖

被执行财产需要变价的，人民法院执行机构应当依法采取拍卖、变卖等变价措施。

涉案财物最后一次拍卖未能成交，需要上缴国库的，人民法院应当通知有关财政机关以该次拍卖保留价予以接收；有关财政机关要求继续变价的，可以进行无保留价拍卖。

需要退赔被害人的，以该次拍卖保留价以物退赔；被害人不同意以物退赔的，可以进行无保留价拍卖。

（五）执行范围

1. 判处没收财产的，应当执行**刑事裁判生效时被执行人合法所有的财产**。

2. 保留被执行人及其所抚养家属的生活必须费用。

执行没收财产或罚金刑，应当**参照被扶养人住所地政府公布的上年度当地居民最低生活费标准，保留被执行人及其所扶养家属的生活必需费用**。

3. 追缴账款赃物及其收益

对赃款赃物及其收益，人民法院应当一并追缴。

（1）对用于投资或置业的账款赃物及其收益的追缴

被执行人将赃款赃物投资或者置业，对因此形成的财产及其收益，人民法院应予追缴。

被执行人将赃款赃物与其他合法财产共同投资或者置业，对**因此形成的财产中与赃款赃物对应的份额及其收益**，人民法院应予追缴。

（2）对用于清偿债务、转让或者设置其他权利负担的账款赃物的追缴

被执行人将刑事裁判认定为赃款赃物的涉案财物用于清偿债务、转让或者设置其他权利负担，具有下列情形之一的，人民法院应予追缴：①第三人明知是涉案财物而接受的；②第三人无偿或者以明显低于市场的价格取得涉案财物的；③第三人通过非法债务清偿或者违法犯罪活动取得涉案财物的；④第三人通过其他恶意方式取得涉案财物的。

第三人善意取得涉案财物的，执行程序中不予追缴。作为原所有人的被害人对该涉案财物主张权利的，人民法院应当告知其通过诉讼程序处理

对用于清偿债务、转让或者设置其他权利负担的账款赃物的追缴可通过下表理解和记忆：

<table>
<tr><th></th><th></th><th>情形</th><th>备注</th></tr>
<tr><td rowspan="5">追缴范围</td><td rowspan="4">应予追缴</td><td colspan="2">第三人明知是涉案财物而接受的</td></tr>
<tr><td colspan="2">第三人无偿或者以明显低于市场的价格取得涉案财物的</td></tr>
<tr><td colspan="2">第三人通过非法债务清偿或违法犯罪活动取得涉案财物</td></tr>
<tr><td colspan="2">第三人通过其他恶意方式取得涉案财物的</td></tr>
<tr><td>不予追缴</td><td>第三人善意取得涉案财物的</td><td>作为原所有人的被害人对该涉案财物主张权利的，告知其通过诉讼程序处理</td></tr>
</table>

4. 赔偿被害人损失

对于被害人的损失，应当按照刑事裁判认定的实际损失予以发还或者赔偿。

（六）执行顺序

被执行人在执行中同时承担刑事责任、民事责任，其财产不足以支付的，按照下列顺序执行：①人身损害赔偿中的医疗费用；②退赔被害人的损失；③其他民事债务；④罚金；⑤没收财产。

债权人对执行标的依法享有优先受偿权，其主张优先受偿的，人民法院应当在前款第 1 项规定的医疗费用受偿后，予以支持。

即执行顺序为：**①支付人身损害赔偿中的医疗费用；②偿还债权人有优先受偿权的民事债务；③退赔被害人的损失；④偿还其他民事债务；⑤罚金；⑥没收财产。**

（七）执行异议

执行过程中，当事人、利害关系人认为执行行为违反法律规定，或者案外人对执行标的主张足以阻止执行的实体权利，向执行法院提出书面异议的，执行法院应当依照《民事诉讼法》第225条的规定处理。（《民事诉讼法》第225条规定："当事人、利害关系人认为执行行为违反法律规定的，可以向负责执行的人民法院提出书面异议。当事人、利害关系人提出书面异议的，人民法院应当自收到书面异议之日起十五日内审查，理由成立的，裁定撤销或者改正；理由不成立的，裁定驳回。当事人、利害关系人对裁定不服的，可以自裁定送达之日起十日内向上一级人民法院申请复议。"）

人民法院审查案外人异议、复议，应当公开听证。

执行过程中，案外人或被害人认为刑事裁判中对涉案财物是否属于赃款赃物认定错误或者应予认定而未认定，向执行法院提出书面异议，可以通过裁定补正的，执行机构应当将异议材料移送刑事审判部门处理；无法通过裁定补正的，应当告知异议人通过审判监督程序处理。

上述内容可通过下表理解和记忆：

<table>
<tr><th></th><th>事由</th><th>处理</th><th>备注</th></tr>
<tr><td rowspan="4">书面异议</td><td>当事人、利害关系人认为执行行为违反法律规定</td><td rowspan="2">理由成立的，裁定撤销或改正；理由不成立的，裁定驳回；对裁定不服的，可向上一级人民法院申请复议</td><td rowspan="2">审查案外人异议、复议，应公开听证</td></tr>
<tr><td>案外人对执行标的的主张足以阻止执行的实体权利</td></tr>
<tr><td rowspan="2">案外人或被害人认为刑事裁判中对涉案财物是否属于赃款赃物认定错误或应予认定而未认定</td><td>可通过裁定补正的，执行机构应当将异议材料移送刑事审判部门处理</td><td rowspan="2"></td></tr>
<tr><td>无法通过裁定补正的，应当告知异议人通过审判监督程序处理</td></tr>
</table>

考点37　未成年人刑事案件诉讼程序的方针和原则

命题分析

“未成年人刑事案件诉讼程序的方针和原则”可以设计成理论性考点，通过考查未成年人刑事案件的某个特殊规定，然后要求考生谈对该规定的理解和认识。**回答这类题型的出发点就是从未成年人诉讼程序的特殊性分析其价值和意义。**

考点解析

一、设置未成年人刑事案件诉讼程序的目的

之所以设置区别于成年人刑事诉讼程序的专门的未成年人刑事案件诉讼程序，是因为未成年人犯罪具有明显区别于成年人犯罪的特点，因此需要在刑事诉讼中设置专门程序和制度。

鉴于未成年人的身心特点，未成人司法的目的、功能与成年人司法有着根本的区别。未成年人司法关注行为人而不是行为本身，关注未成年人回归社会、恢复正常生活状态，而不是对犯罪行为本身的报应和制裁，因此，**教育和保护贯穿于未成年人司法保护程序的始终，也是其基本立场。**

设立未成年人刑事案件诉讼程序，**在于为涉罪未成年人提供着眼于其未来发展的处理、分流和矫正机制，避免简单惩罚等干预方式不当对其人格行程带来负面影响。**另外，未成年人刑事案件诉讼程序注重未成年被害人及证人的保护，避免因诉讼活动给他们带来伤害。

二、未成年人刑事案件诉讼程序的方针

教育、感化、挽救方针，是指公安司法机关在未成年刑事案件诉讼程序中，应当坚持教育为主、惩罚为辅，对犯罪的未成年人动之以情、晓之以理，寓教于情，寓教于行，促使未成年人认识其行为的危害性，促其悔罪并重新回归社会。

三、未成年人刑事案件诉讼程序的原则

（一）教育为主、惩罚为辅的原则

教育为主、惩罚为辅的原则贯穿于我国未成年人刑事案件诉讼程序的整个过程。在未成年人刑事案件诉讼的各个阶段，公安司法机关的办案人员都应将办案与对未成年人的教育相结合，帮助其认识犯罪原因和犯罪行为的社会危害性，促其真诚悔罪。教育和惩罚并不矛盾，对未成年人进行教育和感化，并不是说对应当追究刑事责任的不予追究，或者无原则地不予处罚。坚持教育为主，惩罚为辅，可罚可不罚的尽量不罚，以利于犯罪的未成年人今后改过自新，重返社会。

（二）保障诉讼权利原则

保障未成年犯罪嫌疑人、被告人诉讼权利原则，是指公安司法机关在处理未成年人刑事案件的过程中，应当充分保障未成年犯罪嫌疑人、被告人依法享有的各项诉讼权利，尤其是其享有的一些特殊的权利。

（三）分案处理原则

分案处理原则，是指公安司法机关在刑事诉讼过程中应当对未成年人案件与成年人案件实行诉讼程序分离、分案处理，对犯罪的未成年人与犯罪的成年人分别关押、分别执行。具体而言：一是对未成年人采用拘留、逮捕等强制措施时，必须与成年犯罪嫌疑人分开看管；二是处理未成年人与成年人共同犯罪或者有牵连的案件时，尽量适用不同的诉讼程序，在不妨碍审理的前提下，坚持分案处理，包括分案侦查、分案起诉和分案审理；三是在未成年人犯罪案件处理完毕，交付执行阶段，不得与成年罪犯同处一个监所。

（四）审理不公开与保密原则

审理不公开原则是指人民法院在开庭审理未成年人刑事案件时，不允许旁听，不允许记者采访，报纸等印刷品不得刊登未成年被告人的姓名、年龄、职业、住址及照片等。但是，经未成年被告人及其法定代理人同意，未成年被告人所在学校和未成年人保护组织可以派代表到场。

保密原则要求办理未成年人刑事案件时应当对涉案未成年人的资料予以保密，不得向外界泄露。

审理不公开和保密原则的意义在于维护未成年人的名誉，防止公开审理或泄露资料对其造成精神创伤，进而不利于其未来回归社会和恢复正常生活。

（五）全面调查原则

全面调查原则是指公安司法机关在办理未成年人案件时，除对案件事实和证据进行调查、审查外，还应就导致未成年人犯罪之主客观因素及其形成、发展、演变过程，以及对未成年人特殊性格的形成产生过重要影响的人和事件的详细情况进行全面、彻底的调查，必要时还可以进行医学、心理学及精神病学等方面的调查分析。全面调查的目的在于通过上述全面的调查查清未成年人走上犯罪道路的原因和条件，为教育、挽救未成年犯罪人确定有针对性的方案，以取得良好的教育改造效果。

（六）社会参与原则

社会参与原则是指未成年人刑事案件诉讼程序中融入社会因素，由普通民众和社会组织等社会力量在诉讼各个环节对未成年人提供辅助和支持，包括将社会调查、讯问和审判时在场，观护帮教和社会适应能力培养等委托给社会力量承担或由社会力量参与。社会参与不仅有助于更好地维护未成年人的诉讼权利与其他合法权益，还能帮助保持未成年人与社会的正常联系，有助于其重新回归社会。

考点38　附条件不起诉

命题分析

从2013年至今，附条件不起诉已经多次在客观题中考查，**且多是以小案例的形式，不排除将来命制主观题的可能。考生还须注意本考点容易与附带民事诉讼结合起来考查**。

考点解析

一、附条件不起诉的适用对象和条件

（一）附条件不起诉的适用对象和条件

对于犯罪时已满14周岁不满18周岁的未成年人，同时符合下列条件的，

人民检察院可以作出附条件不起诉决定：①涉嫌《刑法分则》第四章、第五章、第六章规定的犯罪；②根据具体犯罪事实、情节，可能被判处一年有期徒刑以下刑罚；③犯罪事实清楚，证据确实、充分，符合起诉条件；④具有悔罪表现。

上述内容可通过下表理解和记忆：

	适用对象	适用条件
可以附条件不起诉	犯罪时已满14周岁不满18周岁的未成年人	涉嫌《刑法分则》第四章、第五章、第六章规定的犯罪
		根据具体犯罪事实、情节，可能被判处一年有期徒刑以下刑罚
		犯罪事实清楚，证据确实、充分，符合起诉条件
		具有悔罪表现

（二）作为对比——未成年人刑事案件诉讼程序中酌定不起诉的适用对象和条件

《人民检察院办理未成年人刑事案件的规定》第26条规定："对于犯罪情节轻微，具有下列情形之一，依照刑法规定不需要判处刑罚或者免除刑罚的未成年犯罪嫌疑人，一般应当依法作出不起诉决定：（一）被胁迫参与犯罪的；（二）犯罪预备、中止、未遂的；（三）在共同犯罪中起次要或者辅助作用的；（四）系又聋又哑的人或者盲人的；（五）因防卫过当或者紧急避险过当构成犯罪的；（六）有自首或者立功表现的；（七）其他依照刑法规定不需要判处刑罚或者免除刑罚的情形。"

《人民检察院办理未成年人刑事案件的规定》第27条规定："对于未成年人实施的轻伤害案件、初次犯罪、过失犯罪、犯罪未遂的案件以及被诱骗或者被教唆实施的犯罪案件等，情节轻微，犯罪嫌疑人确有悔罪表现，当事人双方自愿就民事赔偿达成协议并切实履行或者经被害人同意并提供有效担保，符合刑法第三十七条规定的，人民检察院可以依照刑事诉讼法第一百七十三条（说明：现第一百七十七条）第二款的规定作出不起诉决定，并可以根据案件的不同情况，予以训诫或者责令具结悔过、赔礼道歉、赔偿损失，或者由主管部门予以行政处罚。"

上述内容可通过下表理解和记忆：

<table>
<tr><th></th><th colspan="6">条件</th></tr>
<tr><td rowspan="12">未成年人刑事案件中的酌定不起诉</td><td rowspan="12">犯罪情节轻微</td><td rowspan="12">依照刑法规定不需要判处刑罚或者免除刑罚</td><td colspan="3">被胁迫参与犯罪的</td><td rowspan="7">一般应当不起诉</td></tr>
<tr><td colspan="3">犯罪预备、中止、未遂的</td></tr>
<tr><td colspan="3">在共同犯罪中起次要或者辅助作用的</td></tr>
<tr><td colspan="3">系又聋又哑的人或者盲人的</td></tr>
<tr><td colspan="3">因防卫过当或者紧急避险过当构成犯罪的</td></tr>
<tr><td colspan="3">有自首或者立功表现的</td></tr>
<tr><td colspan="3">其他依照刑法规定不需要判处刑罚或者免除刑罚的情形</td></tr>
<tr><td>轻伤害案件</td><td rowspan="5">犯罪嫌疑人确有悔罪表现</td><td rowspan="5">当事人双方自愿就民事赔偿达成协议并切实履行或者经被害人同意并提供有效担保</td><td rowspan="5">可以不起诉</td></tr>
<tr><td>初次犯罪</td></tr>
<tr><td>过失犯罪</td></tr>
<tr><td>犯罪未遂</td></tr>
<tr><td>被诱骗或者被教唆实施的犯罪</td></tr>
</table>

二、附条件不起诉的相关程序

（一）作出附条件不起诉决定前

1. 听取各方意见

人民检察院在作出附条件不起诉的决定以前，**应当听取公安机关、被害人、未成年犯罪嫌疑人的法定代理人、辩护人的意见**，并制作笔录附卷。**被害人是未成年人的，还应当听取被害人的法定代理人、诉讼代理人的意见。**

2. 对各方意见的处理

未成年犯罪嫌疑人及其法定代理人对人民检察院决定附条件不起诉有异议的，人民检察院应当作出起诉的决定。

公安机关或者被害人对附条件不起诉有异议或争议较大的案件，人民检察院可以召集侦查人员、被害人及其法定代理人、诉讼代理人、未成年犯罪嫌疑人及其法定代理人、辩护人举行不公开听证会，充分听取各方的意见和理由。

对于决定附条件不起诉可能激化矛盾或者引发不稳定因素的，人民检察院应当慎重适用

上述内容可通过下表理解或记忆：

<table>
<tr><th></th><th>听取意见</th><th>条件</th><th colspan="2">人民检察院的处理</th></tr>
<tr><td rowspan="4">作出决定前</td><td>公安机关</td><td rowspan="2">公安机关或者被害人对附条件不起诉有异议或争议较大的</td><td rowspan="2">可召集侦查人员、被害人及其法定代理人、诉讼代理人、未成年犯罪嫌疑人及其法定代理人、辩护人举行不公开听证会，充分听取各方的意见和理由</td><td rowspan="2">对于决定附条件不起诉可能激化矛盾或者引发不稳定因素的，应当慎重适用</td></tr>
<tr><td>被害人（或未成年人的法定代理人、诉讼代理人）</td></tr>
<tr><td>未成年犯罪嫌疑人的法定代理人</td><td>未成年犯罪嫌疑人及其法定代理人有异议的</td><td colspan="2">应当作出起诉的决定</td></tr>
<tr><td>辩护人</td><td></td><td colspan="2"></td></tr>
</table>

（二）作出不起诉决定后

1. 送达与告知

人民检察院作出附条件不起诉的决定后，应当制作附条件不起诉决定书，并在3日以内送达公安机关、被害人或者其近亲属及其诉讼代理人、未成年犯罪嫌疑人及其法定代理人、辩护人。

送达时，应当告知被害人或者其近亲属及其诉讼代理人，如果对附条件不起诉决定不服，可以自收到附条件不起诉决定书后7日以内向上一级人民检察院申诉。

2. 宣布与告知

人民检察院应当**当面向未成年犯罪嫌疑人及其法定代理人宣布**附条件不起诉决定，告知考验期限、在考验期内应当遵守的规定和违反规定应负的法律责任，以及可以对附条件不起诉决定提出异议，并制作笔录附卷。

3. 释放或变更强制措施

未成年犯罪嫌疑人在押的，作出附条件不起诉决定后，人民检察院应当作出释放或者变更强制措施的决定。

4. 公安机关要求复议、提请复核或被害人申诉

对附条件不起诉的决定，公安机关要求复议、提请复核或者被害人申诉的，适用本法第179条、第180条的规定。

5. 未成年犯罪嫌疑人及其法定代理人提出异议

未成年犯罪嫌疑人及其法定代理人对人民检察院决定附条件不起诉有异议

的，**人民检察院应当作出起诉的决定**。

6. 备案与撤销

人民检察院在作出附条件不起诉决定后，应当在10日内将附条件不起诉决定书**报上级人民检察院主管部门备案**。

上级人民检察院认为下级人民检察院作出的附条件不起诉决定不适当的，应当**及时撤销**下级人民检察院作出的附条件不起诉决定，下级人民检察院应当执行。

三、附条件不起诉的考验期

（一）考验期的确定

人民检察院决定附条件不起诉的，应当确定考验期。考验期为**6个月以上1年以下，从人民检察院作出附条件不起诉的决定之日起计算**。**考验期不计人案件审查起诉期限**。

考验期的长短应当与未成年犯罪嫌疑人所犯罪行的轻重、主观恶性的大小和人身危险性的大小、一贯表现及帮教条件等相适应，**根据未成年犯罪嫌疑人在考验期的表现，可以在法定期限范围内适当缩短或者延长**。

（二）考验期内被附条件不起诉的未成年犯罪嫌疑人的义务

被附条件不起诉的未成年犯罪嫌疑人应遵守下列规定：①遵守法律法规，服从监督；②按照考察机关的规定报告自己的活动情况；③离开所居住的市、县或者迁居，应当报经考察机关批准；④按照考察机关的要求接受矫治和教育。

考验期内应遵守的规定	遵守法律法规，服从监督
	按照考察机关的规定报告自己的活动情况
	离开所居住的市、县或者迁居，应当报经考察机关批准
	按照考察机关的要求接受矫治和教育

人民检察院可以要求被附条件不起诉的未成年犯罪嫌疑人接受下列矫治和教育：①完成戒瘾治疗、心理辅导或者其他适当的处遇措施；②向社区或者公益团体提供公益劳动；③不得进入特定场所，与特定的人员会见或者通信，从事特定的活动；④向被害人赔偿损失、赔礼道歉等；⑤接受相关教育；⑥遵守其他保护被害人安全以及预防再犯的禁止性规定。

矫治和教育	完成戒瘾治疗、心理辅导或者其他适当的处遇措施
	向社区或者公益团体提供公益劳动
	不得进入特定场所，与特定的人员会见或者通信，从事特定的活动
	向被害人赔偿损失、赔礼道歉等
	接受相关教育
	遵守其他保护被害人安全以及预防再犯的禁止性规定

（三）考验期内监督考察的主体和方式

在附条件不起诉的考验期内，由**人民检察院**对被附条件不起诉的未成年犯罪嫌疑人进行监督考察。

未成年犯罪嫌疑人的监护人，应当对未成年犯罪嫌疑人加强管教，**配合**人民检察院做好监督考察工作。

人民检察院可以**会同未成年犯罪嫌疑人的监护人、所在学校、单位、居住地的村民委员会、居民委员会、未成年人保护组织等的有关人员定期**对未成年犯罪嫌疑人进行考察、教育，实施跟踪帮教。

未成年犯罪嫌疑人经批准离开所居住的市、县或者迁居，作出附条件不起诉决定的人民检察院可以要求**迁入地的人民检察院协助进行考察**，并将考察结果函告作出附条件不起诉决定的人民检察院。

四、附条件不起诉的后果

（一）撤销附条件不起诉决定，提起公诉

《刑事诉讼法》第284条第1款规定：“被附条件不起诉的未成年犯罪嫌疑人，在考验期内有下列情形之一的，人民检察院应当撤销附条件不起诉的决定，提起公诉：（一）实施新的犯罪或者发现决定附条件不起诉以前还有其他犯罪需要追诉的；（二）违反治安管理规定或者考察机关有关附条件不起诉的监督管理规定，情节严重的。”

《人民检察院办理未成年人刑事案件的规定》第46条规定：“被附条件不起诉的未成年犯罪嫌疑人，在考验期内有下列情形之一的，人民检察院应当撤销附条件不起诉的决定，提起公诉：（一）实施新的犯罪的；（二）发现决定附条件不起诉以前还有其他犯罪需要追诉的；（三）违反治安管理规定，造成严重后果，或者多次违反治安管理规定的；（四）违反考察机关有关附条件不

起诉的监督管理规定，造成严重后果，或者多次违反考察机关有关附条件不起诉的监督管理规定的。”

《人民检察院办理未成年人刑事案件的规定》第 47 条规定：“对于未成年犯罪嫌疑人在考验期内实施新的犯罪或者在决定附条件不起诉以前还有其他犯罪需要追诉的，人民检察院应当移送侦查机关立案侦查。”

<table>
<tr><th></th><th colspan="2">事由</th><th>处理</th></tr>
<tr><td rowspan="4">撤销附条件不起诉的决定，提起公诉</td><td colspan="2">实施新的犯罪的</td><td rowspan="2">移送侦查机关立案侦查</td></tr>
<tr><td colspan="2">发现决定附条件不起诉以前还有其他犯罪需要追诉的</td></tr>
<tr><td rowspan="2">违反治安管理规定或者考察机关有关附条件不起诉的监督管理规定，情节严重的</td><td>造成严重后果</td><td></td></tr>
<tr><td>多次违反</td><td></td></tr>
</table>

（二）考验期满后的处理——在审查起诉期限内作出起诉或不起诉的决定

1. 审查起诉期限的中止与恢复

作出附条件不起诉决定的案件，**审查起诉期限自人民检察院作出附条件不起诉决定之日起中止计算，自考验期限届满之日起或者人民检察院作出撤销附条件不起诉决定之日起恢复计算**。

2. 审查起诉的程序

考验期届满，办案人员应当制作附条件不起诉考察意见书，提出起诉或者不起诉的意见，经部门负责人审核，报请检察长决定。

3. 审查起诉后的处理

（1）发现在考验期内有应当撤销附条件不起诉决定的情形的——撤销附条件不起诉决定，提起公诉。

（2）**在考验期内没有应当撤销附条件不起诉决定的情形的——应当作出不起诉决定。**

4. 不起诉决定的宣布、教育与回访

（1）在向被不起诉的未成年人及其法定代理人宣布不起诉决定书时，应当充分阐明不起诉的理由和法律依据，并结合社会调查，围绕犯罪行为对被害人、对本人及家庭、对社会等造成的危害，导致犯罪行为发生的原因及应当吸取的教训等，**对被不起诉的未成年人开展必要的教育。如果侦查人员、合适成**

年人、辩护人、社工等参加有利于教育被不起诉未成年人的，经被不起诉的未成年人及其法定代理人同意，可以邀请他们参加，但要严格控制参与人范围。

（2）对于附条件不起诉的案件，**不起诉决定宣布后六个月内，办案人员可以对被不起诉的未成年人进行回访**，巩固帮教效果，并做好相关记录。

考点39　当事人和解的公诉案件诉讼程序

命题分析

当事人和解的公诉案件诉讼程序可以从两个角度来命题，一是通过案例的形式考查具体的程序，比如案件的适用范围；二是可以命制理论性题目，论述该制度的价值，比如说，有观点认为该程序就是“花钱买刑”，请谈谈你对此的认识。

考点解析

一、设立“当事人和解的公诉案件诉讼程序”的价值

“当事人和解的公诉案件诉讼程序”是2012年刑事诉讼法修改时增加的一项特别程序。其目的在于允许部分情节轻微、主观恶性不大的犯罪嫌疑人通过真诚悔罪、赔偿被害人的损失，取得被害人的谅解，进而获得从宽处理。其价值主要体现在三个方面：

一是有利于保障被害人的权益。通过和解，提升了被害人的诉讼地位，确保其能直接参与到与自身利益攸关的案件处理过程之中；同时和解协议中的赔偿内容由于是在当事人间自愿协商达成的，具有更强执行力，确保对损失的及时补偿；和解也淡化了被害人的报应情感，降低对立双方的冲突程度，有助于正常社会关系的恢复。

二是有利于犯罪嫌疑人的矫正。通过加害人与被害人直接协商、讨论，加害人能认识到自己行为给被害人及其家属带来痛苦，加害人知道其行为的法律后果，从而促使其真诚地认错、觉悟，使其能尽快地开始重返社会。

三是有利于解约司法资源。我国正处在经济和社会转轨期，各类犯罪案件

大量增加，加上刑事诉讼程序的日趋复杂化，司法资源变得越来越稀缺。和解制度的创立和运行是一种更为经济、更有效率的纠纷解决机制，它能促使加害人主动认罪，减轻被害人或者检察官的举证责任，促进司法资源的优化配置，从而将司法资源重点用于处置对社会秩序造成严重破坏或社会影响较大的案件，以提高办案效率。

二、适用条件和案件范围

下列公诉案件，犯罪嫌疑人、被告人真诚悔罪，通过向被害人赔偿损失、赔礼道歉等方式获得被害人谅解，被害人自愿和解的，双方当事人可以和解：①因民间纠纷引起，涉嫌刑法分则第四章、第五章规定的犯罪案件，可能判处三年有期徒刑以下刑罚的；②除渎职犯罪以外的可能判处七年有期徒刑以下刑罚的过失犯罪案件。

犯罪嫌疑人、被告人在五年以内曾经故意犯罪的，不适用刑事和解程序。

上述内容可通过下表理解和记忆：

<table>
<tr><th></th><th></th><th>案件性质</th><th>犯罪类型</th><th>可能判处刑罚</th></tr>
<tr><td rowspan="6">刑事和解</td><td rowspan="2">案件范围</td><td>因民间纠纷引起</td><td>涉嫌《刑法分则》第四章、第五章规定的犯罪案件</td><td>可能判处 3 年有期徒刑以下刑罚</td></tr>
<tr><td>过失犯罪</td><td>除渎职犯罪以外</td><td>可能判处 7 年有期徒刑以下刑罚</td></tr>
<tr><td rowspan="3">积极条件</td><td colspan="3">犯罪嫌疑人、被告人真诚悔罪</td></tr>
<tr><td colspan="3">通过向被害人赔偿损失、赔礼道歉等方式获得被害人谅解</td></tr>
<tr><td colspan="3">被害人自愿和解</td></tr>
<tr><td>消极</td><td colspan="3">犯罪嫌疑人、被告人在 5 年以内曾经故意犯罪</td></tr>
</table>

此外，《最高人民法院关于适用〈中华人民共和国刑事诉讼法〉的解释》第 496 条和《人民检察院刑事诉讼规则》第 510 条规定的适用刑事和解的条件中还有**“事实清楚，证据确实、充分”**。

《公安机关办理刑事案件程序规定》第 323 条则规定：“有下列情形之一的，不属于因民间纠纷引起的犯罪案件：（一）雇凶伤害他人的；（二）涉及黑社会性质组织犯罪的；（三）涉及寻衅滋事的；（四）涉及聚众斗殴的；（五）多次故意伤害他人身体的；（六）其他不宜和解的。”

三、程序规则

（一）和解和代为和解的主体

《最高人民法院关于适用〈中华人民共和国刑事诉讼法〉的解释》第 497 条规定：“符合刑事诉讼法第二百七十七条规定的公诉案件，被害人死亡的，其近亲属可以与被告人和解。近亲属有多人的，达成和解协议，应当经处于同一继承顺序的所有近亲属同意。被害人系无行为能力或者限制行为能力人的，其法定代理人、近亲属可以代为和解。”

《最高人民法院关于适用〈中华人民共和国刑事诉讼法〉的解释》第 498 条规定：“被告人的近亲属经被告人同意，可以代为和解。被告人系限制行为能力人的，其法定代理人可以代为和解。被告人的法定代理人、近亲属依照前两款规定代为和解的，和解协议约定的赔礼道歉等事项，应当由被告人本人履行。”

《人民检察院刑事诉讼规则》第 511 条规定：“被害人死亡的，其法定代理人、近亲属可以与犯罪嫌疑人和解。被害人系无行为能力或者限制行为能力人的，其法定代理人可以代为和解。”

《人民检察院刑事诉讼规则》第 512 条规定：“犯罪嫌疑人系限制行为能力人的，其法定代理人可以代为和解。犯罪嫌疑人在押的，经犯罪嫌疑人同意，其法定代理人、近亲属可以代为和解。”

上述内容可以通过下表理解和记忆：

<table>
<tr><th></th><th></th><th>条件</th><th>和解或代为和解的主体</th><th>备注</th></tr>
<tr><td rowspan="6">刑事和解的主体</td><td rowspan="3">控方</td><td>一般情况下</td><td>被害人</td><td></td></tr>
<tr><td>被害人死亡的</td><td>被害人的近亲属</td><td rowspan="2">达成和解协议，应经处于同一继承顺序的所有近亲属同意</td></tr>
<tr><td>被害人系无行为能力或限制行为能力人的</td><td>被害人的法定代理人、近亲属</td></tr>
<tr><td rowspan="3">辩方</td><td>一般情况下</td><td>犯罪嫌疑人、被告人</td><td></td></tr>
<tr><td>犯罪嫌疑人、被告人系限制行为能力人的</td><td>犯罪嫌疑人、被告人的法定代理人</td><td rowspan="2">和解协议约定的赔礼道歉等事项，应当由被告人本人履行</td></tr>
<tr><td>犯罪嫌疑人、被告人在押（《最高人民法院关于适用〈中华人民共和国刑事诉讼法〉的解释》不要求在押）</td><td>经犯罪嫌疑人、被告人同意的近亲属</td></tr>
</table>

（二）公安机关、人民检察院、人民法院在刑事和解中的职权

双方当事人和解的，公安机关、人民检察院、人民法院应当听取当事人和其他有关人员的意见，对和解的自愿性、合法性进行审查，并主持制作和解协议书。

可见，公安机关、人民检察院、人民法院在刑事和解中具有以下职权：

1. 听取当事人和其他有关人员的意见

2. 对和解的自愿性、合法性进行审查

3. 主持制作和解协议书

除此之外，《最高人民法院关于适用〈中华人民共和国刑事诉讼法〉的解释》和《人民检察院刑事诉讼规则》对人民检察院和人民法院在刑事和解中的职权又有进一步的规定：

《最高人民法院关于适用〈中华人民共和国刑事诉讼法〉的解释》第496条第1款规定："对符合刑事诉讼法第二百七十七条规定的公诉案件，事实清楚、证据充分的，人民法院应当告知当事人可以自行和解；当事人提出申请的，人民法院可以主持双方当事人协商以达成和解。根据案件情况，人民法院可以邀请人民调解员、辩护人、诉讼代理人、当事人亲友等参与促成双方当事人和解。"

《人民检察院刑事诉讼规则》第514条规定："双方当事人可以自行达成和解，也可以经人民调解委员会、村民委员会、居民委员会、当事人所在单位或者同事、亲友等组织或者个人调解后达成和解。人民检察院对于本规则第五百一十条规定的公诉案件，可以建议当事人进行和解，并告知相应的权利义务，必要时可以提供法律咨询。"

比较起来，**法院**的立场更为积极一些，可以直接参与当事人的和解，**主持双方当事人协商以达成和解**，并可**邀请人民调解员、辩护人、诉讼代理人、当事人亲友等参与促成双方当事人和解**；**检察院**则相对消极一些，其不直接参与当事人的和解，仅在**必要时提供法律咨询**和**在当事人自行或在其他组织或个人调解后达成和解后主持制作和解协议书**。

（三）对和解自愿性、合法性的审查

1. 当事人可进行和解的事项

双方当事人可以就赔偿损失、赔礼道歉等民事责任事项进行和解，并且可以就被害人及其法定代理人或者近亲属是否要求或者同意公安机关、人民检察

院、人民法院对犯罪嫌疑人依法从宽处理进行协商，但不得对案件的事实认定、证据采信、法律适用和定罪量刑等依法属于公安机关、人民检察院、人民法院职权范围的事宜进行协商。

和解范围	可协商	赔偿损失、赔礼道歉等民事责任事项
		被害人方是否要求或同意公检法对犯罪嫌疑人依法从宽处理
	不可协商	案件的事实认定、证据采信、法律适用和定罪量刑等依法属于公检法职权范围的事宜

2. 人民检察院对和解自愿性、合法性的审查

审查时，应当**听取双方当事人和其他有关人员对和解的意见，告知刑事案件可能从宽处理的法律后果和双方的权利义务，**并制作笔录附卷。

3. 人民法院对和解自愿性、合法性的审查

对公安机关、人民检察院主持制作的和解协议书，当事人提出异议的，人民法院应当审查。经审查，和解自愿、合法的，予以确认，无须重新制作和解协议书；和解不具有自愿性、合法性的，应当认定无效。和解协议被认定无效后，双方当事人重新达成和解的，人民法院应当主持制作新的和解协议书。

审判期间，双方当事人和解的，人民法院应当听取当事人及其法定代理人等有关人员的意见。双方当事人在庭外达成和解的，人民法院应当通知人民检察院，并听取其意见。经审查，和解自愿、合法的，应当主持制作和解协议书。”

关于人民法院对和解自愿性、合法性的审查可通过下表理解和记忆：

	前提	听取意见及审查	审查结果	处理
人民法院的审查	公、检已主持制作和解协议	当事人提异议的应当审查	和解自愿、合法的	予以确认，无须重新制作和解协议书
			和解不具有自愿性、合法性的	认定无效，重新和解的，应主持制作新的和解协议书
	在审判期间和解	应听取当事人及其法定代理人等有关人员的意见	和解自愿、合法的	主持制作和解协议书
	在庭外达成和解	应通知人民检察院，并听取其意见		

（四）和解协议书的内容

《人民检察院刑事诉讼规则》第516条第2、第3、第4款规定："和解协议书的主要内容包括：（一）双方当事人的基本情况；（二）案件的主要事实；（三）犯罪嫌疑人真诚悔罪，承认自己所犯罪行，对指控的犯罪没有异议，向被害人赔偿损失、赔礼道歉等；赔偿损失的，应当写明赔偿的数额、履行的方式、期限等；（四）被害人及其法定代理人或者近亲属对犯罪嫌疑人予以谅解，并要求或者同意公安机关、人民检察院、人民法院对犯罪嫌疑人依法从宽处理。和解协议书应当由双方当事人签字，可以写明和解协议书系在人民检察院主持下制作。检察人员不在当事人和解协议书上签字，也不加盖人民检察院印章。和解协议书一式三份，双方当事人各持一份，另一份交人民检察院附卷备查。"

《最高人民法院关于适用〈中华人民共和国刑事诉讼法〉的解释》第501条第1、第2、第3款规定："和解协议书应当包括以下内容：（一）被告人承认自己所犯罪行，对犯罪事实没有异议，并真诚悔罪；（二）被告人通过向被害人赔礼道歉、赔偿损失等方式获得被害人谅解；涉及赔偿损失的，应当写明赔偿的数额、方式等；提起附带民事诉讼的，由附带民事诉讼原告人撤回附带民事诉讼；（三）被害人自愿和解，请求或者同意对被告人依法从宽处罚。和解协议书应当由双方当事人和审判人员签名，但不加盖人民法院印章。和解协议书一式三份，双方当事人各持一份，另一份交人民法院附卷备查。"

比较上述两个规定，可以得知，**和解协议书大致有以下几部分内容：**

1. 双方当事人基本情况及案件的主要事实。

2. 犯罪嫌疑人、被告人承认罪行并真诚悔罪。

3. 犯罪嫌疑人、被告人向被害人赔礼道歉、赔偿损失等，包括赔偿的数额和方式。

4. 被害人方同意和解，要求或同意对犯罪嫌疑人、被告人依法从宽处理

值得注意的是，**人民检察院主持制作的和解协议书，检察人员不签字；而人民法院主持制作的和解协议书，审判人员应签名；均不加盖人民检察院、人民法院印章。**

（五）和解协议书的履行

1. 履行期间及方式

（1）人民检察院主持制作和解协议书的，应当**在双方签署协议后立即履**

行，至迟在人民检察院作出从宽处理决定前履行。确实难以一次性履行的，**在被害人同意并提供有效担保的情况下，也可以分期履行。**

（2）人民法院主持制作和解协议书的，被告人应当**在协议签署后即时履行**。

2. 履行的后果

（1）**和解协议已经全部履行，当事人反悔的，人民法院不予支持，但有证据证明和解违反自愿、合法原则的除外。**

（2）双方当事人**在侦查、审查起诉期间已经达成和解协议并全部履行**，被害人或者其法定代理人、近亲属**又提起附带民事诉讼的，人民法院不予受理，但有证据证明和解违反自愿、合法原则的除外。**

此外，被害人或者其法定代理人、近亲属提起附带民事诉讼后，双方愿意和解，但被告人不能即时履行全部赔偿义务的，人民法院应当制作**附带民事调解书**。

（六）从宽处理

1. 公安机关

公安机关将案件移送人民检察院审查起诉时，**可以提出从宽处理的建议**。

2. 人民检察院

（1）在审查逮捕和审查起诉时应当充分考虑公安机关的建议。

（2）对于公安机关提请批准逮捕的案件，双方当事人达成和解协议的，可以作为有无社会危险性或者社会危险性大小的因素予以考虑，经审查认为不需要逮捕的，可以作出不批准逮捕的决定；在审查起诉阶段可以依法变更强制措施。

（3）对于公安机关移送审查起诉的案件，双方当事人达成和解协议的，可以作为是否需要判处刑罚或者免除刑罚的因素予以考虑，符合法律规定的不起诉条件的，可以决定不起诉。

（4）对于依法应当提起公诉的，人民检察院可以向人民法院提出从宽处罚的量刑建议。

上述内容可通过下表理解和记忆：

<table>
<tr><th></th><th>条件</th><th>方式</th></tr>
<tr><td rowspan="3">检察院可从轻处理</td><td>可以作为有无社会危险性或者社会危险性大小的因素予以考虑</td><td>可以作出不批准逮捕的决定</td></tr>
<tr><td>可以作为是否需要判处刑罚或者免除刑罚的因素予以考虑</td><td>可以决定不起诉</td></tr>
<tr><td></td><td>可以向人民法院提出从宽处罚的量刑建议</td></tr>
</table>

此外，人民检察院拟对当事人达成和解的公诉案件作出不起诉决定的，应当**听取双方当事人对和解的意见，并且查明犯罪嫌疑人是否已经切实履行和解协议、不能即时履行的是否已经提供有效担保，将其作为是否决定不起诉的因素予以考虑**。

当事人在不起诉决定作出之前反悔的，可以另行达成和解。不能另行达成和解的，人民检察院应当依法作出起诉或者不起诉决定。

当事人在不起诉决定作出之后反悔的，人民检察院不撤销原决定，但有证据证明和解违反自愿、合法原则的除外。

犯罪嫌疑人或者其亲友等以暴力、威胁、欺骗或者其他非法方法强迫、引诱被害人和解，或者在协议履行完毕之后威胁、报复被害人的，应当认定和解协议无效。已经作出不批准逮捕或者不起诉决定的，人民检察院根据案件情况可以撤销原决定，对犯罪嫌疑人批准逮捕或者提起公诉。

上述内容可通过下表理解和记忆：

<table>
<tr><th></th><th colspan="2">特殊情况</th><th>条件</th><th>处理</th></tr>
<tr><td rowspan="5">人民检察院对特殊情况的处理</td><td rowspan="3">当事人反悔</td><td rowspan="2">在不起诉决定作出之前</td><td>可以另行达成和解</td><td></td></tr>
<tr><td>不能另行达成和解</td><td>依法作出起诉或不起诉决定</td></tr>
<tr><td>在不起诉决定作出之后</td><td>无证据证明和解违反自愿、合法原则</td><td>不撤销原决定</td></tr>
<tr><td colspan="2">以暴力、威胁、欺骗或其他非法方法强迫、引诱被害人和解</td><td rowspan="2"></td><td rowspan="2">应认定和解协议无效。根据案件情况可撤销原不批准逮捕决定或不起诉决定，对犯罪嫌疑人批准逮捕或提起公诉</td></tr>
<tr><td colspan="2">在协议履行完毕之后威胁、报复被害人的</td></tr>
</table>

3. 人民法院

对达成和解协议的案件，人民法院**应当**对被告人从轻处罚；符合非监禁刑适用条件的，应当适用非监禁刑；判处法定最低刑仍然过重的，可以减轻处罚；综合全案认为犯罪情节轻微不需要判处刑罚的，可以免除刑事处罚。（《刑事诉讼法》规定的是“可以”从宽处罚，《最高人民法院关于适用〈中华人民共和国刑事诉讼法〉的解释》规定的则是“应当”从宽处罚。）

共同犯罪案件，部分被告人与被害人达成和解协议的，可以依法对该部分被告人从宽处罚，但应当注意全案的量刑平衡。

上述内容可通过下表理解和记忆：

	方式	备注
法院应从轻处罚	符合非监禁刑适用条件的，应当适用非监禁刑	共同犯罪案件，部分被告人与被害人达成和解协议的，可以依法对该部分被告人从宽处罚，但应当注意全案的量刑平衡
	判处法定最低刑仍然过重的，可以减轻处罚	
	综合全案认为犯罪情节轻微不需要判处刑罚的，可以免除刑事处罚	

考点40　缺席审判制度

命题分析

缺席审判制度是2018年《刑事诉讼法》新增的一项特别程序。考生在备考时一是要理解该制度的价值；二是要掌握该制度的基本规定。本考点有可能与监察法进行综合考查。

考点解析

一、设立“缺席审判”的价值

首先，**刑事缺席审判制度有利于司法机关查明潜逃境外的被告人的犯罪事实，及时挽回相关损失**。

其次是**为我国在国际上追逃追赃提供法律依据**。目前我们追逃主要依据的是国际公约和与部分国家签署的引渡条约，而在某些情况下，没有相关的国际公约可遵循，和一些国家没有建立引渡条约，对于这类犯罪嫌疑人的追捕，先在国内拿出一个经过司法机关审理认定的司法文书，就能成为相关国家给予配合的法律依据。

二、缺席审判的程序

（一）适用范围

1. 对于**贪污贿赂犯罪案件，以及需要及时进行审判，经最高人民检察院核准的严重危害国家安全犯罪、恐怖活动犯罪案件**，犯罪嫌疑人、被告人**在境外**，监察机关公安机关移送起诉，人民检察院认为**犯罪事实已经查清，证据确实、充分，依法应当追究刑事责任**的，可以向人民法院提起公诉。人民法院进行审查后，对于起诉书中有明确的指控犯罪事实，符合缺席审判程序适用条件的，应当决定开庭审判。

2. 因**被告人患有严重疾病无法出庭，中止审理超过六个月**，被告人仍无法出庭，被告人及其法定代理人、近亲属申请或者**同意恢复审理**的，人民法院可以在被告人不出庭的情况下缺席审理，依法作出判决。

3. 被告人死亡的，人民法院应当裁定终止审理，但有**证据证明被告人无罪，人民法院经缺席审理确认无罪的，应当依法作出判决**。

4. 人民法院按照**审判监督程序重新审判的案件，被告人死亡**的，人民法院可以缺席审理，依法作出判决。

（二）管辖

由**犯罪地、被告人离境前居住地或者最高人民法院指定的中级人民法院**组成合议庭进行审理。

（三）送达传票和起诉书副本

人民法院应当通过**有关国际条约规定的或者外交途径提出的司法协助方式**，或者**被告人所在地法律允许的其他方式**，将**传票和人民检察院的起诉书副本送达被告人**。传票和起诉书副本送达后，被告人未按要求到案的，人民法院应当开庭审理，依法作出判决，**并对违法所得及其他涉案财产作出处理**。

（四）委托辩护人

人民法院缺席审判案件，**被告人有权委托辩护人，被告人的近亲属可以代为委托辩护人**。被告人及其近亲属没有委托辩护人的，人民法院应当通知**法律援助机构指派律师**为其提供辩护。

（五）判决书的送达

人民法院应当将判决书送达被**告人及其近亲属、辩护人**。

（六）上诉和抗诉

被告人或者其近亲属不服判决的，有权向上一级人民法院上诉。辩护人经被告人或者其近亲属同意，可以提出上诉。

人民检察院认为人民法院的判决确有错误的，应当向上级人民法院提出抗诉。

（七）重新审理

在审理过程中，**被告人自动投案或者被抓获**的，人民法院应当重新审理。

罪犯在判决、裁定发生法律效力后到案的，人民法院应当将罪犯交付执行刑罚。交付执行刑罚前，人民法院**应当告知罪犯有权对判决、裁定提出异议**。**罪犯对判决、裁定提出异议的，人民法院应当重新审理**。

依照生效判决、裁定对罪犯的财产进行的处理确有错误的，应当予以返还、赔偿。

第三部分　命题人讲真题

2017年

一、试题（本题21分）

案情：

被告人李某于2014年7月的一天晚上，和几个朋友聚会，饭后又一起卡拉OK，期间餐厅经理派服务员胡某陪侍。次日凌晨两点结束后，李某送胡某回家的路上，在一废弃的工棚内强行与胡某发生了性关系。案发后李某坚称是通奸而不是强奸。此案由S市Y区检察院起诉。Y区法院经不公开审理，以事实不清证据不足为由作出无罪判决。检察机关提起抗诉，S市中级人民法院改判被告人构成强奸罪并处有期徒刑三年。二审法院定期宣判，并向抗诉的检察机关送达了判决书，没有向被告人李某送达判决书，但在中国裁判文书网上发布了判决书。

问题：

1. 本案二审判决是否生效？为什么？我国刑事裁判一审生效与二审生效有无区别？为什么？

2. 此案生效后当事人向检察院申诉，程序要求是什么？

3. 省检察院按审判监督程序向省高级人民法院提起抗诉，对于原判决、裁定事实不清或者证据不足的再审案件，省高级人民法院应当如何处理？

4. 如果省高级人民法院认为S市中级人民法院生效判决确有错误，应当如何纠正？

5. 此案在由省检察院向省高级人民法院抗诉中，请求改判被告人无罪，被告人及其辩护人也辩称无罪，省高级人民法院根据控辩双方一致意见，是否应当做出无罪判决？为什么？

二、答案精讲

1. 本案二审判决是否生效？为什么？我国刑事裁判一审生效与二审生效

有无区别？为什么？

答案：

（1）未生效。二审判决应当在宣告以后才生效，本案二审判决始终未向被告人李某宣告，也未向李某送达判决书，裁判文书网上发布判决书也不能等同于向李某宣告判决，李某始终不知道判决的内容，因此本案二审程序未完成宣告，判决未生效。

（2）一审裁判的生效时间为裁判送达后次日开始计算上诉、抗诉期限，经过上诉、抗诉期限未上诉、抗诉的一审裁判才生效。由于我国实行二审终审制，普通案件二审裁判为终审裁判，但需要送达后始生效，即二审当庭宣判或定期宣判送达裁判文书后发生法律效力。

难度：难

考点：判决（生效时间）

命题和解题思路：命题人通过此题考查了考生对一审裁判和二审裁判生效时间的理解，其实际上设了两问，可分两部分解答。第一部分要针对本案，解答本案的二审判决是否生效并阐明原因。第二部分要概括地阐明一审裁判和二审裁判在生效方式和时间上的区别。本题的难度主要在于，关于二审裁判的生效时间实际上是存在争议的。

答案解析：

关于一审裁判的生效日期，法律规定得相对明确。《最高人民法院关于适用〈中华人民共和国刑事诉讼法〉的解释》第 301 条规定："上诉、抗诉必须在法定期限内提出。不服判决的上诉、抗诉的期限为十日；不服裁定的上诉、抗诉的期限为五日。上诉、抗诉的期限，从接到判决书、裁定书的第二日起计算。"因此，**一审裁判应自经过法定的上诉、抗诉期限而没有上诉或抗诉之日起生效，而法定的上诉、抗诉期限自一审裁判送达后的第二日起算**。由此也可看出，一审裁判的生效时间与宣判日期没有直接关系，仅与送达日期有关。

关于二审裁判的生效时间，法律没有明确的规定。《最高人民法院关于适用〈中华人民共和国刑事诉讼法〉的解释》第 247 条第 1 款对一审的宣判程序作出规定："当庭宣告判决的，应当在五日内送达判决书。定期宣告判决的，应当在宣判前，先期公告宣判的时间和地点，传唤当事人并通知公诉人、法定代理人、辩护人和诉讼代理人；判决宣告后，应当立即送达判决书。"刑事诉讼法及司法解释均未对二审的宣判程序作出规定。但是，《刑事诉讼法》

第242条规定："第二审人民法院审判上诉或者抗诉案件的程序，除本章已有规定的以外，参照第一审程序的规定进行。"因此，二审的宣判程序也应参照第一审程序的规定进行。由此可见，无论一审还是二审，**裁判文书的宣告日期和送达日期都有可能不同**。那么，对于宣判之日与送达之日不一致的，**二审裁判应当自宣判之日起生效，还是自送达之日起生效呢？**关于这一问题，实际上是存在争议的。鉴于一审裁判的上诉、抗诉期限及生效期限的计算实际上都是以送达为准而非以宣判为准的，而二审程序无特别规定的又应参照一审程序的规定进行，**因此我们认为，二审裁判宣告之日与送达之日不一致的，应自送达之日起生效。**

2. 此案生效后当事人向检察院申诉，程序要求是什么？

答案：①当事人及其法定代理人、近亲属首先应当向S市检察院提出，案情重大、复杂、疑难的，省检察院也可以直接受理。②当事人一方对S市检决定不予抗诉而继续向省检察院申诉的，省检察院应当受理，经省市两级检察院办理后，没有新的事实和证据不再立案复查。③S市检认为判决裁定确有错误需要抗诉的，应当提请省检抗诉。④省检认为判决裁定确有错误可以直接向省高级人民法院抗诉。

难度：难

考点：提起审判监督程序的材料来源（申诉的提出、受理及审查处理）；提起审判监督程序的方式

命题和解题思路：命题人通过本题考查了当事人就生效判决向人民检察院申诉的程序要求。对生效裁判的申诉可以向法院提出，也可以向检察院提出，具体的程序分别规定在《最高人民法院关于适用〈中华人民共和国刑事诉讼法〉的解释》和《人民检察院刑事诉讼规则》中，考生一般对前者比较重视，对后者可能会重视不够。但两者的规定有一些相通之处，如果实在不了解《人民检察院刑事诉讼规则》的规定，也可根据《最高人民法院关于适用〈中华人民共和国刑事诉讼法〉的解释》中的相关规定尽量"蒙"。具体而言，对本题的解答可分三步：**第一步，当事人应当向哪级检察院申诉？第二步，接受申诉的检察院应如何处理？第三步，应由哪一级检察院向哪一级法院提出抗诉？**

答案解析：

第一步，当事人应向哪级检察院申诉？对此，**《人民检察院刑事诉讼规则》第539条第1、第2款**规定："当事人及其法定代理人、近亲属认为人民法院已经发生法律效力的刑事判决、裁定确有错误，向人民检察院申诉的，由

作出生效判决、裁定的人民法院的同级人民检察院刑事申诉检察部门依法办理。当事人及其法定代理人、近亲属直接向上级人民检察院申诉的，上级人民检察院可以交由作出生效判决、裁定的人民法院的同级人民检察院受理；案情重大、疑难、复杂的，上级人民检察院可以直接受理。"本案的生效判决是由S市中级人民法院作出，因此当事人及其法定代理人、近亲属应首先向S市检察院申诉；当事人直接向省检察院申诉的，如果案情重大、复杂、疑难，省检察院也可以直接受理。

第二步，接受申诉的人民检察院应如何处理？对此，《人民检察院刑事诉讼规则》第539条第3款规定："当事人及其法定代理人、近亲属对人民法院已经发生法律效力的判决、裁定提出申诉，经人民检察院复查决定不予抗诉后继续提出申诉的，上一级人民检察院应当受理。"**第540条**规定："对不服人民法院已经发生法律效力的刑事判决、裁定的申诉，经两级人民检察院办理且省级人民检察院已经复查的，如果没有新的事实和理由，人民检察院不再立案复查，但原审被告人可能被宣告无罪或者判决、裁定有其他重大错误可能的除外。"因此，本案中，申诉人在S市检察院经复查决定不予抗诉后继续提出申诉的，省检察院应当受理。经省市两级检察院复查决定不予抗诉的，没有新的事实和理由的，不再立案复查。

第三步，应当由哪一级检察院向哪一级法院提出抗诉？对此，《人民检察院刑事诉讼规则》第595条第2款规定："地方各级人民检察院刑事申诉检察部门对不服同级人民法院已经发生法律效力的刑事判决、裁定的申诉复查后，认为需要提出抗诉的，报请检察长或者检察委员会讨论决定。认为需要提出抗诉的，应当提请上一级人民检察院抗诉。"因此，S市检察院认为需要提出抗诉的，应当报请省检察院抗诉。**《刑事诉讼法》第254条第3款**规定："最高人民检察院对各级人民法院已经发生法律效力的判决和裁定，上级人民检察院对下级人民法院已经发生法律效力的判决和裁定，如果发现确有错误，有权按照审判监督程序向同级人民法院提出抗诉。"因此，对于S市中级人民法院作出的生效裁判，应当由其上级检察院，也即省检察院向其同级法院，也即省高级人民法院抗诉。

3. 省检察院按审判监督程序向省高级人民法院提起抗诉，对于原判决、裁定事实不清或者证据不足的再审案件，省高级人民法院应当如何处理？

答案：

①经审理能够查清事实的，应当在查清事实后依法裁判；②经审理仍无法

查清事实，证据不足的，不能认定原审被告人无罪的，应当判决宣告原审被告人无罪；③经审理发现有新证据且超过刑事诉讼法规定的指令再审期限的，可以裁定撤销原判，发回原审法院重新审判。

难度： 难

考点： 提起审判监督的方式；重新审判后的处理

命题和解题思路： 命题人通过此题想要考查的是《最高人民法院关于审理人民检察院按照审判监督程序提出的刑事抗诉案件若干问题的规定》（2012）的第4条。但是2013年刑事诉讼法和《最高人民法院关于适用〈中华人民共和国刑事诉讼法〉的解释》实际上已经对相关规定作出重大修改。根据该《最高人民法院关于审理人民检察院按照审判监督程序提出的刑事抗诉案件若干问题的规定》（2012）第2条，只有涉及新证据的才需要指令下级人民法院再审，而根据刑事诉讼法和《最高人民法院关于适用〈中华人民共和国刑事诉讼法〉的解释》，对原判事实不清、证据不足，包括有新的证据证明原判可能有错误的，均可指令再审。因此该规定的相关内容实际上已经失效，本题仍据此给出答案是值得商榷的。

答案解析：

根据“本案为人民检察院按照审判监督程序抗诉的案件”这一信息，本题的解答依据应包括：**《刑事诉讼法》第254条第4款**：“人民检察院抗诉的案件，接受抗诉的人民法院应当组成合议庭重新审理，对于原判决事实不清楚或者证据不足的，可以指令下级人民法院再审。”《刑事诉讼法》**第258条**：“……对需要指令下级人民法院再审的，应当自接受抗诉之日起一个月以内作出决定……”**《最高人民法院关于适用〈中华人民共和国刑事诉讼法〉的解释》第381条**：“对人民检察院依照审判监督程序提出抗诉的案件，接受抗诉的人民法院应当组成合议庭审理。对原判事实不清、证据不足，包括有新的证据证明原判可能有错误，需要指令下级人民法院再审的，应当在立案之日起一个月内作出决定，并将指令再审决定书送达抗诉的人民检察院。”

而根据“原判决、裁定事实不清或者证据不足”的信息，本题的解答依据还应当包括：**《最高人民法院关于适用〈中华人民共和国刑事诉讼法〉的解释》第389条第1款**：“再审案件经过重新审理后，应当按照下列情形分别处理：（一）原判决、裁定认定事实和适用法律正确、量刑适当的，应当裁定驳回申诉或者抗诉，维持原判决、裁定；（二）原判决、裁定定罪准确、量刑适当，但在认定事实、适用法律等方面有瑕疵的，应当裁定纠正并维持原判决、裁定；（三）原判决、裁定认定事实没有错误，但适用法律错误，或者量刑不当的，应当撤销原判决、裁定，依法改判；（四）**依照第二审程序审理的案件，原判决、裁定事实不清或者证据不足的，可以在查清事实后改判，也可以裁定撤销原判，发回原审人民法院重新审判**。”**第2款**：“原判决、裁定事实不清或者证据不足，经审理事实已经查清的，应当根据查清的事实依法裁判；事实仍无法查清，证据不足，不能认定被告人有罪的，应当撤销原判决、裁定，判决宣告被告人无罪。”对比这两款规定，可以推知，第2款规定应当是包括依照第一审程序再审的案件，和依照第二审程序审理因原判、裁定事实不清或者证据不足，发回原审人民法院重新审判的案件。此外，根据《刑事诉讼法》第256条的规定，如果原来是第二审案件，或者是上级人民法院提审的案件，都应当依照第二审程序进行审判。

综上所述，本题答案应当为：省检察院按审判监督程序向省高级人民法院提起抗诉，省高级人民法院应当组成合议庭审理。对于原判决、裁定事实不清、证据不足的可作如下处理：第一，可以在一个月以内指令下级人民法院再审。第二，省高级人民法院提审或下级人民法院再审，均应依照第二审程序进行，原判决、裁定事实不清或者证据不足的，可以在查清事实后改判，也可以裁定撤销原判，发回原审人民法院重新审判。第三，原审人民法院经审理事实已经查清的，应当根据查清的事实依法裁判；事实仍无法查清，证据不足，不能认定被告人有罪的，应当撤销原判决、裁定，判决宣告被告人无罪。

4. 如果省高级人民法院认为S市中级人民法院生效判决确有错误，应当如何纠正？

答案：省高级人民法院既可以提审也可以指令下级法院再审。①提审由省高级人民法院组成合议庭，所作出判决裁定为终审判决裁定；提审的案件应当是原判决裁定认定事实正确但适用法律错误，或者案件疑难、复杂、重大，或者不宜由原审法院审理的情形。②省法院指令再审一般应当指令S市中院以外的中级人民法院再审，依照第二审程序进行；如果更有利于查明案件事实、纠正裁判错误，也可以指令S市中院再审，S市中院应当另行组成合议庭，依照二审程序进行。

难度：中

考点：提起审判监督的方式；重新审判的程序

命题和解题思路：命题人通过此题考查了提起审判监督的另一种方式，即上级人民法院发现下级人民法院的生效裁判确有错误而提起审判监督的，以及重新审判的程序。本题的解答可分两步：第一步，**概括说明这种情况高级人民法院可以提审也可以指令再审**；第二步，**分别阐述提审和指令再审的基本程序和适用条件。**

答案解析：

第一步，根据**《刑事诉讼法》第254条第2款的**规定："……上级人民法院对下级人民法院已经发生法律效力的判决和裁定，如果发现确有错误，有权提审或者指令下级人民法院再审"，概括说明本案中高级人民法院可以提审也可以指令再审。

第二步，关于提审和指令再审各自的适用条件和基本程序，有以下法律依据：《刑事诉讼法》第255条规定："上级人民法院指令下级人民法院再审的，应当指令原审人民法院以外的下级人民法院审理；由原审人民法院审理更为适宜的，也可以指令原审人民法院审理。"**第256条**规定："人民法院按照审判监督程序重新审判的案件，由原审人民法院审理的，应当另行组成合议庭进行。如果原来是第一审案件，应当依照第一审程序进行审判，所作的判决、裁定，可以上诉、抗诉；如果原来是第二审案件，或者是上级人民法院提审的案件，应当依照第二审程序进行审判，所作的判决、裁定，是终审的判决、裁定。"**《最高人民法院关于适用〈中华人民共和国刑事诉讼法〉的解释》第379条**规定："上级人民法院发现下级人民法院已经发生法律效力的判决、裁定确有错误的，可以指令下级人民法院再审；原判决、裁定认定事实正确但适用法律错误，或者案件疑难、复杂、重大，或者有不宜由原审人民法院审理情形的，也可以提审。上级人民法院指令下级人民法院再审的，一般应当指令原审人民法院以外的下级人民法院审理；由原审人民法院审理更有利于查明案件事实、纠正裁判错误的，可以指令原审人民法院审理。"综合上述规定，即可得出本题答案。

5. 此案在由省检察院向省高级人民法院抗诉中，请求改判被告人无罪，被告人及其辩护人也辩称无罪，省高级人民法院根据控辩双方一致意见，是否应当做出无罪判决？为什么？

答案：法院可以根据具体情况，既可以作有罪判决也可以作无罪判决。①本案系审判监督程序的案件，法庭审理的对象是生效的法院判决裁定是否有错误，判决有罪无罪的依据是案件事实、证据及适用的法律是否确有错误。

②检察机关的抗诉是引起再审程序的缘由，其请求改判无罪已经不是控诉的含义，也不是控方，不存在控辩双方意见一致的情形。

难度： 难

考点： 重新审判后的处理

命题和解题思路： 命题人通过此题考查了检察院抗诉请求改判被告人无罪的情况应如何处理，这是审判监督程序中看上去比较特殊但实际上却经常出现的状况。对此，刑事诉讼法及司法解释并无明确规定，但是根据相关法理及常识可以解答。对于此类缺乏明确法律依据的考题，考生很难判断命题人具体的考查意图，所以比较保险的方法是，尽可能多地选择不同的角度去寻找依据。

答案解析：

第一，**从审判监督程序的性质与功能来看**，审判监督程序是一种纠错程序，最终应否作出无罪判决，应取决于原来的有罪裁判有无错误，而不取决于检察院与被告人、辩护人的意见是否一致。

第二，**从再审程序的审理对象来看**，其针对的是生效裁判，而非检察院或被告人的诉讼主张。检察院或被告人的诉讼主张只是导致再审程序启动的原因，一旦启动了再审程序，其应否作出无罪判决，就仅取决于原生效裁判有无错误，而不取决于检察院与被告人的诉讼主张。

第三，**从检察院抗诉的内容与性质来看**，其内容是请求改判被告人无罪，因此在性质上已不属于控诉，也即在因此种抗诉所引起的再审程序中已不存在一般的审判程序中的控辩双方，也就无所谓控辩双方意见一致。

2016 年

一、试题（本题 22 分）

案情：

顾某（中国籍）常年居住 M 国，以丰厚报酬诱使徐某（另案处理）两次回国携带毒品甲基苯丙胺进行贩卖。2014 年 3 月 15 日 15 时，徐某在 B 市某郊区交易时被公安人员当场抓获。侦查中徐某供出了顾某。我方公安机关组成工作组按照与该国司法协助协定赴该国侦查取证，由 M 国警方抓获了顾某，对其进行了讯问取证和住处搜查，并将顾某及相关证据移交中方。

检察院以走私、贩卖毒品罪对顾某提起公诉。鉴于被告人顾某不认罪并声称受到刑讯逼供，要求排除非法证据，一审法院召开了庭前会议，通过听取控辩双方的意见及调查证据材料，审判人员认定非法取证不成立。开庭审理后，一审法院认定被告人两次分别贩卖一包甲基苯丙胺和另一包重量为7.6克甲基苯丙胺判处其有期徒刑6年6个月。顾某不服提出上诉，二审法院以事实不清发回重审。原审法院重审期间，检察院对一包甲基苯丙胺重量明确为2.3克并作出补充起诉，据此原审法院以被告人两次分别贩卖2.3克、7.6克毒品改判顾某有期徒刑7年6个月。被告人不服判决再次上诉到二审法院。

问题：

1. M国警方移交的证据能否作为认定被告人有罪的证据？对控辩双方提供的境外证据，法院应当如何处理？

2. 本案一审法院庭前会议对非法证据的处理是否正确？为什么？

3. 发回原审法院重审后，检察院对一包甲基苯丙胺重量为2.3克的补充起诉是否正确？为什么？

4. 发回重审后，原审法院的改判加刑行为是否违背上诉不加刑原则？为什么？

5. 此案再次上诉后，二审法院在审理程序上应如何处理？

二、答案精讲

1. M国警方移交的证据能否作为认定被告人有罪的证据？对控辩双方提供的境外证据，法院应当如何处理？

答案：M国警方移交的证据可以作为认定被告人有罪的证据。

我国刑事诉讼法规定我国司法机关可以进行刑事司法协助，警方赴M国请求该国警方抓捕、取证属于司法协助的范围，我国法院对境外证据认可其证据效力，本案司法协助程序符合规范，符合办理刑事案件程序规定。

人民法院对来自境外的证据材料，应当对材料来源、提供人、提供时间以及提取人、提取时间等进行审查。经审查，能够证明案件事实符合《刑事诉讼法》规定的，可以作为证据使用。但提供人或者我国与有关国家签订的双边条约对材料的使用范围有明确限制的除外；材料来源不明或者真实性无法确认的，不得作为定案的证据。

难度： 难

考点： 刑事司法协助

命题和解题思路： 命题人通过此题考查了刑事司法协助中关于境外调查取证所获证据的证据资格及审查重点等问题。其中第二问实际上是对《最高人民法院关于适用〈中华人民共和国刑事诉讼法〉的解释》第405条的考查。刑事司法协助虽然是考纲明确列出的考点，但考生对该部分内容的复习一般也就是走马观花，更不会关注《最高人民法院关于适用〈中华人民共和国刑事诉讼法〉的解释》第405条的规定。但不管怎样，考生至少要对刑事司法协助的范围有所了解，明确调查取证和移送证据属于刑事司法协助的范围，所获证据具有证据资格。至于如何审查，对于不知道《最高人民法院关于适用〈中华人民共和国刑事诉讼法〉的解释》第405条规定的考生来说，可从核实证据来源与可靠性的角度来写，即便不准确，也不至于失分过多。

答案解析：

《刑事诉讼法》第18条规定："根据中华人民共和国缔结或者参加的国际条约，或者按照互惠原则，我国司法机关和外国司法机关可以相互请求刑事司法协助。"刑事司法协助是指一国的法院或者其他司法机关，根据另一国的法院或者其他司法机关的请求，代为或者协助实行与刑事诉讼有关的司法行为。

关于刑事司法协助的范围，刑事诉讼法和《最高人民法院关于适用〈中华人民共和国刑事诉讼法〉的解释》均未作明确规定，但《人民检察院刑事诉讼规则》第679条规定了："人民检察院司法协助的范围主要包括刑事方面的调查取证，送达刑事诉讼文书，通报刑事诉讼结果，移交物证、书证和视听资料，扣押、移交赃款、赃物以及法律和国际条约规定的其他司法协助事宜。"《公安机关办理刑事案件程序规定》第365条规定："公安机关进行刑事司法协助和警务合作的范围，主要包括犯罪情报信息的交流与合作，调查取证，送达刑事诉讼文书，移交物证、书证、视听资料或者电子数据等证据材料，引渡、缉捕和递解犯罪嫌疑人、被告人或者罪犯以及国际条约、协议规定的其他刑事司法协助和警务合作事宜。"根据这些规定，**调查取证、移交证据材料等显然均属刑事司法协助的范围**，所获证据当然也都具有证据资格。

对于在境外取得的证据材料的审查，**《最高人民法院关于适用〈中华人民**

共和国刑事诉讼法〉的解释》第405条规定："对来自境外的证据材料，人民法院应当对材料来源、提供人、提供时间以及提取人、提取时间等进行审查。经审查，能够证明案件事实且符合刑事诉讼法规定的，可以作为证据使用，但提供人或者我国与有关国家签订的双边条约对材料的使用范围有明确限制的除外；材料来源不明或者其真实性无法确认的，不得作为定案的根据。当事人及其辩护人、诉讼代理人提供来自境外的证据材料的，该证据材料应当经所在国公证机关证明，所在国中央外交主管机关或者其授权机关认证，并经我国驻该国使、领馆认证。"

2. 本案一审法院庭前会议对非法证据的处理是否正确？为什么？

答案：不正确。按照刑事诉讼法的规定，庭前会议就非法证据等问题只是**了解情况，听取意见**，不能做出决定。

难度：中

考点：庭前会议

命题和解题思路：命题人通过此题考查了2012年刑事诉讼法修改的新增内容庭前会议制度。虽然题目问的是对非法证据的处理是否正确，但实际上并不是要考对非法证据的排除是否符合法定的排除范围之类，如果考生顺着这个路子回答就跑偏了。命题人实际要考查的是考生对庭前会议制度的理解和把握，也即庭前会议中能不能就非法证据排除等问题作出处理性决定？

答案解析：

《刑事诉讼法》第187条第2款规定："在开庭以前，审判人员可以召集公诉人、当事人和辩护人、诉讼代理人，对回避、出庭证人名单、非法证据排除等与审判相关的问题，了解情况，听取意见。"**《最高人民法院关于适用〈中华人民共和国刑事诉讼法〉的解释》第99条**规定："开庭审理前，当事人及其辩护人、诉讼代理人申请排除非法证据，人民法院经审查，对证据收集的合法性有疑问的，应当依照《刑事诉讼法》第一百八十二条（说明：现第一百八十七条）第二款的规定召开庭前会议，就非法证据排除等问题了解情况，听取意见。人民检察院可以通过出示有关证据材料等方式，对证据收集的合法性加以说明。"**第184条第2款**规定："（庭前会议中）审判人员可以询问控辩双方对证据材料有无异议，对有异议的证据，应当在庭审时重点调查；无异议的，庭审时举证、质证可以简化。"可见，在庭前会议中，人民法院只能就非法证据排除等问题了解情况，听取意见，有异议的应在庭审时重点调查，无异议的，庭审时举证、质证可以简化，但无论如何，都还是要经过庭审调查的，庭前会议不能直接作出结论。

3. 发回原审法院重审后，检察院对一包甲基苯丙胺重量为2.3克的补充起诉是否正确？为什么？

答案：不正确。本案第二审法院基于原审法院认定的一包甲基苯丙胺数量不明，以事实不清发回重审，重审中检察机关明确为2.3克，只是补充说明不是补充起诉。补充起诉是在法院宣告判决前检察机关发现有遗漏的同案犯罪嫌疑人或者罪行可以一并起诉和审理的。

难度：中

考点：补充起诉

命题和解题思路：考试大纲中并没有明确列出“补充起诉”的考点，但是变更、补充、追加起诉却是高频考点，很受命题人的青睐。本题主要考查的是补充起诉的适用情形，命题人设计的情节为补充之前起诉过的贩毒罪中的毒品的重量，考生需要认真审题，弄清补充的内容是什么，该内容能否构成一个“诉”。

答案解析：

所谓“补充之诉”，补充的内容要能独立构成一个“诉”才能成为“补充起诉”，**仅仅是对已经起诉的案件中的一些具体内容的补充，不能成立“补充之诉”。只有发现遗漏的同案犯罪嫌疑人或罪行可以一并起诉和审理的，才适用追加、补充起诉**。本案中，检察院并没有发现顾某在两次贩毒罪行外还有其他罪行，而只是就补充了其中一次贩毒的毒品数量，这种情况不能补充起诉。

《人民检察院刑事诉讼规则》第458条规定，在人民法院宣告判决前，人民检察院发现被告人的真实身份或者犯罪事实与起诉书中叙述的身份或者指控犯罪事实不符的，或者事实、证据没有变化，但罪名、适用法律与起诉书不一致的，可以变更起诉；发现遗漏的同案犯罪嫌疑人或者罪行可以一并起诉和审理的，可以追加、补充起诉（遗留同案犯罪嫌疑人的适用追加起诉，遗漏罪行的适用补充起诉）。**《最高人民法院关于适用〈中华人民共和国刑事诉讼法〉的解释》第243条**规定：“审判期间，人民法院发现新的事实，可能影响定罪的，可以建议人民检察院补充或者变更起诉……”由此可见，补充起诉应当涉及新的犯罪事实，只是对原有犯罪事实细节的补充不能成立补充之诉。

4. 发回重审后，原审法院的改判加刑行为是否违背上诉不加刑原则？为什么？

答案： 违反上诉不加刑。第二审人民法院发回原审人民法院重新审理的案件，除有新的犯罪事实，人民检察院补充起诉的以外，原审人民法院不得加重被告人的刑罚。本案补充说明一包甲基苯丙胺重量 2.3 克是原有的指控内容，不是新增加的犯罪事实。

难度： 中

考点： 上诉不加刑原则

命题和解题思路： 命题人通过此题考查了上诉不加刑原则在发回重审的情况下是否存在例外的问题。根据《最高人民法院关于适用〈中华人民共和国刑事诉讼法〉的解释》第 327 条的规定，此种情形下唯一的例外就是“人民检察院补充起诉”，因此，此题的设计与上一题可谓环环相扣，如果上一题中，考生认为检察机关的补充起诉成立，那么在这一题中也就会认为原审法院的改判加刑并不违背上诉不加刑原则。因此解答本题的关键仍然在于判断检察院的补充说明是否构成补充起诉。

答案解析：

《刑事诉讼法》第 237 条规定：“第二审人民法院审理被告人或者他的法定代理人、辩护人、近亲属上诉的案件，不得加重被告人的刑罚。第二审人民法院发回原审人民法院重新审判的案件，除有新的犯罪事实，人民检察院补充起诉的以外，原审人民法院也不得加重被告人的刑罚。人民检察院提出抗诉或者自诉人提出上诉的，不受前款规定的限制。”**《最高人民法院关于适用〈中华人民共和国刑事诉讼法〉的解释》第 327 条**规定：“被告人或者其法定代理人、辩护人、近亲属提出上诉的案件，第二审人民法院发回重新审判后，除有新的犯罪事实，人民检察院补充起诉的以外，原审人民法院不得加重被告人的刑罚。”

可见上诉不加刑原则的适用首先有一个普适性的条件，即人民检察院没有提出抗诉或自诉人没有提出上诉，本案符合这一条件。在这一前提下，如果案件被发回重审，原审人民法院仍然不能加重被告人的刑罚，唯一的例外就是——人民检察院就新的犯罪事实补充起诉。因此判断本案中第一审人民法院加重被告人刑罚的做法是否违背了上诉不加刑原则，其关键又在于判断人民检察院是否就新的事实提出了补充起诉。本案中，如上题所述，人民检察院虽然提出了补充起诉，但并不存在新的事实，人民检察院补充起诉的做法是错误的，因此补充起诉不成立，也即例外条件不成立，因此第一审人民法院仍然不能加重被告人的刑罚，否则就是对上诉不加刑原则的违背。

5. 此案再次上诉后，二审法院在审理程序上应如何处理？

答案：①组成合议庭不开庭审理，但应当讯问被告人、听取辩护人、诉讼代理人意见。②鉴于本案系发回重审后的上诉审，第二审法院不得以事实不清再发回原审法院重新审理。③如果认为原判认定事实和适用法律正确、量刑适当，应当裁定驳回上诉，维持原判；如果认为原判适用法律有错误或量刑不当，应当改判，但受上诉不加刑限制。④第二审人民法院应当在二个月以内审结。

难度：中

考点：第二审程序的审理（不开庭审理的方式和程序）；对上诉、抗诉案件审理后的处理

命题和解题思路：命题人通过此题比较全面地考查了第二审程序的审理方式及关于发回重审后再次上诉的二审案件的特殊规定。本题的难点主要在于判断应当回答哪些内容。考生应按照审理方式、审理后的处理、审理期限依次回答。

答案解析：

命题人问的是二审法院在审理程序上应如何处理，那么首先应回答**审理方式**的问题。对此，**《刑事诉讼法》第234条**规定："第二审人民法院对于下列案件，应当组成合议庭，开庭审理：（一）被告人、自诉人及其法定代理人对第一审认定的事实、证据提出异议，可能影响定罪量刑的上诉案件；（二）被告人被判处死刑的上诉案件；（三）人民检察院抗诉的案件；（四）其他应当开庭审理的案件。第二审人民法院决定不开庭审理的，应当讯问被告人，听取其他当事人、辩护人、诉讼代理人的意见。第二审人民法院开庭审理上诉、抗诉案件，可以到案件发生地或者原审人民法院所在地进行。"本题中没有给出被告人上诉的理由，因此似乎分两种情况说明才更为妥当：如果其上诉的原因是对事实、证据提出异议，可能影响定罪量刑的，应由合议庭开庭审理。否则，可以不开庭审理，但应当由合议庭讯问被告人，听取其他当事人、辩护人、诉讼代理人的意见。

回答完审判方式后即可回答**审理后的处理**。**《刑事诉讼法》第225条**规定："第二审人民法院对不服第一审判决的上诉、抗诉案件，经过审理后，应当按照下列情形分别处理：（一）原判决认定事实和适用法律正确、量刑适当

的，应当裁定驳回上诉或者抗诉，维持原判；（二）原判决认定事实没有错误，但适用法律有错误，或者量刑不当的，应当改判；（三）原判决事实不清楚或者证据不足的，可以在查清事实后改判；也可以裁定撤销原判，发回原审人民法院重新审判。原审人民法院对于依照前款第三项规定发回重新审判的案件作出判决后，被告人提出上诉或者人民检察院提出抗诉的，第二审人民法院应当依法作出判决或者裁定，不得再发回原审人民法院重新审判。"本案属于只有辩方上诉和发回重审后再次上诉的案件，因此这部分的回答要突出两个内容：不得加重被告人刑罚；不得自此发回重审。

最后回答**审理期限**即可。**《刑事诉讼法》第 243 条**规定："第二审人民法院受理上诉、抗诉案件，应当在二个月以内审结。对于可能判处死刑的案件或者附带民事诉讼的案件，以及有本法第一百五十六条规定情形之一的，经省、自治区、直辖市高级人民法院批准或者决定，可以延长二个月；因特殊情况还需要延长的，报请最高人民法院批准。"本案不存在本条所规定的特殊情况，因此应当在二个月以内审结。

2015 年

一、试题（本题 26 分）

扫一扫　看微课视频

案情：

某日凌晨，A 市某小区地下停车场发现一具男尸，经辨认，死者为刘瑞，达永房地产公司法定代表人。停车场录像显示一男子持刀杀死了被害人，但画面极为模糊，小区某保安向侦查人员证实其巡逻时看见形似刘四的人拿刀捅了被害人后逃走（开庭时该保安已辞职无法联系）。

侦查人员在现场提取了一只白手套，一把三棱刮刀（由于疏忽，提取时未附笔录）。侦查人员对现场提取的血迹进行了 ABO 血型鉴定，认定其中的血迹与犯罪嫌疑人刘四的血型一致。

刘四到案后几次讯问均不认罪，后来交代了杀人的事实并承认系被他人雇佣所为，公安机关据此抓获了另外两名犯罪嫌疑人康雍房地产公司开发商张文、张武兄弟。

侦查终结后，检察机关提起公诉，认定此案系因开发某地块利益之争，张文、张武雇佣社会人员刘四杀害了被害人。

法庭上张氏兄弟、刘四同时翻供，称侦查中受到严重刑讯，不得不按办案人员意思供认，但均未向法庭提供非法取证的证据或线索，未申请排除非法证据。

公诉人指控定罪的证据有：①小区录像；②小区保安的证言；③现场提取的手套、刮刀；④ABO血型鉴定；⑤侦查预审中三被告人的有罪供述及其相互证明。三被告对以上证据均提出异议，主张自己无罪。

问题：

1. 请根据《刑事诉讼法》及相关司法解释的规定，对以上证据分别进行简要分析，并作出是否有罪的结论。

2. 请结合本案，谈谈对《中共中央关于全面推进依法治国若干重大问题的决定》中关于“推进以审判为中心的诉讼制度改革，确保侦查、审查起诉的案件事实证据经得起法律的检验”这一部署的认识。

答题要求：

1. 无本人分析、照抄材料原文不得分；
2. 结论、观点正确，逻辑清晰，说理充分，文字通畅；
3. 请按问题顺序作答，总字数不得少于800字。

二、答案精讲

1. 请根据《刑事诉讼法》及相关司法解释的规定，对以上证据分别进行简要分析，并作出是否有罪的结论。

答案：对本案公诉人指控定罪的证据分析如下：

①小区录像：该证据为视听资料，画面极为模糊，只能证明一男子在停车场持刀杀死了被害人，无法证明该男子是谁。

②小区保安的证言：该证言的内容仅为一个形似李四的人拿刀捅了被害人后逃走，无法肯定行凶者就是李四，且开庭时已无法联系到该证人，法庭对其证言的真实性无法确认，该证人证言不得作为定案的根据。

③现场提取的手套、刮刀：该证据属于物证，根据相关司法解释的规定，在勘验过程中提取、扣押的物证，未附笔录，不能证明物证来源的，不得作为定案的根据。

④ABO血型鉴定：该证据属于鉴定意见，但ABO血型鉴定并非同一性鉴定，只能证明现场提取的血迹与刘四的血型一致，无法证明现场提取的血迹就

是刘四留下的。

⑤侦查预审中三被告人的有罪供述及其相互证明：首先，我国刑事诉讼法规定，对一切案件的判处都要重证据，重调查研究，不轻信口供，因此即便各被告均作出了有罪供述，也还是要从其本身的情况及其与其他证据之间的印证情况等来综合判断其真伪。其次，本案中，被告人供述不稳定，刘某到案后几次均不认罪，后来虽然供述，但在法庭上又翻供了，其他被告也均同时翻供。根据我国司法解释的规定，被告人庭前供述和辩解存在反复，庭审中不供认，且无其他证据与庭前供述印证的，不得采信其庭前供述。再次，法庭上各被告人同时翻供，称侦查中受到严重刑讯，不得不按办案人员意思供认，虽然被告人没有向法庭提供非法取证的证据或线索，没有申请排除非法证据，但是，如果法庭对证据的合法性有疑问，可以依职权予以调查。如果确认或者无法排除这些口供为刑讯逼供所获，则这些口供不能被作为定案的根据。最后，共同犯罪中犯罪嫌疑人或被告人的相互证明仍然为犯罪嫌疑人、被告人供述和辩解，而不能互为证人证言，根据刑事诉讼法的规定，只有被告人供述，没有其他证据的，不能认定被告人有罪。

综上所述，上述证据**达不到证据确实、充分的证明标准**。证据确实、充分要求定罪量刑的事实都有证据证明，综合全案证据，对所认定事实已排除合理怀疑。本案中的上述证据**只能证明被害人在停车场被人用刀捅死，而不能排除合理怀疑地证明被告人系被张氏兄弟雇佣的李四捅死，故本案不能认定被告人有罪**，而只能做出证据不足，指控的犯罪不能成立的无罪判决。

难度：中

考点：证据的收集；审查判断和运用；证明标准

命题和解题思路：命题人通过此题考查了考生对各种类证据的收集程序及审查判断方法、对证据的综合审查判断方法以及对证明标准的把握。

本题应先就控方指控被告人有罪的各项证据予以逐个分析，再对所有指控证据予以综合分析，最后判断其是否达到了证明标准，从而作出是否有罪的结论。

分析的时候要注意，命题人围绕各项证据所提供的信息是不一样的，因此，考生要**围绕命题人给出的信息对相关证据从不同的角度予以分析**。从证据资格角度，考生要熟知各种关于证据资格的法律规定及司法解释，虽然不需要原文复述，但是相关的点必须答到。从证据内容角度来看，考生要明确指出每项证据究竟能证明什么，能否证明被告人有罪。

答案解析：具体而言，本案中，公诉人指控定罪的证据一共有五项，对各项证据可予以如下分析：

（1）小区录像：小区录像属于视听资料，命题人没有就该视听资料的提取过程给出信息，只对该录像所反映的内容给出了信息。因此对小区录像的分析应当从它的证明内容着手。

（2）小区保安的证言：命题人为该证人证言提供了两方面的信息，一是证明内容；二是开庭时无法联系到该证人。对这两方面的信息都要予以分析。关于后一方面的信息，《刑事诉讼法》第192条第1款规定："公诉人、当事人或者辩护人、诉讼代理人对证人证言有异议，且该证人证言对案件定罪量刑有重大影响，人民法院认为证人有必要出庭作证的，证人应当出庭作证。"《最高人民法院关于适用〈中华人民共和国刑事诉讼法〉的解释》第78条规定："证人当庭作出的证言，经控辩双方质证、法庭查证属实的，应当作为定案的根据……经人民法院通知，证人没有正当理由拒绝出庭或者出庭后拒绝作证，法庭对其证言的真实性无法确认的，该证人证言不得作为定案的根据。"答案中应当对相关规定的主要内容和基本精神有所反映。

（3）现场提取的手套、刮刀：命题人专门给出了提取手套、刮刀未作笔录的信息，考生要抓住这一信息对其证据资格予以分析。《最高人民法院关于适用〈中华人民共和国刑事诉讼法〉的解释》第73条规定："在勘验、检查、搜查过程中提取、扣押的物证、书证，未附笔录或者清单，不能证明物证、书证来源的，不得作为定案的根据。"这一条的内容必须要答出来。

（4）ABO血型鉴定：命题人未就该血型鉴定的样本、检材提取情况给出信息，仅指出了鉴定意见的内容。因此对此项证据的分析应从其内容入手。

（5）侦查预审中三被告人的有罪供述及其相互证明：命题人就此项证据给出了三方面的信息：一是被告人供述不稳定，有反复。对此，应答出《最高人民法院关于适用〈中华人民共和国刑事诉讼法〉的解释》第83条中的相关内容，即"被告人庭前供述和辩解存在反复，但庭审中供认，且与其他证据相互印证的，可以采信其庭审供述；被告人庭前供述和辩解存在反复，庭审中不供认，且无其他证据与庭前供述印证的，不得采信其庭前供述"。二是被告人在法庭上同时翻供，声称侦查中受到严重刑讯，不得不按办案人员意思供认。这里命题人设计了一个陷阱，专门指出被告人未向法庭提供非法取证的证据或线索，未申请排除非法证据。对此，考生应指出非法证据排除得依职权进行，并对本项证据的证据资格予以分析。三是本案为共同犯罪，存在多名被告人供述。对此，要指出共同犯罪中的多名被告人供述不能互为证人证言。此外，本部分还应答出《刑事诉讼法》对待供述的总的原则，即对一切案件的判处都要重证据、重调查研究、不轻信口供。

对以上各项证据予以分别分析之后，要对全案证据予以综合分析，指出其是否达到了证明标准。《刑事诉讼法》第55条第2款规定："证据确实、充分，应当符合以下条件：（一）定罪量刑的事实都有证据证明；（二）据以定案的证据均经法定程序查证属实；（三）综合全案证据，对所认定事实已排除合理怀疑。"要分析本案证据是否达到了这一标准。如未达到，则依据《刑事诉讼法》第200条第（三）项的规定："证据不足，不能认定被告人有罪的，应当作出证据不足、指控的犯罪不能成立的无罪判决。"从而得出本题结论，本案不能认定被告人有罪，只能做出证据不足、指控的犯罪不能成立的无罪判决。

2. 请结合本案，谈谈对《中共中央关于全面推进依法治国若干重大问题的决定》中关于"推进以审判为中心的诉讼制度改革，确保侦查、审查起诉的案件事实证据经得起法律的检验"这一部署的认识。

答案："推进以审判为中心的诉讼制度改革，确保侦查、审查起诉的案件事实证据经得起法律的检验"可以从以下几个方面理解：

第一，要全面贯彻**证据裁判原则**。对犯罪事实的认定要以证据为根据；作为定案根据的证据应当是具有证据资格和经过法定程序查证属实的证据；认定犯罪事实的证据应当达到确实、充分的证明标准，能够排除合理怀疑。在本案中，以审判为中心，贯彻证据裁判原则，首先要求对犯罪事实的认定要以证据为根据，不能仅凭"形似"等猜测、推断定罪；其次要求作为定案根据的证据应当是具有证据资格和经过法定程序查证属实，对于确认或者不能排除为刑讯逼供等非法手段所取得的供述、没有附提取笔录不能证明来源的物证、因联系不到证人而无法确定其真伪的证人证言等，均不得作为定案的根据；最后要求认定犯罪事实的证据应当达到确实、充分的证明标准，能够排除合理怀疑，本案证据仅能证明被害人被杀，而证明被害人系被张氏兄弟雇佣的李四杀害的证据则要么证明内容模糊，要么取证手段违法，难以相互印证并得出排他性的结论。

第二，要贯彻**直接言辞原则**。完善证人、鉴定人出庭制度，强化庭审质证，确保侦查、审查起诉阶段收集的证据在法庭上经过控辩双方的质证并查证属实后才能作为定案的根据。本案中，小区保安是唯一的目击证人，他的证言对定罪量刑有重大影响，但他在庭审时已经失联，不可能出庭，他的证言也无法核实，控辩双方无从质证，因此他的证言不能作为定案的根据。

第三，要充分**发挥庭审的决定性作用**。以审判为中心的诉讼制度改革最终要落脚于发挥庭审的决定性作用，使侦查、审查起诉的案件事实在庭审中接受检验。本案中，通过庭审对证据裁判原则和直接言辞原则的贯彻，排除了在侦查和审查起诉阶段收集到的不具有证据资格的证据，没有采信证明内容模糊、证明力薄弱的证据，最终得出了与侦查和审查起诉阶段不一致的无罪结论，说明侦查、审查起诉的案件事实证据没能经住法律的检验，也反映了庭审的决定性作用，发挥出了以审判为中心的制度功能。

难度：难

考点：以审判为中心的诉讼制度改革

命题和解题思路：命题人通过此题考查了考生对《中共中央关于全面推进依法治国若干重大问题的决定》中关于"推进以审判为中心的诉讼制度改革，确保侦查、审查起诉的案件事实证据经得起法律的检验"的理解，并要求结合本案来谈。本题的难度主要在于，应当选择哪几个方面来谈。对此，有两种判断方法：

第一，这句话在《中共中央关于全面推进依法治国若干重大问题的决定》中的完整表述是："推进以审判为中心的诉讼制度改革，确保侦查、审查起诉的案件事实证据经得起法律的检验。全面贯彻证据裁判规则，严格依法收集、固定、保存、审查、运用证据，完善证人、鉴定人出庭制度，保证庭审在查明事实、认定证据、保护诉权、公正裁判中发挥决定性作用。"因此，本题可以从贯彻证据裁判原则、落实直接言辞原则和发挥庭审的决定性作用这几个角度来解答，并且要结合本案的具体情况予以说明。

第二，对于不了解《中共中央关于全面推进依法治国若干重大问题的决定》表述的人，可以**根据"以审判为中心"所必然包含的内容和本案所给出的信息，按照如下逻辑将可能想到的内容都答出来**：首先，以审判为中心当然是要发挥庭审的决定性作用。本案中，经过庭审得出了不同于侦查和审查起诉阶段的结论恰恰说明了这一点。其次，结合本案中给出的证人失联等信息，可以想到完善证人鉴定人出庭作证制度，并想到以审判为中心当然要求所有的证据都要在法庭上经过控辩双方的质证并查证属实的才能作为定案根据，这既是直接言辞原则的要求，也是证据裁判原则的要求。最后，结合本案中给出的取证手段违法等信息，可以想到，以审判为中心还要求作为定案根据的证据必须是具有证据资格的证据，其应当将那些不具有证据资格但在侦查和审查起诉阶段没有被排除的证据排除掉，这也反映了审判阶段的决定性作用和对侦查、审查起诉的案件事实证据的检验。

答案解析：

根据上述解题思路，确定了本题可从贯彻证据裁判原则、落实直接言辞原则和发挥庭审的决定性作用这几个角度来谈后，本题的解答就比较简单了。

关于证据裁判原则，可先说明证据裁判原则的基本内容和要求，然后根据每一条要求逐个分析本案的情况是否符合证据裁判原则的要求。

关于直接言辞原则，也是先说明直接言辞原则的基本含义，然后针对本案中给出的与此原则有关的信息，也即作为关键证人的保安无法出庭的信息，予以说明。

关于发挥庭审的决定性作用，本案的庭审最终做出了与侦查、起诉不同的结论，相关的信息还是比较容易说明庭审的决定性作用的，考生要注意充分利用相关信息。

2014 年

一、试题（本题 22 分）

案情：

犯罪嫌疑人段某，1980 年出生，甲市丁区人，自幼患有间歇性精神分裂症而辍学在社会上流浪，由于生活无着落便经常偷拿东西。2014 年 3 月，段某窜至丁区一小区内行窃时被事主发现，遂用随身携带的刀子将事主刺成重伤夺路逃走。此案丁区检察院以抢劫罪起诉到丁区法院，被害人的家属提起附带民事诉讼。丁区法院以抢劫罪判处段某有期徒刑 10 年，赔偿被害人家属 3 万元人民币。段某以定性不准、量刑过重为由提起上诉。甲市中级人民法院二审中发现段某符合强制医疗条件，决定发回丁区法院重新审理。

丁区法院对段某依法进行了精神病鉴定，结果清晰表明段某患有精神分裂症，便由审判员张某一人不公开审理，检察员马某和被告人段某出庭分别发表意见。庭审后，法庭作出对段某予以强制医疗的决定。

问题：

1. 结合本案，简答强制医疗程序的适用条件。

2. 如中级人民法院直接对段某作出强制医疗决定，如何保障当事人的救济权？

3. 发回重审后，丁区法院的做法是否合法？为什么？

4. 发回重审后，丁区法院在作出强制医疗决定时应当如何处理被害人家属提出的附带民事诉讼？

二、答案精讲

1. 结合本案，简答强制医疗程序的适用条件。

答案： 强制医疗程序要求行为人同时满足以下三个条件：①实施了危害公共安全或者严重危害公民人身安全的暴力行为；②为经法定程序鉴定依法不负刑事责任的精神病人；③有继续危害社会的可能。本案中，段某实施了严重危害公民人身安全的暴力行为，又经法定程序鉴定为患有精神分裂症的精神病人，因此，只要根据其行为和病情推断其仍有继续危害社会的可能，就符合适用强制医疗程序的条件。

难度： 易

考点： 强制医疗程序的适用条件

命题和解题思路： 命题人通过此题考查了强制医疗程序的适用条件，该条件在**《刑事诉讼法》第302条**中有明确的规定。本题可分两步解答：第一步，根据《刑事诉讼法》第302条的规定解析强制医疗程序的适用条件；第二步，结合案例予以说明。

答案解析：

第一步，根据《刑事诉讼法》第302条的规定解析强制医疗程序的适用条件。该条规定："实施暴力行为，危害公共安全或者严重危害公民人身安全，经法定程序鉴定依法不负刑事责任的精神病人，有继续危害社会可能的，可以予以强制医疗。"可见强制医疗的适用要求行为人符合三个条件：第一，实施暴力行为，危害公共安全或者严重危害公民人身安全；第二，经法定程序鉴定为依法不负刑事责任的精神病人；第三，有继续危害社会的可能。

第二步，结合本案予以说明。分别对应上述三个条件就本案的情况予以说明即可。

2. 如中级人民法院直接对段某作出强制医疗决定，如何保障当事人的救济权？

答案： 刑事诉讼法规定了一审程序被强制医疗的人、被害人及其法定代理人、近亲属对强制医疗决定不服的，可以向上一级法院申请复议，没有明确二审程序是否可以申请复议。从理论上讲，二审是终审程序，当事人不能再上诉，只能通过审判监督程序予以纠正。但按照我国刑事诉讼法关于审判监督程序的规定，只有法院的判决、裁定才可以申诉，不包括决定。因此，如果中级人民法院的强制医疗决定不允许复议，必将剥夺当事人的救济权。故《刑事诉讼法》第305条规定的被决定强制医疗的人、被害人及其法定代理人、近亲属对强制医疗不服的，可以向上一级法院申请复议，应作广义理解，既包括一审也包括二审，使得当事人的救济权利得以保障。

难度： 中

考点： 强制医疗程序的救济程序

命题和解题思路： 命题人通过此题考查了强制医疗的救济程序，但其设定的情况有些特殊，即该强制医疗决定是二审法院作出的。部分考生可能会纠结于二审法院作出的裁判是终审裁判，不能上诉，因此认为二审法院作出的强制医疗决定也不能申请复议，但事实上，一审法院、二审法院的划分仅适用于强制医疗程序开始前的普通程序，一旦转为强制医疗程序，无论是哪一级人民法院依据该程序作出的强制医疗决定在性质和效力上都是一样的，救济途径也并无不同。本题的解答可分为两部分内容：第一，指出二审法院作出的强制医疗决定的救济途径也是向上一级法院申请复议；第二，对为何就二审法院作出的强制医疗决定也可申请复议略加说明。此说明可从法律的规定、法院审级与强制医疗程序的关系、对当事人救济权的保障等多个角度展开。本题的参考答案仅给出了最后一个角度，但是对无法预知参考答案的考生而言，解答时应尽可能从不同的角度予以说明才更为保险。

答案解析：

就二审法院作出的强制医疗决定也可以向上一级法院申请复议，其理由可以从三个方面加以说明：

第一，从法律规定的角度来看，《最高人民法院关于适用〈中华人民共和国刑事诉讼法〉的解释》第534条规定："人民法院在审理第二审刑事案件过程中，发现被告人可能符合强制医疗条件的，可以依照强制医疗程序对案件作出处理，也可以裁定发回原审人民法院重新审判。"说明二审法院可以依照强制医疗程序作出强制医疗决定。而**《刑事诉讼法》第305条第2款**规定："被决定强制医疗的人、被害人及其法定代理人、近亲属对强制医疗决定不服的，可以向上一级人民法院申请复议。"**《最高人民法院关于适用〈中华人民共和国刑事诉讼法〉的解释》第536条**规定："被决定强制医疗的人、被害人及其法定代理人、近亲属对强制医疗决定不服的，可以自收到决定书之日起五日内向上一级人民法院申请复议。复议期间不停止执行强制医疗的决定。”这些规定并没有对作出强制医疗决定的法院加以限制，无论是哪一级人民法院（除非是最高人民法院，因为其没有“上一级人民法院”）作出的强制医疗决定，均可向上一级人民法院申请复议。

第二，从法院的审级与强制医疗程序的关系来看，一审法院、二审法院的划分其实仅适用于强制医疗程序开始前的普通程序，一旦转为强制医疗程序，其实就无所谓一审、二审了，因为强制医疗程序作出的决定是立即生效的，即便申请复议也不影响该决定的执行，换句话说，强制医疗程序本身实际上是“一审终审”的，因此无论是哪一级人民法院依据该程序作出的强制医疗决定在性质和效力上都应当是一样的，可以向上一级人民法院申请复议，但是复议期间不停止决定的执行。

第三，从对当事人救济权的保障来说，出于充分保障当事人救济权的角度考虑，也应当允许当事人就二审法院作出的强制医疗决定申请复议。本题给出的参考答案就是从这个角度来予以说明的。

3. 发回重审后，丁区法院的做法是否合法？为什么？

答案：不合法。按照刑事诉讼法和有关司法解释的规定，丁区法院有下列违法行为：①审理强制医疗应当组成合议庭进行；②本案被告人系成年人，所犯抢劫罪不属于不公开审理的案件；③审理强制医疗案件，应当通知段某的法定代理人到庭；④段某没有委托诉讼代理人，法院应当通知法律援助机构指派律师担任其法定代理人，为其提供法律援助。

难度：中

考点：强制医疗程序的决定程序

命题和解题思路：命题人通过此题考查了强制医疗程序的具体规定，实际上也就是**《刑事诉讼法》第 304 条**的规定。考生只要比照这条规定即可发现本案中丁区法院做法中的违法之处。本题的难点主要在于判断不公开审理是否合法，从案件性质来看，本案不涉及个人隐私，但强制医疗案件均涉及被告人的精神状态，对被告人的精神状态是否属于个人隐私的范畴及强制医疗案件是否应当不公开审理，学界实际上是存在争议的。

答案解析：

《刑事诉讼法》第 304 条规定：“人民法院受理强制医疗的申请后，应当组成合议庭进行审理。人民法院审理强制医疗案件，应当通知被申请人或者被告人的法定代理人到场。被申请人或者被告人没有委托诉讼代理人的，人民法院应当通知法律援助机构指派律师为其提供法律帮助。”将这条规定拆开，即为上述参考答案中的①、③、④项。

本题参考答案中的②项在理论界存在争议。抢劫罪肯定不属于不公开审理的范围，但被告人的精神状态是否属于个人隐私，强制医疗案件是否应不公开审理，学界存在争议。

4. 发回重审后，丁区法院在作出强制医疗决定时应当如何处理被害人家属提出的附带民事诉讼？

答案：按照《最高人民法院关于适用〈中华人民共和国刑事诉讼法〉的解释》第160条关于法院认定公诉案件被告人的行为不构成犯罪，对已经提起的附带民事诉讼，经调解不能达成协议的，应当一并作出附带民事诉讼判决的精神，丁区法院应当就民事赔偿进行调解。调解不成，判决宣告被告人段某不负刑事责任，并在判决中就附带的民事赔偿一并处理，同时做出对被告人段某强制医疗的决定。

难度：难

考点：（强制医疗程序中）附带民事诉讼的调解与审判

命题和解题思路：命题人通过此题考查了在强制医疗程序中应如何处理附带民事诉讼的问题，本题难在刑事诉讼法及司法解释中均无明确规定。只有《最高人民法院关于适用〈中华人民共和国刑事诉讼法〉的解释》第539条规定：“审理强制医疗案件，本章没有规定的，参照适用公诉案件第一审普通程序和第二审程序的有关规定。”因此解答本题的关键在于找到可以参照的相关规定。

答案解析：

《最高人民法院关于适用〈中华人民共和国刑事诉讼法〉的解释》关于第一审普通程序和第二审程序的规定中，最具有参照意义的就是第160条的规定：“人民法院认定公诉案件被告人的行为不构成犯罪，对已经提起的附带民事诉讼，经调解不能达成协议的，应当一并作出刑事附带民事判决。”还有第241条的规定：“对第一审公诉案件，人民法院审理后，应当按照下列情形分别作出判决、裁定：……（七）被告人是精神病人，在不能辨认或者不能控制自己行为时造成危害结果，不予刑事处罚的，应当判决宣告被告人不负刑事责任……”将这两条规定综合起来予以参考，即可得出正确答案。

2013年

一、试题（本题22分）

案情：

李某于2012年7月毕业后到某国有企业从事财务工作。因无钱买房，单位又不分房，在同学、朋友及亲戚家里四处借住，如何弄钱买一套住房成为他的心结。

2013年4月，单位有一笔80万元现金未来得及送银行，存放于单位保险柜，李某借职务之便侵吞了全部现金并伪造外人盗窃现场。李某用该款购买了一套公寓。

李某的反常行为被单位举报到检察机关，检察机关反贪技术侦查部门当即实施技术侦查措施，查明系李某作案并予以立案。在刑事拘留期间，李某供认了全部犯罪事实。鉴于本人最终认罪并将赃物全部追回，根据本案特殊情况和办案需要，检察机关决定对其采取指定居所监视居住。

2013年7月该案提起公诉。李某及其辩护律师向法院提出李某在拘留期间遭受了严重的刑讯逼供，要求排除非法证据。

问题：

1. 检察机关对李某贪污行为采取技术侦查措施，是否正确？为什么？

2. 根据修改后的《刑事诉讼法》，技术侦查措施在使用主体、案件范围和适用程序上有哪些特殊要求？

3. 检察机关对李某采取指定居所监视居住措施是否正确？为什么？

4. 法院处理李某及其辩护人申请排除非法证据的程序步骤是什么？

二、答案精讲

1. 检察机关对李某贪污行为采取技术侦查措施，是否正确？为什么？

答案：不正确。①技术侦查措施只能在立案后采取。②采取技术侦查措施必须履行严格的批准手续。③检察机关不能实施技术侦查措施，必须交有关机关执行。

难度：中

考点：技术侦查（技术侦查的程序和要求）

命题和解题思路：本题主要是在考查技术侦查的适用范围和条件，命题人将案件设计为由检察机关管辖的贪污案件，同时也附带考查了技术侦查措施的执行主体。本题的关键在于应从哪几个方面展开分析，**考生要善于从法律规定中归纳出答案要点**。

注意，由于2018年《刑事诉讼法》修改后，检察机关不再行使对贪污贿赂案件的侦查权，相应的其适用技术侦查手段以及指定居所监视居住的案件范围等规定也发生了改变，因此本案例题的1－3问的答案在2018年以后已经不具有参考性。考生重在结合2012年《刑事诉讼法》的规定来把握命题和答题思路。

答案解析：

2012年《刑事诉讼法》第148条第2款明确规定："人民检察院在立案后，对于重大的贪污、贿赂犯罪案件以及利用职权实施的严重侵犯公民人身权利的重大犯罪案件，根据侦查犯罪的需要，经过严格的批准手续，可以采取技术侦查措施，按照规定交有关机关执行。"**《人民检察院刑事诉讼规则》第263条第1款**规定："人民检察院在立案后，对于涉案数额在十万元以上、采取其他方法难以收集证据的重大贪污、贿赂犯罪案件以及利用职权实施的严重侵犯公民人身权利的重大犯罪案件，经过严格的批准手续，可以采取技术侦查措施，交有关机关执行。"

上述规定实际上从以下几个方面规定了技术侦查措施的适用范围和条件：

第一，**案件范围**。本案涉案金额80万元，属于重大贪污犯罪案件，符合适用技术侦查措施的案件范围。

第二，**适用时间**，即立案后。本案中检察机关在接到举报后当即采取技术侦查措施显然是错误的。

第三，**适用条件和程序**，即要根据侦查犯罪的需要，经过严格的批准手续。本案显然没有经过严格的批准手续。

第四，**适用机关**。检察机关决定采取技术侦查的，只能按规定交有关机关执行。本案中由检察机关反贪部门直接实施技术侦查显然是错误的。

凡是有关技术侦查适用范围和条件的题目，都可从上述案件范围、适用时间、适用条件和程序以及适用机关这几个角度予以分析和解答。

2. 根据修改后的《刑事诉讼法》，技术侦查措施在使用主体、案件范围和适用程序上有哪些特殊要求?

答案: ①技术侦查措施的使用主体只能是公安机关和国家安全机关。②适用范围:公安机关在立案后,对于危害国家安全犯罪、恐怖活动犯罪、黑社会性质的组织犯罪、重大毒品犯罪或者其他严重危害社会的犯罪案件可以采取技术侦查措施;检察机关在立案后,对于重大的贪污、贿赂犯罪案件以及利用职权实施的严重侵犯公民人身权利的重大犯罪案件,可以采取技术侦查措施;追捕被通缉或者批准、决定逮捕的在逃的犯罪嫌疑人、被告人,可以采取必要的技术侦查措施。③适用程序上,技术侦查措施由公安机关、国家安全机关、人民检察院决定,由公安机关、国家安全机关执行;采取技术侦查措施,必须严格经过严格的批准手续;有关机关必须严格按照批准的措施种类、适用对象和期限执行。

难度: 难

考点: 技术侦查(技术侦查的程序和要求)

命题和解题思路: 命题人通过此题继续考查技术侦查的程序和要求,但是与上一题比较起来,考查得更为细致和全面,难度也更大。有些是对法条内容的详细考查,要求考生熟记法条。有些则要求考生根据法律规定予以概括。但好在与上题及其他同类考题相比,本题指出了解答的基本方向,即包括使用主体、案件范围、适用程序,考生只需依据这几个方面逐项解答即可,不需要再为究竟应答哪些内容为难。

答案解析:

与本题有关的法律规定主要有:

2012 年《刑事诉讼法》第 148 条规定:“公安机关在立案后,对于危害国家安全犯罪、恐怖活动犯罪、黑社会性质的组织犯罪、重大毒品犯罪或者其他严重危害社会的犯罪案件,根据侦查犯罪的需要,经过严格的批准手续,可以采取技术侦查措施。人民检察院在立案后,对于重大的贪污、贿赂犯罪案件以及利用职权实施的严重侵犯公民人身权利的重大犯罪案件,根据侦查犯罪的需要,经过严格的批准手续,可以采取技术侦查措施,按照规定交有关机关执行。追捕被通缉或者批准、决定逮捕的在逃的犯罪嫌疑人、被告人,经过批准,可以采取追捕所必需的技术侦查措施。”

2012 年《刑事诉讼法》第 149 条规定:“批准决定应当根据侦查犯罪的需要,确定采取技术侦查措施的种类和适用对象。批准决定自签发之日起三个月以内有效。对于不需要继续采取技术侦查措施的,应当及时解除;对于复杂、疑难案件，期限届满仍有必要继续采取技术侦查措施的，经过批准，有效期可以延长，每次不得超过三个月。”

2012年《刑事诉讼法》第150条规定：“采取技术侦查措施，必须严格按照批准的措施种类、适用对象和期限执行。侦查人员对采取技术侦查措施过程中知悉的国家秘密、商业秘密和个人隐私，应当保密；对采取技术侦查措施获取的与案件无关的材料，必须及时销毁。采取技术侦查措施获取的材料，只能用于对犯罪的侦查、起诉和审判，不得用于其他用途。公安机关依法采取技术侦查措施，有关单位和个人应当配合，并对有关情况予以保密。”

关于技术侦查的使用主体，上述2012年《刑事诉讼法》第148条规定了公安机关和检察机关都有权采取技术侦查，但是检察机关采取技术侦查却需要交由有关机关执行，这说明检察机关是自己不能执行技术侦查的，同时也说明公安机关是可以执行技术侦查的。又因为2012年《刑事诉讼法》第4条规定：“国家安全机关依照法律规定，办理危害国家安全的刑事案件，行使与公安机关相同的职权。”可知国家安全机关也可采取和执行技术侦查措施。由此**从决定主体和执行主体两个方面来分析技术侦查的使用主体**，比较全面，不会失分。

关于适用技术侦查的案件范围，只能牢记《刑事诉讼法》第148条的规定，可根据该条的三款规定分类记忆和解答。

关于技术侦查的适用程序，可从2012年《刑事诉讼法》第148条、第149条、第150条的规定中加以概括，总的内容就是技术侦查必须根据侦查犯罪的需要，经过严格的批准手续方可适用；必须严格按照批准的措施种类、适用对象和期限执行。

3. 检察机关对李某采取指定居所监视居住措施是否正确？为什么？

答案：正确。符合逮捕条件，因为案件的特殊情况或者办理案件的需要，办案机关可以采取监视居住措施。指定居所监视居住适用于无固定住处的，以及涉嫌危害国家安全罪等三类案件，本案李某虽然不符合三类案件，但他没有固定住处，符合指定居所监视居住规定。

难度：难

考点：指定居所监视居住

命题和解题思路：本题考查的是指定居所监视居住的适用条件，命题人没有明确指出李某没有固定住所，因此可能导致考生将分析的重点放在贪污犯罪不属于可适用指定居所监视居住的三大类案件中，从而作出错误的选择，这也是本题的难点所在。本题可分两步来分析，**先分析李某是否符合适用监视居住的条件，再分析李某是否符合适用指定居所监视居住的条件。**

答案解析：

关于监视居住的条件，2012年《刑事诉讼法》第72条第1款规定："人民法院、人民检察院和公安机关对符合逮捕条件，有下列情形之一的犯罪嫌疑人、被告人，可以监视居住：（一）患有严重疾病、生活不能自理的；（二）怀孕或者正在哺乳自己婴儿的妇女；（三）系生活不能自理的人的唯一扶养人；（四）因为案件的特殊情况或者办理案件的需要，采取监视居住措施更为适宜的；（五）羁押期限届满，案件尚未办结，需要采取监视居住措施的。对符合取保候审条件，但犯罪嫌疑人、被告人不能提出保证人，也不交纳保证金的，可以监视居住。"而第79条第1款规定："对有证据证明有犯罪事实，可能判处徒刑以上刑罚的犯罪嫌疑人、被告人，采取取保候审尚不足以防止发生下列社会危险性的，应当予以逮捕……"本案中，李某贪污80万元公款，符合逮捕条件，同时符合2012年《刑事诉讼法》第72条第1款中第（四）项的规定的情况，可以采取监视居住。答题时不需要复述法条，但是要说明李某符合逮捕条件，同时属于符合因为案件的特殊情况或者办理案件的需要，采取监视居住措施更为适宜的情形。

关于指定居所监视居住的条件，2012年《刑事诉讼法》第73条第1款规定："监视居住应当在犯罪嫌疑人、被告人的住处执行；无固定住处的，可以在指定的居所执行。对于涉嫌危害国家安全犯罪、恐怖活动犯罪、特别重大贿赂犯罪，在住处执行可能有碍侦查的，经上一级人民检察院或者公安机关批准，也可以在指定的居所执行。但是，不得在羁押场所、专门的办案场所执行。"**该款规定实际上为指定居所监视居住设置了两个条件：第一，无固定住处；第二，涉嫌危害国家安全、恐怖活动犯罪、特别重大贿赂犯罪，在住处执行可能有碍侦查的。**符合其中任何一条都可适用指定居所监视居住。本案为贪污犯罪，不符合本款规定中的第二个条件，有考生可能会据此回答本案中对李某不能适用指定居所监视居住。但是本案中还有另外一个情况，就是李某没有住房，贪污公款所购买的公寓作为赃物要被追缴，因此实际上无固定住处，所以是符合第一个条件的，因此检察机关对李某适用指定居所监视居住是正确的。

4. 法院处理李某及其辩护人申请排除非法证据的程序步骤是什么？

答案：①人民法院应当在开庭前及时将申请书及相关线索、材料的复制件送交人民检察院；②人民法院经审查，对证据收集的合法性有疑问的，应当召开庭前会议就非法证据排除等问题了解情况，听取意见。人民检察院可以通过出示有关证据材料等方式，对证据收集的合法性加以说明；③庭审对非法证据的调查，可以在当事人及辩护人提出排除非法证据的申请后进行，也可以在法庭调查结束前一并进行；④调查程序主要是由公诉人出示、宣读、播放有关证据材料，提请法庭通知有关侦查人员或者其他有关人员出庭说明情况，证明证据收集的合法性；⑤人民法院对证据收集的合法性进行调查后，应当将调查结论告知公诉人、当事人和辩护人、诉讼代理人。

难度：难

考点：非法证据排除规则

命题和解题思路：本题考查的是审判阶段非法证据排除规则的适用程序。刑事诉讼法对此规定得比较简单，《最高人民法院关于适用〈中华人民共和国刑事诉讼法〉的解释》对此有比较详细的规定。命题人就是要考查考生对《最高人民法院关于适用〈中华人民共和国刑事诉讼法〉的解释》相关规定的掌握。考生虽然不需要将相关法条全部默写出来，但是要将主要的规定都答出来，难度也还是比较大的。

答案解析：

本题属于被告人及辩护人在开庭审理前申请人民法院排除非法证据的情况，对此，**《最高人民法院关于适用〈中华人民共和国刑事诉讼法〉的解释》第98条**规定："开庭审理前，当事人及其辩护人、诉讼代理人申请人民法院排除非法证据的，人民法院应当在开庭前及时将申请书或者申请笔录及相关线索、材料的复制件送交人民检察院。"**第99条**规定："开庭审理前，当事人及其辩护人、诉讼代理人申请排除非法证据，人民法院经审查，对证据收集的合法性有疑问的，应当依照刑事诉讼法第一百八十二条第二款的规定召开庭前会议，就非法证据排除等问题了解情况，听取意见。人民检察院可以通过出示有关证据材料等方式，对证据收集的合法性加以说明。"

由于庭前会议并不具有强制性的效力，因此庭前会议中很有可能并无法彻底解决非法证据排除的问题，李某和辩护人在法庭审理过程中仍有可能申请排除非法证据。对于在法庭审理过程中申请排除非法证据的，**《最高人民法院关于适用〈中华人民共和国刑事诉讼法〉的解释》第100条**规定："法庭审理过程中，当事人及其辩护人、诉讼代理人申请排除非法证据的，法庭应当进行审查。经审查，对证据收集的合法性有疑问的，应当进行调查；没有疑问的，应当当庭说明情况和理由，继续法庭审理。当事人及其辩护人、诉讼代理人以相同理由再次申请排除非法证据的，法庭不再进行审查。对证据收集合法性的调查，根据具体情况，可以在当事人及其辩护人、诉讼代理人提出排除非法证据的申请后进行，也可以在法庭调查结束前一并进行。法庭审理过程中，当事人及其辩护人、诉讼代理人申请排除非法证据，人民法院经审查，不符合本解释第九十七条规定的，应当在法庭调查结束前一并进行审查，并决定是否进行证据收集合法性的调查。”**第101条**规定；“法庭决定对证据收集的合法性进行调查的，可以由公诉人通过出示、宣读讯问笔录或者其他证据，有针对性地播放讯问过程的录音录像，提请法庭通知有关侦查人员或者其他人员出庭说明情况等方式，证明证据收集的合法性。公诉人提交的取证过程合法的说明材料，应当经有关侦查人员签名，并加盖公章。未经有关侦查人员签名的，不得作为证据使用。上述说明材料不能单独作为证明取证过程合法的根据。”**第102条**规定：“经审理，确认或者不能排除存在刑事诉讼法第五十四条（说明：现第五十六条）规定的以非法方法收集证据情形的，对有关证据应当排除。人民法院对证据收集的合法性进行调查后，应当将调查结论告知公诉人、当事人和辩护人、诉讼代理人。”

考生不可能把上述法律规定都复述出来，因此可按照如下五个方面的线索来尽量记忆和解答：第一，将相关材料送交人民检察院；第二，召开庭前会议；第三，法庭审查和调查；第四，由公诉人证明证据合法性。第五，作出结论并告知相关人等。

2012年

一、试题（本题28分）

扫一扫 看微课视频

专家观点：

刑事诉讼法既有保障刑法实施的工具价值，又具有独立价值。

在刑事诉讼中，以刑讯逼供等非法方法收集证据，不仅违反法定程序，侵犯人权，而且往往导致证据虚假，发生冤错案件。为此，《刑事诉讼法》及有关部门的解释或规定，完善了非法证据排除规则，发挥了刑事诉讼法的应有功效。

案情：

花园小区发生一起入室抢劫杀人案，犯罪现场破坏严重，未发现有价值的痕迹物证。经查，李某有重大犯罪嫌疑，其曾因抢劫被判有期徒刑12年，刚刚刑满释放，案发时小区保安见李某出入小区。李某被东湖市公安局立案侦查并被逮捕羁押。审讯期间，在保安的指认下，李某不得不承认其在小区他处入室盗窃3000元，后经查证属实。但李某拒不承认抢劫杀人行为。审讯人员将李某提到公安局办案基地对其实施了捆绑、吊打、电击等行为，三天三夜不许吃饭，不许睡觉，只给少许水喝，并威胁不坦白交代抢劫杀人罪行、认罪态度不好，法院会判死刑。最终，李某按审讯人员的意思交代了抢劫杀人的事实。在此期间，侦查人员还对李某的住处进行了搜查，提取扣押了李某鞋子等物品，当场未出示搜查证。

案件经东湖市检察院审查起诉后，向东湖市中级人民法院提起公诉。庭审中，应李某辩护人的申请，法庭启动了排除非法证据程序。

问题：

1. 本案哪些行为收集的证据属于非法证据？哪些非法证据应当予以排除？
2. 本案负有排除非法证据义务的机关有哪些？
3. 针对检察院的指控，东湖市中级人民法院应当如何判决本案？
4. 结合本案，简要说明刑事诉讼法对保障刑法实施的价值。
5. 结合本案，简述非法证据排除规则的完善过程，阐明非法证据排除规则的诉讼价值。

答题要求：

1. 根据法律、司法解释规定及刑事诉讼法理知识作答；
2. 无本人观点或论述，照抄材料原文不得分；
3. 观点明确，逻辑清晰，说理充分，文字通畅；
4. 请按提问顺序逐一作答，总字数不得少于800字。

二、答案精讲

1. 本案哪些行为收集的证据属于非法证据？哪些非法证据应当予以排除？

答案：①李某按审讯人员的意思交代的抢劫杀人的供述属于非法证据，应当排除。②侦查人员在未出示搜查证的情况下，扣押了李某的鞋子等物品，如果公安机关不能对未出示搜查证的原因做出合理的解释，则属于非法证据，应当排除。

难度： 中

考点： 非法证据的分类及排除标准

命题和解题思路： 本大题延续了过往几年案例题的命题思路，即通过案例的形式既考查非法证据排除规则，也考查对于证据的审查和判断。稍有不同的是，在最后两个小题中，还考查了刑事诉讼法的价值以及非法证据排除规则的价值两个理论性考点，这也是近年来案例题的一种新变化，需要考生引起重视。

解题思路和既往一致，首先应对案例进行详细的分析，列出主要的证据，分析各证据对于案件事实的证明作用；其次在回答最后两个理论性题目时要注意，一定要结合本案来具体阐述，不要空泛地回答。

在本小题中，命题人首先考查了非法证据的分类以及不同的排除标准。解题时首先应把本案的证据逐一列出，然后分为言词证据和实物证据两类，再根据不同的标准判断哪些属于应当排除的非法证据。需要特别注意的是，本案中被告人的供述分为两个部分：一是对于盗窃事实的供述；二是对于抢劫杀人事实的供述。两部分要区分对待，不可混为一谈。

答案解析：

（1）“审讯人员将李某提到公安局办案基地对其实施了捆绑、吊打、电击等行为，三天三夜也不许吃饭，不许睡觉，只给少许水喝，并威胁不坦白交代抢劫杀人罪行、认罪态度不好，法院会判死刑。最终，李某按审讯人员的意思交代了抢劫杀人的事实。”这是侦查人员通过刑讯逼供等非法方法获取的李某的供述，依据《刑事诉讼法》第56条第一款的规定，采用刑讯逼供等非法方法收集的犯罪嫌疑人、被告人供述，应当予以排除。

（2）“侦查人员还对李某的住处进行了搜查，提取扣押了李某鞋子等物品，当场未出示搜查证。”侦查人员搜查扣押的李某的鞋子等物品，属于物证。依据《刑事诉讼法》第56条第一款的规定，收集物证、书证不符合法定程序，可能严重影响司法公正的，应当予以补正或者做出合理的解释；不能补正或者做出合理解释的，属于非法证据，才应对该证据予以排除。

2. 本案负有排除非法证据义务的机关有哪些？

答案： 东湖市公安局、东湖市检察院和东湖市中级人民法院。

难度： 易

考点：非法证据排除的主体

命题和解题思路：本题考查非法证据排除的主体，难度较低。解题时须注意除了法院外，公安机关、人民检察院都负有排除的义务。

答案解析：

依据《刑事诉讼法》第56条第2款之规定，在侦查、审查起诉、审判时发现有应当排除的证据的，应当依法予以排除，不得作为起诉意见、起诉决定和判决的依据。由此可见，本案负有排除非法证据义务的机关包括东湖市公安局、东湖市检察院和东湖市中级人民法院。

3. 针对检察院的指控，东湖市中级人民法院应当如何判决本案？

答案：对于李某的盗窃罪，因有保安的指认，且有李某的供述，并经查证属实。因此，对李某的盗窃罪应作有罪判决。

对于李某的抢劫罪，虽然有供述，但属于非法证据应当排除。对于鞋子等物品，最多只能证明李某可能到过现场。因此现有证据尚未达到《刑事诉讼法》第55条第二款规定的给被告人定罪的“证据确实、充分”的三个要求：①定罪量刑的事实都有证据证明；②据以定案的证据均经法定程序查证属实；③综合全案证据，对所认定的案件事实已排除合理怀疑。因此，按照《刑事诉讼法》第200条的规定，对于抢劫杀人的指控，应当作出证据不足、指控的犯罪不能成立的无罪判决。

难度：难

考点：有罪的证明标准

命题和解题思路：本题的难点在于要注意仔细阅读案例，李某涉嫌的是两个罪名，一是盗窃，二是抢劫杀人。解题时首先要对此作出区分，然后再分别根据不同罪名的证据来判断是否达到证据确实、充分的证明标准。

答案解析：

参见前述答案。

4. 结合本案，简要说明刑事诉讼法对保障刑法实施的价值。

答案：刑事诉讼法在保障刑法实施方面的价值有：①通过明确对刑事案件行使侦查权、起诉权、审判权的专门机关，为调查和明确案件事实、适用刑事实体法提供了组织上的保障。②通过明确行使侦查权、起诉权、审判权主体的权力与职责及诉讼参与人的权利与义务，为调查和明确案件事实及适用刑事实体法的活动提供了基本架构；同时，由于有明确的活动方式和程序，也为刑事实体法适用的有序性提供了保障。③规定了收集证据的方法与运用证据的规则，既为获取证据、明确案件事实提供了手段，又为收集证据、运用证据提供了程序规范。④关于程序系统的设计，可以在相当程度上减少案件实体上的误差。⑤针对不同案件或不同情况设计不同的具有针对性的程序，使得案件处理简繁有别，保证处理案件的效率。

在本案中，刑事诉讼法通过规范证据的收集程序和运用规则，让行使侦查权、起诉权、审判权的专门机关排除刑讯逼供等非法方法收集的证据，准确、及时地查明犯罪事实，正确应用法律，惩罚犯罪分子，保障无罪的人不受刑事追究，避免冤假错案的发生。

同时，在本案中，通过行使侦查权、起诉权、审判权的专门机关相互之间的制约和监督机制，保证了刑法的正确实施，保证了惩罚犯罪和保障人权目标的实现，以有效的程序机制保障了刑法的实现。

难度： 中

考点： 刑事诉讼法对保障刑法实施的价值

命题和解题思路： 此题目是理论性考点，刑事诉讼法对于保障刑法实施的价值属于常见考点，但考生通常在备考中不会较为详细地记忆，以往考查往往是通过选择题的方式来进行，因此提醒考生在备考时要注意对于理论性知识点要有必要的分析和阐述能力。解题时注意要结合本案的案情，不能仅是空泛地谈价值。

答案解析：

参见前述答案。

5. 结合本案，简述非法证据排除规则的完善过程，阐明非法证据排除规则的诉讼价值。

答案：

（1）非法证据排除规则，是指违反法定程序，以非法方法获取的证据，原则上不具有证据能力，不能为法庭采纳。既包括非法言词证据的排除，也包括非法实物证据的排除。

在我国，为保证证据收集的合法性，《刑事诉讼法》及相关司法解释对于证据的收集、固定、保全、审查判断、查证核实等，都规定了严格的程序。

1996 年《刑事诉讼法》第 43 条规定，严禁刑讯逼供和以威胁、引诱、欺骗以及其他非法方法收集证据。1998 年最高人民法院《关于执行〈中华人民共和国刑事诉讼法〉若干问题的解释》第 61 条规定，严禁以非法的方法收集证据。凡经查证确实属于采用刑讯逼供或者威胁、引诱、欺骗等非法的方法取得的证人证言、被害人陈述、被告人供述，不能作为定案的根据。1999 年最高人民检察院《人民检察院刑事诉讼规则》第 265 条规定，以刑讯等非法手段收集的证人证言、被害人陈述、犯罪嫌疑人供述，不能作为指控犯罪的证据。

2010 年 6 月发布的《关于办理刑事案件排除非法证据若干问题的规定》和《关于办理死刑案件审查判断证据若干问题的规定》对我国的非法证据排除规则作了明确具体的规定。一方面，明确非法证据排除的范围。《关于办理刑事案件排除非法证据若干问题的规定》第 1 条规定：采用刑讯逼供等非法手段取得的犯罪嫌疑人、被告人供述和采用暴力、威胁等非法手段取得的证人证言、被害人陈述，属于非法言词证据。第 2 条规定，经依法确认的非法言词证据，应当予以排除，不能作为定案的根据。第 14 条规定，物证、书证的取得明显违反法律规定，可能影响公正审判的，应当予以补正或者做出合理解释，否则，该物证、书证不能作为定案的根据。另一方面，明确了非法取得的被告人审判前供述的排除程序。

2012 年修正后的《刑事诉讼法》，吸收了《关于办理刑事案件排除非法证据若干问题的规定》的相关内容，在三个方面增加了非法证据排除规则的规定：第一，排除范围，即《刑事诉讼法》第 54 条的规定。第二，法庭调查，包括启动、证明、处理，即《刑事诉讼法》第 56－58 条的规定。第三，法律监督，即《刑事诉讼法》第 55 条的规定。2012 年修改后的最高人民法院《关于适用〈中华人民共和国刑事诉讼法〉的解释》和最高人民检察院《人民检察院刑事诉讼规则（试行）》设专节对非法证据排除制度的具体适用作出了进一步规定，明确了“非法证据”的认定标准、申请排除证据的程序、对取证合法性的审查、调查程序等。

在本案中，排除刑讯逼供等非法方法收集的证据，是对 2010 年《关于办理刑事案件排除非法证据若干问题的规定》以及 2012 年《刑事诉讼修正案》关于非法证据排除规则的有效贯彻和落实。

（2）非法证据排除规则的诉讼价值主要体现在以下三个方面：

第一，非法证据排除规则有利于保障犯罪嫌疑人、被告人的人权乃至每个公民的合法权益不受侵犯。非法证据排除规则对刑讯逼供等非法取证行为进行否定性评价，能够使非法取证一方承受不利的程序结果和实体结果，消除非法取证的心理动力，从而达到保障诉讼参与人各项权利、保障无辜的人不受追究的目的。在本案中，排除李某的供述等非法证据，有利于保障李某的人权，同时，警示司法人员在以后的执法中应充分保障诉讼参与人的合法权益。

第二，非法证据排除规则有利于保障程序公正，保障诉讼程序独立价值的实现。非法证据排除规则有助于督促公检法机关严格遵守刑事诉讼法的规定，通过程序性制裁来实现对程序公正的追求。在本案中，通过排除李某的供述等非法证据，彰显了程序的独立价值，维护了程序的公正性，是程序公正价值的重要体现。

第三，非法证据排除规则有利于规范司法行为，维护司法权威，彰显法治精神。司法行为是否合法、是否规范，是衡量司法文明程度和法治建设水平的重要标志，关系到司法权威的实现和确立。司法机关若非法取证、带头违法，就会严重损害司法机关形象，损害法律权威，对整个社会的法律信仰和法治精神也有着巨大的破坏。在本案中，排除李某的供述等非法证据，有利于抑制刑讯逼供等非法取证行为，督促司法机关及其工作人员树立惩罚与保护并重的司法理念，坚持规范理性文明执法，这对树立我国司法的权威，具有重要意义。

难度：难

考点：非法证据排除规则的立法过程及价值

命题和解题思路：此题目与上一题相似，都属于对理论知识点的考查，需要考生对非法证据排除规则全面的掌握。解题时注意先要论述非法证据排除规则在立法上是如何逐步完善的，然后再结合本案的情况论述其价值。

答案解析：

参见前述答案。

2011 年

一、试题（本题 22 分）

案情：

2010 年 10 月 2 日午夜，A 市某区公安人员在辖区内巡逻时，发现路边停靠的一辆轿车内坐着三个年轻人（朱某、尤某、何某）形迹可疑，即上前盘查。经查，在该车后备厢中发现盗窃机动车工具，遂将三人带回区公安分局进一步审查。案件侦查终结后，区检察院向区法院提起公诉。

（证据）朱某——在侦查中供称，其作案方式是 3 人乘坐尤某的汽车在街上寻找作案目标，确定目标后由朱某、何某下车盗窃，得手后共同分赃。作案过程由尤某策划、指挥。在法庭调查中承认起诉书指控的犯罪事实，但声称在侦查中被刑讯受伤。

尤某——在侦查中与朱某供述基本相同，但不承认作案由自己策划、指挥。在法庭调查中翻供，不承认参与盗窃机动车的犯罪，声称对朱某盗窃机动车毫不知情，并声称在侦查中被刑讯受伤。

何某——始终否认参与犯罪。声称被抓获当天从C市老家来A市玩，与原先偶然认识的朱某、尤某一起吃完晚饭后坐在车里闲聊，才被公安机关抓获。声称以前从没有与A市的朱某、尤某共同盗窃，并声称在侦查中被刑讯受伤。

公安机关——在朱某、尤某供述的十几起案件中核实认定了A市发生的3起案件，并依循线索找到被害人，取得当初报案材料和被害人陈述。调取到某一案发地录像，显示朱某、尤某盗窃汽车经过。根据朱某、尤某在侦查阶段的供述，认定何某在2010年3月19日参与一起盗窃机动车案件。

何某辩护人——称在案卷材料中看到朱某、尤某、何某受伤后包有纱布的照片，并提供4份书面材料：①何某父亲的书面证言：2010年3月19日前后，何某因打架被当地公安机关告知在家等候处理，不得外出。何某未离开C市；②2010年4月5日，公安机关发出的行政处罚通知书；③C市某机关工作人员赵某的书面证言：2010年3月19日案发前后，经常与何某在一起打牌，何某随叫随到，期间未离开C市；④何某女友范某的书面证言：2010年3月期间，何某一直在家，偶尔与朋友打牌，未离开C市。

（法庭审判）庭审中，3名被告人均称受到侦查人员刑讯。辩护人提出，在案卷材料中看到朱某、尤某、何某受伤后包有纱布的照片，被告人供述系通过刑讯逼供取得，属于非法证据，应当予以排除，要求法庭调查。公诉人反驳，被告人受伤系因抓捕时3人有逃跑和反抗行为造成，与讯问无关，但未提供相关证据证明。法庭认为，辩护人意见没有足够根据，即开始对案件进行实体审理。

法庭调查中，根据朱某供述，认定尤某为策划、指挥者，系主犯。

审理中，何某辩护人向法庭提供了证明何某没有作案时间的4份书面材料。法庭认为，公诉方提供的有罪证据确实充分，辩护人提供的材料不足以充分证明何某在案发时没有来过A市，且材料不具有关联性，不予采纳。

最后，法院采纳在侦查中朱某、尤某的供述笔录、被害人陈述、报案材料、监控录像作为定案根据，认定尤某、朱某、何某构成盗窃罪（尤某为主犯)，分别判处有期徒刑9年、5年和3年。

问题：

1. 法院对于辩护人提出排除非法证据的请求的处理是否正确？为什么？

2. 如法院对证据合法性有疑问，应当如何进行调查？

3. 法院对尤某的犯罪事实的认定是否已经达到事实清楚、证据确实充分？为什么？

4. 现有证据能否证明何某构成犯罪？为什么？

5. 如何判断证据是否具有关联性？法院认定何某辩护人提供的4份书面材料不具有关联性是否适当？为什么？

二、答案精讲

1. 法院对于辩护人提出排除非法证据的请求的处理是否正确？为什么？

答案：不正确。因为根据《关于办理刑事案件排除非法证据若干问题的规定》(2010年)，法庭应当启动对证据是否为非法取得的调查程序。本案被告人均称供述系刑讯逼供所得，辩护人提出了排除非法证据的请求，并提供了相关线索和材料，法院在公诉人没有证据支持的情况下，不做调查即采纳公诉人的解释，是不正确的。

难度：易

考点：非法言词证据排除

命题和解题思路：本题是2010年“两高三部”《关于办理刑事案件排除非法证据若干问题的规定》出台后首次考查非法证据的排除，**可预计的是在未来几年的考试中，非法证据排除问题将成为考查的重点。**本题以案例的形式既考查了非法证据排除，又延续了前一年案例题的考点：根据题干所列证据判断是否可以认定犯罪及其理由。可以说是在前一年的基础上加入了非法证据排除这一考点。此种命题思路非常典型，需要考生特别关注。

解题时，除了需要关注前一年的分析中提到的注意事项外，还须高度重视对《关于办理刑事案件排除非法证据若干问题的规定》(2010)这一司法解释的理解和把握，特别是《刑事诉讼法》中未详细规定的部分，易成为考查的重点。

本小题考查的是对排除非法证据申请的审查问题，在《关于办理刑事案件排除非法证据若干问题的规定》（2010）中对此有专门规定，只要熟悉规定，此题相对比较容易。

答案解析：

根据《刑事诉讼法》第58条规定：法庭审理过程中，审判人员认为可能存在本法第56条规定的以非法方法收集证据情形的，应当对证据收集的合法性进行法庭调查。当事人及其辩护人、诉讼代理人有权申请人民法院对以非法方法收集的证据依法予以排除。申请排除以非法方法收集的证据的，应当提供相关线索或者材料。本案被告人均称供述系刑讯逼供所得，辩护人提出了排除非法证据的请求，并有一定证据支持，法院在公诉人没有证据支持的情况下，不做调查即采纳公诉人的解释，是不正确的。

2. 如法院对证据合法性有疑问，应当如何进行调查？

答案：根据《关于办理刑事案件排除非法证据若干问题的规定》，法庭应进行如下调查：

（1）应要求公诉人向法庭提供讯问笔录、原始的讯问过程录音录像或者其他证据，提请法庭通知讯问时其他在场人员或者其他证人出庭作证。

（2）仍不能排除刑讯逼供嫌疑的，公诉人应提请法庭通知本案讯问人员出庭作证。

（3）公诉人当庭不能举证的，可以建议延期审理。

（4）控辩双方可以就被告人供述的合法性进行质证、辩论。

（5）对被告人供述的合法性，如果公诉人不提供证据加以证明，或者已提供的证据不够确实、充分的，该供述不能作为定案根据。

难度：中

考点：法庭对证据的合法性审查

命题和解题思路：本题继续考查《关于办理刑事案件排除非法证据若干问题的规定》中关于证据合法性的调查方式及程序。**解题时既要回答公诉人对于证据合法性的证明方式，也要回答法庭的调查程序。**

答案解析：

《最高人民法院关于适用〈中华人民共和国刑事诉讼法〉的解释》第99条规定：开庭审理前，当事人及其辩护人、诉讼代理人申请排除非法证据，人民法院经审查，对证据收集的合法性有疑问的，应当依照《刑事诉讼法》第182条（现第187条）第2款的规定召开庭前会议，就非法证据排除等问题了解情况，听取意见。人民检察院可以通过出示有关证据材料等方式，对证据收集的合法性加以说明。《最高人民法院关于适用〈中华人民共和国刑事诉讼法〉的解释》第100条规定：法庭审理过程中，当事人及其辩护人、诉讼代理人申请排除非法证据的，法庭应当进行审查。经审查，对证据收集的合法性有疑问的，应当进行调查；没有疑问的，应当当庭说明情况和理由，继续法庭审理。当事人及其辩护人、诉讼代理人以相同理由再次申请排除非法证据的，法庭不再进行审查。对证据收集合法性的调查，根据具体情况，可以在当事人及其辩护人、诉讼代理人提出排除非法证据的申请后进行，也可以在法庭调查结束前一并进行。法庭审理过程中，当事人及其辩护人、诉讼代理人申请排除非法证据，人民法院经审查，不符合本解释第97条规定的，应当在法庭调查结束前一并进行审查，并决定是否进行证据收集合法性的调查。《最高人民法院关于适用〈中华人民共和国刑事诉讼法〉的解释》第101条规定：法庭决定对证据收集的合法性进行调查的，可以由公诉人通过出示、宣读讯问笔录或者其他证据，有针对性地播放讯问过程的录音录像，提请法庭通知有关侦查人员或者其他人员出庭说明情况等方式，证明证据收集的合法性。公诉人提交的取证过程合法的说明材料，应当经有关侦查人员签名，并加盖公章。未经有关侦查人员签名的，不得作为证据使用。上述说明材料不能单独作为证明取证过程合法的根据。《最高人民法院关于适用〈中华人民共和国刑事诉讼法〉的解释》第102条规定：经审理，确认或者不能排除存在刑事诉讼法第54条（现第56条）规定的以非法方法收集证据情形的，对有关证据应当排除。人民法院对证据收集的合法性进行调查后，应当将调查结论告知公诉人、当事人和辩护人、诉讼代理人。综上所述，法院对证据合法性有疑问，应当按照上述规定进行调查。

3. 法院对尤某的犯罪事实的认定是否已经达到事实清楚、证据确实充分？为什么？

答案：没有。因为根据《关于办理死刑案件审查判断证据若干问题的规定》，共同犯罪案件中，被告人的地位、作用必须均已查清，是证据确实、充分的基本要素。本案仅根据同案犯朱某供述即认定尤某为策划指挥者，无其他证据印证。

难度：难

考点：共同犯罪案件的证明标准

命题和解题思路：本题目考查了结合案例所列证据对证明标准的理解。解题时首先要理解我国刑事诉讼的证明标准，其次，结合案例中所列涉及尤某的证据进行分析。

答案解析：

关于“证据确实、充分”的要求，《办理死刑案件证据规定》第5条第2款规定：证据确实、充分是指：①定罪量刑的事实都有证据证明；②每一个定案的证据均已经法定程序查证属实；③证据与证据之间、证据与案件事实之间不存在矛盾或者矛盾得以合理排除；④共同犯罪案件中，被告人的地位、作用均已查清；⑤根据证据认定案件事实的过程符合逻辑和经验规则，由证据得出的结论为唯一结论。另外，依据《刑事诉讼法》第55条第2款规定：证据确实、充分，应当符合以下条件：①定罪量刑的事实都有证据证明；②据以定案的证据均经法定程序查证属实；③综合全案证据，对所认定事实已排除合理怀疑。本案中，法院仅根据同案犯朱某的供述即认定尤某为策划指挥者，且无其他证据印证，不符合上述具体要求，因此，法院对尤某的犯罪事实的认定没有达到事实清楚，证据确实充分。

4. 现有证据能否证明何某构成犯罪？为什么？

答案：不能。因为根据《刑事诉讼法》和《关于办理死刑案件审查判断证据若干问题的规定》，认定有罪，必须证据确实充分。法庭认定何某犯罪的证据中，朱某、尤某在侦查中的供述笔录尚未排除刑讯逼供可能；被害人陈述笔录和车辆被盗时的报案材料只能证明车辆被盗，不能证明谁是盗车者；监控录像只证明朱某、尤某实施了其中一起犯罪；何某辩护人提供的犯罪时何某不在现场的4份证据，法庭没有查明其真伪。因此，现有证据没有排除何某没有犯罪的可能性，不能得出唯一的结论，认定何某犯罪的证据不确实充分。

难度：难

考点：认定有罪的证明标准

命题和解题思路：此题与上一题系同一思路，也是结合案例中的证据判断是否构成犯罪，即是否达到确实、充分的证明标准。**解题时注意除了判断之外，更重要的是在于运用案例中的证据说明理由**。

答案解析：

依据《刑事诉讼法》第55条的规定：对一切案件的判处都要重证据，重调查研究，不轻信口供。只有被告人供述，没有其他证据的，不能认定被告人有罪和处以刑罚；没有被告人供述，证据确实、充分的，可以认定被告人有罪和处以刑罚。据此，我国刑事诉讼中认定被告人有罪的诉讼证明标准是：犯罪事实清楚，证据确实充分。关于证据确实、充分的含义，见上题有关解析。本案法庭认定何某犯罪的证据中，朱某、尤某在侦查中的供述笔录尚未排除刑讯逼供的可能，被害人陈述笔录和车辆被盗时的报案材料只能证明车辆被盗，不能证明谁是盗车者；监控录像只证明朱某、尤某实施了其中一起犯罪；何某辩护人提供的犯罪时何某不在场的4份证据，法庭没有查明真伪。因此，何某是否存在犯罪行为的事实缺乏证据证明，现有的定案证据有些并未查证属实，现存的何某不在场的证据与“何某实施盗窃”的事实之间存在矛盾且得不到合理排除，根据现有证据，不能通过逻辑推理和经验判断得出“何某实施了盗窃行为”这一唯一的结论。综上所述，现有证据没有排除何某没有犯罪的可能性，不能得出唯一的结论，认定何某犯罪的证据不确实、不充分。

5. 如何判断证据是否具有关联性？法院认定何某辩护人提供的4份书面材料不具有关联性是否适当？为什么？

答案：

（1）判断证据是否具有关联性的依据主要是：第一，该证据是否用来证明本案的争点问题，与案件证明对象之间是否存在客观联系；第二，该证据是否能够起到证明的作用，即是否具有对案件事实的证明价值。

（2）不适当。因为这些材料与案件证明对象之间存在客观联系，指向何某是否有罪的争点问题；另外，这些材料具有证明案件事实的证明价值，能够实际起到使指控的犯罪事实更无可能的证明作用。

难度： 难

考点： 证据的关联性

命题和解题思路： 此题首先考查了对证据相关性的理解，然后须结合案例来具体分析。解题时首先应回答证据相关性的内涵，其次对4份书面材料起到何种证明作用进行分析。

答案解析：

本案中法院认定辩护人提供的上诉材料不具有关联性是不适当的。这些材料与证明对象之间存在客观联系，都证明了案发时何某不在犯罪现场，不可能实施盗窃行为，直接指向何某是否有罪的争点问题。这些材料具有证明案件事实的证明价值，它们通过证明案发时间何某不在犯罪现场，能够实际起到使何某被指控的盗窃行为不可能发生的证明作用，所以具有关联性。

2010年

一、试题（本题21分）

扫一扫 看微课视频

案情：

张某——某国企副总经理

石某——某投资管理有限公司董事长

杨某——张某的朋友

姜某——石某公司出纳

石某请张某帮助融资，允诺事成后给张某好处，被张某拒绝。石某请出杨某帮忙说服张某，允诺事成后各给张某、杨某400万股的股份。后经杨某多次撮合，2006年3月6日，张某指令下属分公司将5000万元打入石某公司账户，用于股权收购项目。2006年5月10日，杨某因石某允诺的400万股未兑现，遂将石某诉至法院，并提交了张某出具的书面证明作为重要证据，证明石某曾有给杨某股份的允诺。石某因此对张某大为不满，即向某区检察院揭发了张某收受贿赂的行为。检察院立案侦查，查得证据及事实如下：

石某称：2006年3月14日，在张某办公室将15万元现金交给张某。同年4月17日，在杨某催促下，让姜某与杨某一起给张某送去40万元。因担心杨某私吞，特别告诉姜某一定与杨某同到张某处（石某讲述了张某办公室桌椅、沙发等摆放的具体位置）。

姜某称：取出40万元后与杨某约好见面时间和地点，但杨某称堵车迟到很久。自己因有重要事情需要处理，就将钱交杨某送与张某。杨某称：确曾介绍张某与石某认识，并积极撮合张某为石某融资。与姜某见面时因堵车迟到，姜某将钱交给他后匆匆离开。他随后在自己车上将钱交给张某，张某拿出10万元给他，说是辛苦费（案发后，杨某将10万元交检察院）。

张某称：帮助石某公司融资，是受杨某所托（检察院共对张某讯问六次，每次都否认收受过任何贿赂）。

据石某公司日记账、记账凭证、银行对账单等记载，2006年3月6日张某公司的下属分公司将5000万元打入石某公司账户。同年3月14日和4月17日，分别有15万元和40万元现金被提出。

问题：

依据有关法律、司法解释规定和刑事证明理论，运用本案现有证据，分析能否认定张某构成受贿罪，请说明理由。

答题要求：

1. 能够根据法律、司法解释相关规定及对刑事证明理论的理解，运用本案证据作出能否认定犯罪的判断，指出法院依法应当作出何种判决。

2. 观点明确，分析有据，逻辑清晰，文字通畅。

二、答案精讲

依据有关法律、司法解释规定和刑事证明理论，运用本案现有证据，分析能否认定张某构成受贿罪，请说明理由。

答案：

（1）不能认定张某收受贿赂。

（2）依据：根据《刑事诉讼法》第 55 条、最高人民法院司法解释第 52 条、第 176 条规定的证明标准。刑事诉讼证明理论关于"案件事实清楚，证据确实、充分"的阐述，具体是指：据以定罪的每个证据都已查证属实；证据与案件事实存在客观联系；犯罪事实各部分有相应证据证明；全案证据排除了其他可能性，得出的结论唯一。

（3）理由：从犯罪行为是否存在角度来看，在证明张某收受两笔款项问题上，均为"一对一"证据，既没有足够证据证明他没有收受贿赂，也没有足够证据证明他收受了贿赂。从本案涉案人员情况来看，石某、杨某均为本案利害关系人，有可能为了推脱罪责陷害张某。现有证据不足以排除这种可能性。

（4）处理：本案证据在证明张某收受这两笔钱这一关键问题上没有排除其他可能性，应当作出证据不足，指控的犯罪不能成立的无罪判决。

难度： 难

考点： 证据的审查；刑事诉讼的证明标准

命题及解题思路： 命题人以接近于真实案例的形式综合查考了刑事证据的审查与证明标准的理解和把握。本题非常接近于司法实践，考点不再拘泥于法条及司法解释，而是考查考生在掌握相关规定的基础上如何运用于司法实践。

这一题型预示了将来案例分析题的发展趋势，极具代表性，考生须重点准备此类题型。

解题时首先须注意此类题型的答题结构，一般分为三个层次：**一是判断，根据所给的证据能否认定有罪；二是依据及理由，这是答题的重点，即通过对证据的分析，说明理由；三是根据前述分析，回答法院应当作出何种判决。其次，在答题时还需注意，分析的基础是现有证据，不能超出给定的证据范围，假设存在某种情况，如无特别注明，不能假定某份证据不属实或者属于非法证据应该排除等。最后强调一点，题干中已说明结合相关证据理论，而不是刑法理论来分析，所以分析的重点是证据，而不是从实体法或者说刑法罪名的角度来分析。**

答案解析：

1. 对于张某收受15万元现金的贿赂这一犯罪事实，现有证据包括：

（1）石某的证言称：2006年3月14日，石某在张某办公室将15万元现金交给张某。石某还讲述了张某办公室桌椅、沙发等摆放的具体位置。

（2）据石某公司日记账、记账凭证、银行对账单等记载，2006年3月6日张某公司的下属分公司将5000万元打入石某公司账户。2006年3月14日有15万元现金被提出。

（3）被告人张某否认自己收受贿赂。

从上述证据的客观真实性上分析，石某为办案利害关系人，有可能为了推脱罪责陷害张某，其证言的可信性值得质疑。

从上述证据的关联性上分析，石某的证言对于张某收受15万元现金的贿赂而言，系直接证据，而“石某公司日记账、记账凭证、银行对账单等记载”则属间接证据。

对于张某收受15万元现金的贿赂这一犯罪事实，上述证据为“一对一”证据，难以形成完整的证据链条，既没有足够的证据证明他没有收受贿赂，又没有足够的证据证明他收受了贿赂，因而对于张某收受15万元现金的贿赂这一犯罪事实，法院不能作出有罪认定，应当做出证据不足，指控的犯罪不能成立的无罪判决。

2. 对于张某收受40万元现金的贿赂这一犯罪事实，现有证据包括：

（1）石某的证言称：2006年4月17日，在杨某的催促下，让姜某与杨某一起给张某送去40万元。因担心杨某私吞，特别告诉姜某一定与杨某同到张某处。

（2）姜某的证言称：取出40万元后与杨某约好见面时间和地点，但杨某称堵车迟到很久。自己因有重要事情需要处理，就将钱交杨某送与张某。

（3）杨某的证言称，杨某与姜某见面时因堵车迟到，姜某将钱交给他后匆匆离开。他随后在自己车上将钱交给张某，张某10万元给他，说是辛苦费。

（4）据石某公司日记账、记账凭证、银行对账单等记载，2006年3月6日张某公司的下属分公司将5000万元打入石某公司账户。2006年4月17日有40万元现金被提出。

（5）被告人张某否认自己收受贿赂。

从上述证据的客观真实性上分析，石某、杨某为本案利害关系人，有可能为了推脱罪责陷害张某，他们的证言的可信性值得质疑。

从上诉证据的关联性上分析，杨某的证言对于张某收受40万元现金的贿赂而言，系直接证据；而石某、姜某的证言、公司日记账、记账凭证、银行对账单等记载则属于间接证据。

对于张某收受40万元现金的贿赂这一犯罪事实，尽管姜某与杨某的证言能够部分印证，但是，石某与姜某的证言无法完全印证，杨某向张某交钱的陈述没有其他证据相佐证，系"一对一"证据，难以形成完整的证据链条，既没有足够证据证明他没有收受贿赂，也没有足够证据证明他收受了贿赂。因而对于张某收受40万元现金的贿赂这一犯罪事实，法院不能作出有罪认定，应当作出证据不足，指控的犯罪不能成立的无罪判决。

综上所述，依据《刑事诉讼法》第55条第2款、《最高人民法院关于适用〈中华人民共和国刑事诉讼法〉的解释》第64条、第241条规定的证明标准，刑事诉讼证明理论关于"案件事实清楚，证据确实、充分"的阐述，具体是指：①定罪量刑的事实都有证据证明；②据以定案的证据均经法定程序查证属实；③综合全案，对所认定事实已排除合理怀疑。因此，法院不能认定张某收受贿赂，应当作出证据不足，指控的犯罪不能成立的无罪判决。

2009年

一、试题（本题21分）

案情：

杨某被单位辞退，对单位领导极度不满，心存报复。一天，杨某纠集董某、樊某携带匕首闯到厂长贾某办公室，将贾某当场杀死。中级人民法院一审以故意杀人罪判处杨某死刑，立即执行，判处董某死刑缓期二年执行，判处樊某有期徒刑十五年。

问题：

1. 如一审宣判后，被告人杨某、董某、樊某均未上诉，检察机关亦未抗诉，对被告人杨某、董某、樊某的一审判决，中级人民法院和高级人民法院分别应当如何处理？

2. 如一审宣判后，被告人杨某、董某均未上诉，检察机关亦未抗诉，樊某提出上诉，高级人民法院应按什么程序处理对杨某、董某的一审判决？理由是什么？

3. 如一审宣判后，被告人杨某、董某、樊某均未上诉，检察机关亦未抗诉，但贾某的妻子对附带民事判决不服提起上诉，高级人民法院应按什么程序处理对杨某、董某的一审判决？理由是什么？

4. 被告人杨某经最高人民法院核准死刑并下达执行死刑命令后，下级人民法院发现杨某可能另案犯有伤害罪，对杨某应当如何处理？

二、答案精讲

1. 如一审宣判后，被告人杨某、董某、樊某均未上诉，检察机关亦未抗诉，对被告人杨某、董某、樊某的一审判决，中级人民法院和高级人民法院分别应当如何处理？

答案：

（1）对杨某来说，中级人民法院在上诉、抗诉期满后3日内报请高级人民法院复核。高级人民法院同意判处死刑的，应当依法作出裁定后，报请最高人民法院核准；不同意判处死刑的，应当提审或发回重新审判。

（2）对董某来说，中级人民法院在上诉、抗诉期满后应当报请高级人民法院核准。高级人民法院同意判处死刑缓期2年执行的，应当裁定予以核准；认为原判事实不清、证据不足的，应当裁定发回原中级人民法院重新审判；认为原判量刑过重的应当依法改判。

（3）对樊某来说，中级人民法院在上诉、抗诉期满后应当交付执行。

难度： 中

考点： 死刑案件复核程序、执行程序

命题和解题思路： 命题人通过案例的形式考查了死刑复核程序以及死刑的执行程序。案例本身并不复杂，考点主要是通过设置四个问题的形式加以体现，考查的重点主要还是集中在法条及司法解释上。解题时需注意对每个小题所设计情形的准确把握，只要对相关规定记忆准确，答题难度并不大。

第一题考查的重点是在一审判决后未上诉、未抗诉的情况下，死刑立即执行、死缓以及有期徒刑分别按何种程序处理的问题。

答案解析：

本题中，中级人民法院判处杨某死刑立即执行，在法定期间，由于杨某没有上诉，检察院没有抗诉，中级人民法院在上诉、抗诉期满后 10 日内报请高级人民法院复核。依据《最高人民法院关于适用〈中华人民共和国刑事诉讼法〉的解释》第 344 条规定：报请最高人民法院核准死刑案件，应当按照下列情形分别处理：中级人民法院判处死刑的第一审案件，被告人未上诉、检察院未抗诉的，在上诉、抗诉期满后 10 日内报请高级人民法院复核。高级人民法院同意判处死刑的，应当在作出裁定后 10 日内报请最高人民法院核准；不同意的，应当依照第二审程序提审或者发回重新审判。

本案中，中级人民法院判处董某死刑缓期两年执行，在法定期间，由于董某没有上诉、检察院没有抗诉，中级人民法院针对董某的情形，依据《最高人民法院关于适用〈中华人民共和国刑事诉讼法〉的解释》第 349 条规定：高级人民法院复核死刑缓期执行执行案件应当按照下列情形分别处理：①原判认定事实和适用法律正确、量刑适当、诉讼程序合法的，应当裁定核准。②原判认定的某一具体事实或者引用的法律条款等存在瑕疵，但判处被告人死刑缓期执行并无不当的，可以在纠正后作出核准的判决、裁定；③原判认定事实正确，但适用法律有错误，或者量刑过重的，应当改判；④原判事实不清、证据不足的，可以裁定不予核准，并撤销原判，发回重新审判，或者依法改判；⑤复核期间出现新的影响定罪量刑的事实、证据的，可以裁定不予核准，并撤销原判，发回重新审判，或者依照本解释第 220 条规定审理后依法改判；⑥原审违反法定诉讼程序，可能影响公正审判的，应当裁定不予核准，并撤销原判，发回重新审判。高级人民法院复核死刑缓期执行案件，不得加重被告人的刑罚。

本案中，中级人民法院判处樊某有期徒刑 15 年，在法定期间，樊某没有

上诉，检察院没有抗诉，中级人民法院在上诉、抗诉期满后，将樊某交付执行。针对樊某的情形，已过法定期限没有上诉、抗诉的判决和裁定，属于发生法律效力的判决和裁定，应当交付执行。

2. 如一审宣判后，被告人杨某、董某均未上诉，检察机关亦未抗诉，樊某提出上诉，高级人民法院应按什么程序处理对杨某、董某的一审判决？理由是什么？

答案：高级人民法院应按二审程序对杨某、董某的一审判决进行审查。理由是：杨某和董某、樊某系共同犯罪，一审法院进行了全案审理一并判决，根据《刑事诉讼法》的规定，共同犯罪的案件只有部分被告人上诉的，二审法院应当对全案进行审查，一并处理。

难度：易

考点：二审程序

命题和解题思路：本题考查的是共同犯罪中部分被告人提起上诉时，二审程序中如何处理未上诉、未被抗诉的同案被告人问题。**解题的关键在于把握二审全面审查的原则。**

答案解析：

本案中，被告人杨某、董某与樊某是共同犯罪，杨某、董某对一审判决并未提起上诉，而樊某提起上诉，高级人民法院应按二审程序审理。其依据为《刑事诉讼法》第230条规定：第二审人民法院应当就第一审判决认定的事实和适用法律进行全面审查，不受上诉或者抗诉范围的限制。共同犯罪的案件只有部分被告人上诉的，应当对全案进行审查，一并处理。《最高人民法院关于适用〈中华人民共和国刑事诉讼法〉的解释》第331条规定：第二审人民法院审理上诉、抗诉案件，应当就第一审判决、裁定认定的事实和适用法律进行全面审查，不受上诉、抗诉范围的限制。

3. 如一审宣判后，被告人杨某、董某、樊某均未上诉，检察机关也未抗诉，但贾某的妻子对附带民事判决不服提起上诉，高级人民法院应按什么程序处理对杨某、董某的一审判决？理由是什么？

答案：高级人民法院应按死刑复核程序处理对杨某、董某的一审判决。理由是：对刑事附带民事案件，其刑事部分与民事部分可以独立提出上诉，按最高法院的解释，如果只对民事部分提出上诉，其效力不影响刑事部分的效力，高级人民法院对杨某、董某的死刑判决不适用二审程序，而应按死刑复核程序处理。

难度： 中

考点： 死刑复核程序；附带民事诉讼上诉

命题和解题思路： 命题人在此题中加入了附带民事诉讼，这与前一年卷四案例的考点是一致的。**解题时，须注意，杨某、董某因分别被判处死刑立即执行和死刑缓期执行，因未上诉和未被抗诉，因此随后应按照死刑复核程序分别复核。**

答案解析：

依据《最高人民法院关于适用〈中华人民共和国刑事诉讼法〉的解释》第331条规定：第二审人民法院审理对附带民事部分提出上诉，刑事部分已经发生法律效力的案件，发现第一审判决、裁定中的刑事部分确有错误的，应当按照审判监督程序对刑事部分进行再审，并将附带民事部分与刑事部分一并审理。

本题中贾某的妻子对附带民事诉讼判决提出诉讼，其并不影响刑事部分已经发生法律效力，因此高级人民法院应按死刑复核程序进行。

4. 被告人杨某经最高法院核准死刑并下达执行死刑命令后，下级人民法院发现杨某可能另案犯有伤害罪，对杨某应当如何处理？

答案： 下级人民法院应当停止执行，并且立即层报最高人民法院，由最高人民法院作出裁定。

难度： 易

考点： 停止执行死刑

命题和解题思路： 此题考查的是在核准死刑后，执行过程中发现有漏罪时如何处理。**解题时，一方面要注意执行法院应当停止执行死刑，另一方面还要注意报请程序。**

答案解析：

本案中，被告人杨某经最高人民法院核准死刑下达执行死刑命令，下级法院发现杨某可能另案犯有伤害罪，下级法院应当停止执行死刑。《刑事诉讼法》第262条规定：下级人民法院接到最高人民法院执行死刑的命令后，应当在7日以内交付执行。但是发现有下列情形之一的，应当停止执行，并且立即报告最高人民法院，由最高人民法院作出裁定：（一）在执行前发现判决可能有错误的……《最高人民法院关于适用〈中华人民共和国刑事诉讼法〉的解释》第418条规定：第一审人民法院在接到执行死刑命令后、执行前，发现有下列情形之一的，应当暂停执行，并立即将请求停止执行死刑的报告和相关材料层报最高人民法院：①罪犯可能有其他犯罪的；②共同犯罪的其他犯罪嫌疑人到案，可能影响罪犯量刑的；③共同犯罪的其他罪犯被暂停或者停止执行死刑，可能影响罪犯量刑的；④罪犯揭发重大犯罪事实或者有其他重大立功表现，可能需要改判的；⑤罪犯怀孕的；⑥判决、裁定可能有影响定罪量刑的其他错误的。最高人民法院经审查，认为可能影响罪犯定罪量刑的，应当裁定停止执行死刑；认为不影响的，应当决定继续执行死刑。

2008 年

一、试题（本题 20 分）

案情：

张某与王某因口角发生扭打，张某将王某打成重伤。检察院以故意伤害罪向法院提起公诉，被害人王某同时向法院提起附带民事诉讼。

问题：

1. 如果一审宣判后，张某对刑事部分不服提出上诉，王某对民事部分不服提出上诉，第二审法院在审理中发现本案的刑事部分和附带民事部分认定事实都没有错误，但适用法律有错误，应当如何处理？

2. 如果一审宣判后，检察院对本案刑事部分提起了抗诉，本案的附带民事部分没有上诉。第二审法院在审理中发现本案民事部分有错误，二审法院对民事部分应如何处理？

3. 如果一审宣判后，本案的刑事部分既没有上诉也没有抗诉，王某对本案附带民事部分提起了上诉，在刑事部分已经发生法律效力的情况下，二审法院在审理中发现本案的刑事部分有错误，二审法院应如何处理？

4. 如果一审宣判后，王某对附带民事部分判决上诉中增加了独立的诉讼请求，张某在二审中也对民事部分提出了反诉，二审法院应当如何处理？

5. 如果在一审程序中，法院审查王某提起的附带民事诉讼请求后，认为不符合提起附带民事诉讼的条件，法院应当如何处理？

6. 如果法院受理了附带民事诉讼，根据我国《刑事诉讼法》及司法解释相关规定，对一审过程中附带民事诉讼的调解，法院应当如何处理？

二、答案精讲

1. 如果一审宣判后，张某对刑事部分不服提出上诉，王某对民事部分不服提出上诉，第二审法院在审理中发现本案的刑事部分和附带民事部分认定事实都没有错误，但适用法律有错误，应当如何处理？

答案：第二审人民法院应当在二审判决中一并改判。

难度：易

考点：二审法院对刑事附带民事案件中刑事；民事部分均有错误的处理。

命题和解题思路：命题人在题干中设计了一种常见的刑事附带民事诉讼案件：故意伤害（公诉）附带民事诉讼。随后通过六个问题分别考查了在一审和二审程序中涉及的相关问题。因此，在解题时，**首先应注意六个小题分别设计的情形，然后再根据相应的情形回答提问。**本题目考查了对于一审事实认定无误，但适用法律有错时，二审法院如何处理的问题，题目相对比较简单，属于对法条的直接考查。

答案解析：

根据《刑事诉讼法》第230条的规定，第二审人民法院应当就一审判决认定的事实和适用法律进行全面审查，不受上诉或者抗诉范围的限制。根据第236条第2款的规定，第二审人民法院对不服第一审判决的上诉、抗诉案件，经过审理后，应当按照下列情形分别处理：“……（2）原判决认定事实没有错误，但适用法律有错误，或者量刑不当的，应当改判……”

第二审人民法院审理刑事附带民事上诉、抗诉案件，如果发现刑事和附带民事部分均有错误需依法改判的，应当一并改判。本案中，张某和王某分别对刑事部分和民事部分上诉，根据前述规定，第二审法院应当对一审判决的刑事部分和附带民事部分一并直接改判。

2. 如果一审宣判后，检察院对本案刑事部分提起了抗诉，本案的附带民事部分没有上诉。第二审法院在审理中发现本案民事部分有错误，二审法院对民事部分应如何处理？

答案：第二审人民法院应当对民事部分按审判监督程序予以纠正。

难度：易

考点：第二审法院审理对刑事部分提出抗诉，附带民事部分已经发生法律效力的案件的处理

命题和解题思路：本题目也是属于对法条的直接考查，在只对刑事部分提

起抗诉的情况下，对于未上诉的附带民事部分该如何处理。解题时首先考虑二审全面审查的原则；其次针对未上诉的附带民事部分在二审期间已经发生法律效力的情况下，如果有错，应启动审判监督程序加以纠正。

答案解析：

首先根据二审全面审查的原则，即便是未上诉的附带民事部分，二审也应一并审理。其次，根据《最高人民法院关于适用〈中华人民共和国刑事诉讼法〉的解释》第330条的规定：第二审人民法院对刑事部分提出上诉、抗诉，附带民事部分已经发生法律的案件，发现第一审判决、裁定中附带民事部分确有错误的，应当依照审判监督程序对附带民事部分予以纠正。故在本案中，二审法院应当对民事部分按照审判监督程序予以纠正。

3. 如果一审宣判后，本案的刑事部分既没有上诉也没有抗诉，王某对本案附带民事部分提起了上诉，在刑事部分已经发生法律效力的情况下，二审法院在审理中发现本案的刑事部分有错误，二审法院应如何处理？

答案：第二审人民法院应当对刑事部分按照审判监督程序进行再审，并将附带民事诉讼部分与刑事部分一并审理。

难度：易

考点：第二审法院审理只对附带民事部分提出上诉的案件的处理

命题和解题思路：本题目属于对前一问题的延续考查，即只针对附带民事部分提起上诉，未对刑事部分提起上诉或抗诉时，二审法院如何处理。解题时注意和上一题的区别。

答案解析：

根据《最高人民法院关于适用〈中华人民共和国刑事诉讼法〉的解释》第331条的规定：第二审人民法院审理对附带民事部分提出上诉，刑事部分已经发生法律效力的案件，发现第一审判决、裁定中的刑事部分确有错误的，应当按照审判决监督程序对刑事部分进行再审，并将附带民事部分与刑事部分一并处理。本案中，二审法院应当对刑事部分按照审判监督程序进行再审，并将附带民事诉讼部分与刑事部分一并审理。

4. 如果一审宣判后，王某对附带民事部分判决上诉中增加了独立的诉讼请求，张某在二审中也对民事部分提出了反诉，二审法院应当如何处理？

答案：第二审人民法院可以根据当事人自愿的原则就新增加的诉讼请求或者反诉进行调解，调解不成的，告知当事人另行起诉。

难度：易

考点：第二审案件附带民事部分审理中，对增加独立诉讼请求或者提出反诉情形的处理

命题和解题思路：本题考查了在二审中增加独立的诉讼请求和反诉的处理，也是属于对法条的直接考查。解题时需注意一点，**对民事部分提起反诉，可以先调解。如果是在其他题目中针对刑事自诉案件提起反诉，则没有先调解的规定。**

答案解析：

《最高人民法院关于适用〈中华人民共和国刑事诉讼法〉的解释》第332条规定：第二审期间，第一审附带民事诉讼原告人增加独立的诉讼请求或者第一审附带民事诉讼被告人提出反诉的，第二审人民法院可以根据自愿、合法的原则进行调解；调解不成的，告知当事人另行起诉。

5. 如果在一审程序中，法院审查王某提起的附带民事诉讼请求后，认为不符合提起附带民事诉讼的条件，法院应当如何处理？

答案：人民法院经审查认为不符合提起附带民事诉讼条件规定的，应当裁定驳回起诉。

难度：易

考点：人民法院对认为不符合提出附带民事诉讼条件规定的案件的处理

命题和解题思路：本题相对简单，直接考查不受理附带民事诉讼时法院该如何处理。**注意裁定和判决的区别**。

答案解析：

《最高人民法院关于适用〈中华人民共和国刑事诉讼法〉的解释》第149条规定：被害人或者其法定代理人、近亲属提出附带民事诉讼的，人民法院应当在7日内决定是否立案。符合《刑事诉讼法》第101条以及本解释有关规定的，应当受理；不符合的，裁定不予受理。因此，如果一审时王某不符合提起附带民事诉讼条件，法院应裁定不予受理。

6. 如果法院受理了附带民事诉讼，根据我国《刑事诉讼法》及司法解释相关规定，对一审过程中附带民事诉讼的调解，法院应当如何处理？

答案：①调解应当在自愿合法的基础上进行，经调解达成协议的，审判人员应当及时制作调解书，调解书经双方当事人签收后即发生法律效力。②调解达成协议并当庭执行完毕的，可以不制作调解书，但应记入笔录，经双方当事人、审判人员、书记员签名或盖章即发生法律效力。③经调解无法达成协议或者调解书签收前当事人反悔的，附带民事诉讼应当同刑事诉讼一并判决。

难度： 中

考点： 对一审附带民事诉讼的调解

命题和解题思路： 本题重在考查一审程序中对于附带民事部分进行调解时的相关程序。解题时需注意对于法条及司法解释规定的详细和完整记忆。

答案解析：

《刑事诉讼法》第103条规定：人民法院审理附带民事诉讼案件，可以进行调解，或者根据物质损失情况作出判决、裁定。《最高人民法院关于适用〈中华人民共和国刑事诉讼法〉的解释》第153条规定：人民法院审理附带民事诉讼案件，可以根据自愿、合法的原则进行调解。经调解达成协议的，应当制作调解书。调解书经双方当事人签收后，即具有法律效力。调解达成协议并及时履行完毕的，可以不制作调解书，但应当制作笔录，经双方当事人、审判人员、书记员签名或者盖章后即发生法律效力。《最高人民法院关于适用〈中华人民共和国刑事诉讼法〉的解释》第154条规定：调解未达成协议或者调解书签收前当事人反悔的，附带民事诉讼应当同刑事诉讼一并判决。

第四部分　命题人模拟金题

论述题一

一、试题（本题为刑事诉讼法、刑法融合试题）

扫一扫　看微课视频

案情：

2015 年 3 月 1 日 14 时许，陈某驾驶渝 BAXX41 红岩牌重型自卸货车由北向南行驶至 K 县东二道街路口北侧人行横道处等待红灯，当红灯变为绿灯车辆起步时，将行人杨某（男，62 岁）撞伤。事故发生后，陈某立即拨打 120 急救电话并送杨某去医院抢救，后杨某经抢救无效死亡。陈某在 K 县交警到达事故现场后赶回事故现场接受调查。交警在现场首先查验并扣押了陈某的驾驶证和行驶证，又分别对陈某以及目睹了事故发生过程的证人黄某进行了询问，制作了询问笔录。随后对现场进行了勘验，并制作了勘验笔录。3 月 22 日，K 县交通警察大队出具了《交通事故认定书》，认定陈某负本起事故的全部责任，杨某无责任。3 月 25 日，在 K 县公安机关的主持下，陈某与杨某家属达成和解协议，陈某当场赔偿死者家属人民币 20 万元，并取得了死者家属的谅解。3 月 30 日，K 县公安机关将陈某涉嫌交通肇事罪一案移送至 K 县人民检察院。K 县人民检察院在审查了案卷材料后，于 4 月 25 日对陈某作出了酌定不起诉的决定。

问题：

1. 公安机关在移送案件时，应当将哪些材料作为证据移送？为什么？

2. 《交通事故认定书》属于何种证据？人民检察院可否直接将其作为认定案件事实的依据，理由是什么？

3. 陈某的行为是否成立自首？为什么？

4. 请结合本案，谈谈刑事诉讼法中规定“当事人和解的公诉案件诉讼程序”的价值。

答题要求：

1. 无本人分析、照抄材料原文不得分；
2. 结论、观点正确，逻辑清晰，说理充分，文字通畅；
3. 请按问题顺序作答，总字数不得少于800字。

二、答案精讲

1. 公安机关在移送案件时，应当将哪些材料作为证据移送？为什么？

答案：应当将驾驶证、行驶证、勘验笔录、交通事故认定书作为证据移送。交通警察作为行政执法机关，其在执法过程中收集、制作的书证（驾驶证、行驶证以及《交通事故认定书》）以及勘验笔录可以在刑事诉讼中作为证据使用。

交警在现场对陈某和证人黄某进行询问，制作的询问笔录，属于言词证据，不能在刑事诉讼中作为证据使用，必须经过转化，即由侦查人员在立案后依照刑事诉讼法的规定重新讯问和询问后才能在刑事诉讼中作为证据使用。

难度：中

考点：行政执法证据在刑事诉讼中的适用

命题和解题思路：本题根据真实案例改编。第一问主要考查考生对于《刑事诉讼法》第54条第2款的理解，同时还涉及对司法实践中办理交通肇事案件程序的掌握，具有较强的实践性。解题时，首先应从程序上判断本案的处理分为两个阶段，第一阶段是交通警察在现场的处置，这部分属于行政执法程序；第二阶段是公安机关按照刑事案件办理的程序。这也是破题的关键所在。厘清了这一问题后，再逐一列出案例中给出的证据，并进行归类。此时依照《刑事诉讼法》第54条第2款的规定，可以判断除两份询问笔录属于言词证据，不能直接在刑事诉讼中作为证据使用之外，其他证据（书证、勘验笔录）都是可以使用的，因此应当移送。

答案解析：

根据《刑事诉讼法》第54第2款规定，行政机关在行政执法和查办案件过程中收集的物证、书证、视听资料、电子数据等证据材料，在刑事诉讼中可以作为证据使用。从本案来看，交通警察作为行政执法机关，在处理交通事故时依法收集、制作的书证（驾驶证、行驶证以及交通事故认定书）以及勘验笔录可以在刑事诉讼中作为证据使用，因此公安机关在移送案件时应当一并移送。而交警在现场对陈某和证人黄某进行询问，制作的询问笔录，属于言词证据，不能在刑事诉讼中作为证据使用，必须经过转化，即由侦查人员在立案后依照刑事诉讼法的规定依法对犯罪嫌疑人陈某进行讯问，转化为讯问笔录方能在刑事诉讼中作为证据使用；同理，对于证人黄某，也应由侦查人员依照刑事诉讼法所规定的程序重新对其进行询问，制作成询问笔录后方能作为证据使用。

2.《交通事故认定书》属于何种证据？人民检察院可否直接将其作为认定案件事实的依据，理由是什么？

答案：《交通事故认定书》属于书证。检察院在审查《交通事故认定书》时，不能直接将其作为认定案件事实的根据，仍然需要结合其他证据对其进行审查，当《交通事故认定书》中反映的事实与其他证据证明的事实彼此印证，没有无法排除的矛盾时方能作为认定案件事实的根据。

难度：易

考点：证据作为定案依据的条件

命题和解题思路：《交通事故认定书》是交通肇事案件中常见的一类证据。虽然其内容中包含了对于责任的认定，但这仅是公安机关交通管理部门一方对于案件事实的判断。在刑事诉讼中，凡是要作为定案的依据，都必须依照法定程序查证属实，因此检察机关也应对其进行审查，属实的方能作为认定案件事实的依据。考生在解题时，关键在于把握《交通事故认定书》的性质，只要是证据，就应当经法定程序审查。

答案解析：

《交通事故认定书》是公安机关交通管理部门根据交通事故现场勘验、检查、调查情况和有关的检验、鉴定结论，制作的作为处理交通事故的证据，属于公文书证的一种。根据《刑事诉讼法》第50条的规定，证据必须查证属实，方能作为定案的根据。因此，检察院在审查《交通事故认定书》时，不能直接将其作为认定案件事实的根据，仍然需要结合其他证据对其进行审查，当《交通事故认定书》中反映的事实与其他证据证明的事实彼此印证，没有无法排除的矛盾时方能作为认定案件事实的根据。

3. 陈某的行为是否成立自首？为什么？

答案：陈某的行为成立自首。成立自首，要求具备自动投案和如实陈述犯罪事实两个要件，陈某肇事后积极将伤者送医，并在交警处理事故时主动到现场接受处理的行为完全符合这两个条件，理应认定为自首。

难度：难

考点：自首

命题和解题思路：命题人主要考查考生对于自首制度的把握。本题的疑难之处在于对交通肇事者能否成立自首，理论上存在一定的争议。考生如果在解答时能够将争议的观点清晰地展示出来，并且说清楚理由，便能获得较高的分数。而在解答有关自首的问题时，需要结合自首制度的设立初衷进行理解，即自首是为了鼓励犯罪者悔过自新和降低司法成本。由此，在针对交通肇事者能否成立自首的问题上，肇事者如果自动投案并且如实供述罪行，便完全符合自首制度的设立初衷，没有理由不认定为自首，这样就能很快得出正确结论。

答案解析：

对于交通肇事者能否成立自首，理论界存在一定的争议。否定论者认为，《道路交通安全法》明确规定：在道路上发生交通事故，车辆驾驶人应当立即停车，保护现场；造成人身伤亡的，车辆驾驶人应当立即抢救受伤人员，并迅速报告执勤的交通警察或者公安机关交通管理部门。所以交通肇事者主动投案或保护现场、抢救被伤害的人，是其应尽的法定义务。据此，不应当认定肇事者成立自首。肯定论者则认为，刑法总则对于自首并没有就分则的罪名作特殊的适用范围限制。对此，司法解释也是持肯定态度：2010 年最高人民法院《关于处理自首和立功若干具体问题的意见》规定：交通肇事后保护现场、抢救伤者，并向公安机关报告的，应认定为自动投案，构成自首的，因上述行为同时系犯罪嫌疑人的法定义务，对其是否从宽、从宽幅度要适当从严掌握。交通肇事逃逸后自动投案，如实供述自己罪行的，应认定为自首，但应依法以较重法定刑为基准，视情节决定对其是否从宽处罚以及从宽处罚的幅度。

成立一般自首，要求行为人具备自动投案和如实供述自己的罪行两个基本条件。本案中，陈某在肇事后积极抢救伤者，在交警到达事故现场后赶回事故现场接受调查。显然，陈某属于自动投案，并且如实供述自己的犯罪事实，理应认定为自首。

4. 请结合本案，谈谈刑事诉讼法中规定“当事人和解的公诉案件诉讼程序”的价值。

答案：本案中，犯罪嫌疑人陈某驾车致一人死亡，并承担事故全部责任，根据《最高人民法院关于审理交通肇事刑事案件具体应用法律若干问题的解释》的规定，处三年以下有期徒刑或者拘役，属于刑事诉讼法规定的可以适用“当事人和解的公诉案件诉讼程序”的案件范围。在公安机关的主持下，陈某与死者家属达成了谅解协议，并按协议要求履行了赔偿，取得了死者家属的谅解。这符合《刑事诉讼法》第288条所规定的条件，因此，陈某具备了从宽处罚的情形，人民检察院依法对其作出酌定不起诉的决定。

“当事人和解的公诉案件诉讼程序”是2012年刑事诉讼法修改时新增加的一项特别程序。其目的在于允许部分情节轻微、主观恶性不大的犯罪嫌疑人通过真诚悔罪、赔偿被害人的损失，取得被害人的谅解，进而获得从宽处理。其价值主要体现在三个方面：一是有利于保障被害人的权益；二是有利于犯罪嫌疑人的矫正；三是有利于节约司法资源。

难度： 难

考点： 刑事和解的价值

命题和解题思路： 在主观题中考查理论知识点的可能性显著增大，考生应对此题型有所准备。解题时，一是要注意首先结合案例本身进行分析，不能空泛地回答；二是在答题时要注意分层次，分点论述，不要笼统地写成一段话，或者某一点写得过多，其他点寥寥几句。回答时能够从多角度、多层次地回答理论性考题，获得高分的可能性更大。

答案解析：

本案中，犯罪嫌疑人陈某驾车致一人死亡，并承担事故全部责任，根据《最高人民法院关于审理交通肇事刑事案件具体应用法律若干问题的解释》的规定，处三年以下有期徒刑或者拘役，属于刑事诉讼法规定的可以适用“当事人和解的公诉案件诉讼程序”的案件范围。在公安机关的主持下，陈某与死者家属达成了谅解协议，并按协议要求履行了赔偿，取得了死者家属的谅解。这符合《刑事诉讼法》第288条所规定的条件，即犯罪嫌疑人、被告人真诚悔罪，通过向被害人赔偿损失、赔礼道歉等方式获得被害人谅解，被害人自愿和解的，双方当事人可以和解。因此，陈某具备了从宽处罚的情形，人民检察院依法对其作出酌定不起诉的决定。

“当事人和解的公诉案件诉讼程序”是2012年刑事诉讼法修改时新增加的一项特别程序。其目的在于允许部分情节轻微、主观恶性不大的犯罪嫌疑人通过真诚悔罪、赔偿被害人的损失，取得被害人的谅解，进而获得从宽处理。其价值主要体现在三个方面：

一是有利于保障被害人的权益。通过和解，提升了被害人的诉讼地位，确保其能直接参与到与自身利益攸关的案件处理过程之中；同时和解协议中的赔偿内容由于是在当事人之间自愿协商达成的，具有更强执行力，确保了对损失的及时补偿；和解也淡化了被害人的报应情感，降低对立双方的冲突程度，有助于正常社会关系的恢复。

二是有利于犯罪嫌疑人的矫正。通过加害人与被害人直接协商、讨论，加害人能认识到自己行为给被害人及其家属带来痛苦，加害人知道其行为的法律后果，从而促使其真诚地认错、觉悟，使其能尽快地开始重返社会。

三是有利于节约司法资源。我国正处在经济和社会转轨期，各类犯罪案件大量增加，加上刑事诉讼程序的日趋复杂化，司法资源变得越来越稀缺。和解制度的创立和运行是一种更为经济、更有效率的纠纷解决机制，它能促使加害人主动认罪，减轻被害人或者公诉人的举证责任，促进司法资源的优化配置，从而将司法资源重点用于处置对社会秩序造成严重破坏或社会影响较大的案件，以提高办案效率。

论述题二

一、试题

扫一扫　看微课视频

材料一：2017 年 8 月 2 日，C 市人民检察院以被告人刘某、罗某犯贩毒毒品罪，向 C 市中级人民法院提起公诉。在庭审过程中，被告人刘某提出，其归案后被公安人员连续讯问五天五夜，直至昏睡，公安人员将其拍醒后在讯问笔录上签字，其在侦查阶段的有罪供述内容不真实。

法庭审查了刘某在侦查阶段的全部供述。经查，刘某归案后在侦查阶段共有六次供述，第一、二次未供认贩卖毒品的行为，第三次供述最为详细。在该次供述中，刘某供认了与上家秦某联系购买 24000 粒麻古，自己先前往与秦某交易，中途安排妻子李某筹集毒资交给罗某，指使罗某送来毒资 89800 元并拿走 5000 粒麻古出售给下家熊某，见罗某被抓捕即逃离现场。刘某在第四、五、六次供述时推翻原有供述，辩称未参与贩卖毒品。

材料二：法庭重点审查了刘某第三次供述的背景情况。该份供述时间起于 2017 年 3 月 28 日 21 时 7 分，止于同日 23 时 26 分；讯问地点在 C 市 L 县看守所三楼。经实地察看，该讯问地点并非正式讯问室，中间没有隔离设施。同时，刘某的提讯证记载，刘某于2017年3月26日17时被押解出看守所，于同年3月29日3时还押，持续时间为两天三夜58小时（中途没有送回看守所关押监室），而刘某第三次供述正是形成于这段时间。

第三份供述中注明了对该次讯问进行了同步录音录像。法庭要求公诉机关提供了第三次审讯刘某时的同步录音录像。经查，第三次讯问笔录记载讯问时长2小时9分，而同步录音录像资料仅持续12分10秒。法庭播放了该录音录像，发现录音录像的内容仅为侦查人员向刘某宣读讯问笔录，不能反映讯问过程。并且，录像中反映刘某有一定疲倦表情。

法庭审查了公诉机关提交的证明取证合法性的材料。侦查机关作出说明，称讯问期间给刘某留有足够休息时间，没有刑讯逼供等非法行为。因录音录像设备只能录制十多分钟，因此未能全程录音录像。除此之外，公诉机关未提请法庭通知侦查人员出庭作证，也未提交其他证明材料。

问题：

1. 对于刘某的第三次供述，法院是否应当排除？为什么？
2. 请结合本案，谈谈对我国非法证据排除规则中证明标准的理解。

答题要求：

1. 无本人分析、照抄材料原文不得分；
2. 结论、观点正确，逻辑清晰，说理充分，文字通畅；
3. 请按问题顺序作答，总字数不得少于800字。

［**案例来源：**《刑事审判参考》第92辑，刘晓鹏、罗永全贩卖毒品案］

二、答案精讲

1. 对于刘某的第三次供述，法院是否应当排除？为什么？

答案：应当排除。根据“两高三部”《关于办理刑事案件严格排除非法证据若干问题的规定》，通过严重的疲劳审讯所获得的口供属于非法言词证据，应当排除。从法院审查的情况来看，依据提讯证记录的时间，刘某在看守所外接受讯问的时间为58小时（中途没有送回看守所关押监室），因此客观上存在严重疲劳审讯的可能。而从公诉机关提供的材料来看，同步录音录像属于部分录制，不能证明整个讯问的合法性；侦查机关的说明仅仅只是表明给刘某留有足够休息时间，但并无其他证据印证其说法的真实性，因此综合上述证据来看，不能排除存在严重的疲劳审讯的可能性。因此，刘某的第三次供述应当排除。

难度：中

考点：非法言词证据的排除

命题和解题思路：非法证据的排除在最近几年的考试中属于常见的重要考点，几乎每年都有所涉及。本题解题的关键在于对材料二所示的三组证据信息的审查与判断。从三组信息来看，既不能证明确实存在非法取证，也不能排除其可能性。而公诉机关承担着证明取证合法性的责任，且须达到证据确实、充分的标准。因此，结合两方面可以判断出第三次供述应当排除。

答案解析：

根据“两高三部”《关于办理刑事案件严格排除非法证据若干问题的规定》，通过严重的疲劳审讯所获得的口供属于非法言词证据，应当排除。本案中，刘某第三次供述是否排除，关键的问题在于是否存在疲劳审讯的问题。从法院审查的情况来看，依据提讯证记录的时间，刘某在看守所外接受讯问的时间为58小时（中途没有送回看守所关押监室），因此客观上存在严重疲劳审讯的可能。而从公诉机关提供的材料来看，同步录音录像属于部分录制，不能证明整个讯问过程的合法性；侦查机关的说明仅仅只是表明给刘某留有足够休息时间，但并无其他证据印证其说法的真实性，因此综合上述证据来看，虽然不能证明确实存在严重的疲劳审讯，但不能排除存在严重的疲劳审讯的可能性。而根据《刑事诉讼法》第58条的规定，对于经过法庭审理，确认或者不能排除存在本法第56条规定的以非法方法收集证据情形的，对有关证据应当予以排除。因此，刘某的第三次供述应当排除。

2. 请结合本案，谈谈对我国非法证据排除规则中证明标准的理解。

答案：我国刑事诉讼法中对于非法证据的排除，规定由人民检察院承担证明取证合法性的证明责任，且应当达到证据确实、充分的程度。从法院的角度来说，对于经过法庭审理，确认或者不能排除存在以非法方法收集证据情形的，对有关证据应当予以排除。之所以这样规定，主要基于以下原因：一是由于犯罪嫌疑人、被告人往往处于被羁押状态，对于自己遭受非法取证的情况缺少行之有效的取证或证明方式，由公诉机关来承担取证合法性的证明责任有利于对犯罪嫌疑人、被告人的权利保障；二是公诉机关不仅承担着证明指控犯罪成立的证明责任，也应确保追诉犯罪的过程中，各种取证程序应当严格按照法定程序进行，这是国家权力行使的应然要求；三是由于非法取证行为的发生往往是在封闭的空间内进行，且极其隐蔽，要证明其确实存在，具有较大的难度。因此，如果规定必须查明确实存在非法取证的情形方能排除，则会导致非法证据排除规则难以发挥其应有的作用。

难度：中

考点：非法证据排除的证明标准

命题和解题思路：本题目为理论性考点，考查考生对于非法证据排除的证明标准的理解和把握，在近几年的考试中，关于非法证据排除的具体规定已经多次考查，在2012年的卷四中曾经出现过考查非法证据排除规则设立的过程及价值这一理论考点。在解题时，首先要注意是谈谈对证明标准的理解，而非整个非法证据排除规则；其次，一再强调应从多角度、多层次，分点回答理论性考点，切记不要只就一点长篇大论。

答案解析：

我国刑事诉讼法中对于非法证据的排除，规定由人民检察院承担证明取证合法性的证明责任，且应当达到证据确实、充分的程度。从法院的角度来说，对于经过法庭审理，确认或者不能排除存在以非法方法收集证据情形的，对有关证据应当予以排除。这一证明标准对于公诉机关而言，是一个较高的证明标准。之所以这样规定，主要基于以下原因：一是从犯罪嫌疑人、被告人的举证能力来看，由于犯罪嫌疑人、被告人往往处于被羁押状态，对于自己遭受非法取证的情况缺少行之有效的取证或证明方式，这也是以往非法证据排除程序难以启动、难以认定的重要原因，因此由公诉机关来承担取证合法性的证明责任有利于对犯罪嫌疑人、被告人的权利保障；二是从公诉机关的角度来看，公诉机关不仅承担着证明指控犯罪成立的证明责任，也应确保追诉犯罪的过程中，各种取证程序应当严格按照法定程序进行，这是国家权力行使的应然要求；三是从非法证据排除的司法实践来看，由于非法取证行为的发生往往是在封闭的空间内进行，且极其隐蔽，要证明其确实存在，具有较大的难度。因此，如果规定必须查明确实存在非法取证的情形方能排除，则会导致非法证据排除规则难以发挥其应有的作用。

综上，为保障犯罪嫌疑人、被告人的合法权利，规范侦查权的合法行使，确保刑事案件的办理既符合程序公正又符合实体公正的要求，非法证据排除规则应严格执行相应的证明标准。

案例分析题一

一、试题

扫一扫　看微课视频

案情：

赵某与同村村民冯某素有矛盾。2017年6月，赵某与冯某因琐事争吵后扭打起来，赵某的腿被冯某用铁锹砍伤，后各自回家。当天夜里，冯某失踪。

一周后，有人在赵某家附近的枯井里发现一具尸体，经鉴定系冯某，死因系头部钝器伤。公安机关认为赵某有重大嫌疑，遂对其予以拘留，并在未取得搜查证的情况下对赵某家进行搜查，找到并扣押了一把砍柴用的斧子，但上面没有血迹或人体组织。

赵某在前两次接受讯问时，均否认杀害冯某，但其因腿部伤口溃烂发炎，向侦查人员提出医治申请，侦查人员不予理睬，致其伤情加重，疼痛难忍。在第三次接受讯问时，侦查人员告知其如果承认就予以治疗，赵某不得已承认杀害冯某。第四次讯问时，公安机关更换了侦查人员，并将诉讼权利和认罪的法律后果告知赵某，赵某仍供述杀害冯某。赵某的妻子齐某在前三次接受公安机关询问时，均称赵某在被冯某砍伤后一直在家中养伤，再未出门。后公安机关将齐某非法拘禁了二十多个小时，齐某改称当天夜里赵某曾单独出去。

问题：

1. 本案中哪些证据应当排除？为什么？

2. 该案移送审查起诉前，检察院是否应当讯问犯罪嫌疑人？为什么？

3. 检察院在审查起诉时，发现本案存在以刑讯逼供等非法方法收集证据的情形，应如何处理？

二、答案精讲

1. 本案中哪些证据应当排除？为什么？

答案：

（1）赵某的供述应当排除，因为此系赵某遭受变相肉刑的恶劣手段，在难以忍受的情况下违背意愿作出的供述，应当予以排除。

（2）齐某的证人证言应当排除，因为采用威胁及非法限制人身自由等非法方法收集的证人证言应当予以排除。

难度：中

考点：非法证据的排除范围

命题和解题思路：本题根据真实案例改编。《刑事诉讼法》《最高人民法院关于适用〈中华人民共和国刑事诉讼法〉的解释》《人民检察院刑事诉讼规则》等均对非法证据的排除范围作出了规定，但本案发生于《关于办理刑事案件严格排除非法证据若干问题的规定》出台之后，应运用《关于办理刑事案件严格排除非法证据若干问题的规定》的内容来解答。

答案解析：

（1）《关于办理刑事案件严格排除非法证据若干问题的规定》第2条规定："采取殴打、违法使用戒具等暴力方法或者变相肉刑的恶劣手段，使犯罪嫌疑人、被告人遭受难以忍受的痛苦而违背意愿作出的供述，应当予以排除。"本案中的情况应当属于这里的"变相肉刑"。本案中还存在引诱的情况，引诱也属于非法的取证手段，但并不必然导致供述应被排除。

（2）《关于办理刑事案件严格排除非法证据若干问题的规定》第6条规定："采用暴力、威胁以及非法限制人身自由等非法方法收集的证人证言、被害人陈述，应当予以排除。"与《关于办理刑事案件严格排除非法证据若干问题的规定》第3条中的"威胁"相比，这里的"威胁"并不要求"以暴力或者严重损害本人及其近亲属合法权益等进行威胁"。也即非以暴力或者严重损害本人及其近亲属合法权益等进行的威胁虽然不足以导致犯罪嫌疑人、被告人供述被排除，却可导致证人证言、被害人陈述被排除。

（3）《关于办理刑事案件严格排除非法证据若干问题的规定》第7条规定："收集物证、书证不符合法定程序，可能严重影响司法公正的，应当予以补正或者作出合理解释；不能补正或者作出合理解释的，对有关证据应当予以排除。"但是《刑事诉讼法》第138条第2款规定："在执行逮捕、拘留的时候，遇有紧急情况，不另用搜查证也可以进行搜查。"因此本案中搜查和扣押斧子并不违反法律规定。该斧子倒是有可能因为与案件没有关联系而被排除，但是，其与案件有无关联性还需要更多的信息才能判断。

2. 该案移送审查起诉前，检察院是否应当讯问犯罪嫌疑人？为什么？

答案：应当讯问犯罪嫌疑人。根据《关于办理刑事案件严格排除非法证据若干问题的规定》第 14 条第 3 款的规定，对重大案件，人民检察院驻看守所检察人员应当在侦查终结前讯问犯罪嫌疑人，核查是否存在刑讯逼供、非法取证情形，并同步录音录像。经核查，确有刑讯逼供、非法取证情形的，侦查机关应当及时排除非法证据，不得作为提请批准逮捕、移送审查起诉的根据。本案赵某涉嫌故意杀人案，属于重大案件，因此适用该款的规定。

难度：易

考点：重大案件侦查终结讯问合法性核查制度

命题和解题思路：此题考查的是《关于办理刑事案件严格排除非法证据若干问题的规定》中新增设的一项制度，解题时须注意案件的性质属于重大案件。

答案解析：

重大案件侦查终结讯问合法性核查制度是《关于办理刑事案件严格排除非法证据若干问题的规定》中新增设的一项制度，旨在将非法证据发现和排除的时间提前到侦查阶段，防止非法取证影响后续的起诉和审判。因此，在重大案件侦查终结前，由驻所检察人员专门对侦查讯问过程中是否存在非法取证的情况讯问犯罪嫌疑人，并同步录音录像，以便于及时发现非法取证的线索。

3. 检察院在审查起诉时，发现本案存在以刑讯逼供等非法方法收集证据的情形，应如何处理？

答案：依法排除相关证据，不得作为提起公诉的根据；提出纠正意见；必要时检察院可以自行调查取证；随案移送法院，作出说明。

难度：中

考点：人民检察院发现存在非法取证行为的处理

命题和解题思路：此题考查了人民检察院发现存在非法取证行为后应如何处理。除了排除相关证据外，还要将另外两条也答出来才算完整。

答案解析：

《关于办理刑事案件严格排除非法证据若干问题的规定》第 17 条规定："审查逮捕、审查起诉期间，犯罪嫌疑人及其辩护人申请排除非法证据，并提供相关线索或者材料的，人民检察院应当调查核实。调查结论应当书面告知犯罪嫌疑人及其辩护人。人民检察院在审查起诉期间发现侦查人员以刑讯逼供等非法方法收集证据的，应当依法排除相关证据并提出纠正意见，必要时人民检察院可以自行调查取证。人民检察院对审查认定的非法证据，应当予以排除，不得作为批准或者决定逮捕、提起公诉的根据。被排除的非法证据应当随案移送，并写明为依法排除的非法证据。”

案例分析题二

一、试题（本题为刑事诉讼法、刑法、法律文书融合试题）

材料一： 1. 2017年8月23日，Y省K市检察院指控称：2016年5月16日，被告人余某利用自己私刻的“Y省K市糖烟酒副食公司”（以下称“副食公司”）公章及该公司法人“何永胜”私章，伪造借款担保书，以自己担任法人代表的K市圣美食品有限公司的名义向K市润泽金融公司借款500万元，期限一年。该款转入被告人余某账户后，余某至今没有归还。2017年5月10日，K市润泽金融公司经向担保单位副食公司提出还款要求未果，得知该借款担保手续系被告人余某伪造，遂向公安机关报案。被告人余某的行为应当以诈骗罪追究其刑事责任，提请法院依法予以惩处。

2. 被告人余某辩称：自己以前的有罪供述是因为担心被刑讯逼供。因此，在公诉人对其进行提讯时便已如实陈述，自己没有私刻过公章，担保是何永胜办好后拿给他的。此外，何永胜提供担保时，是自己在黄润华（K市润泽金融公司借贷部负责人）办公室用电话免提方式打给何永胜的，黄润华当时在场，何永胜同意担保黄润华是知道的，自己没有诈骗行为。

余某的辩护人提出：第一，被告人最初承认私刻“副食公司”印章的几份供述中，对刻章的时间、借款的用途等情节存在相互矛盾，可见供述有假。第二，辩方可提供证据证实：2014年4月5日，副食公司与K市大丰食品公司签订的协议中，“副食公司”的印章与其在工商局备案的印章不同一；2014年8月5日，K市圣美食品有限公司与中铁建K市办事处签订的协议中，担保方“副食公司”的印章亦本案的假章；之后K市圣美食品有限公司为偿欠“副食公司”款项，双方签订的一份内容为K市圣美食品有限公司提供一张400万元承兑汇票给副食公司贴现后先归还副食公司分红利润120万元和欠款80万元的协议中，副食公司的印章也系本案假章，而两份协议均已履行，且副食公司为受益人。因此，被告人向K市润泽金融公司借款500万元协议中的假章到底为谁所加盖，不具排他性。第三，被告人主观上没有诈骗的故意，被告人借500万元用于购房，出借方实地查看过。由于所购房屋权属发生争议，卖方不能交房，致使被告人无法按期偿还500万元借款，但被告人先后还是归还利息及欠款80万元。因此，被告人主观上无诈骗的故意。综上，指控被告人构成诈骗罪的证据明显不足，提请法庭依法判决被告人无罪。

3. 针对被告人的辩解及其辩护人的辩护意见，公诉机关答辩称：本案指控事实清楚，证据充分，被告人余某主观上有诈骗的故意，客观上实施了私刻公章，用虚假担保进行诈骗的行为，已构成诈骗罪。从证据证明情况及常理上看均不能认定是何永胜为余某提供假章，被告人余某也供认过自己私刻假章，何永胜证言也否认提供过担保的情况。因此，被告人余某否认自己私刻公章，伪造担保的辩解不能成立。

材料二：公诉机关当庭出示的指控证据有：

1. 报案材料：2017年5月10日，K市润泽金融公司借款向K公安局报案称被骗借款500万元，认为K市圣美食品有限公司涉嫌诈骗，请求立案侦破。

2. 情况说明：被告人余某因涉嫌集资诈骗（另案）于2017年4月28日被K市公安局刑事拘留。

3. 书证：2017年5月16日借款合同及借款担保书，证实K市圣美食品有限公司向K市润泽金融公司借款500万元；中国建设银行转账支票及收据，证实K市圣美食品有限公司收到500万元借款的事实。

4. 刑事科学技术鉴定书：证实2017年5月16日担保书及借款合同上担保单位“副食公司”的印章及法人“何永胜”的私章系伪造。

5. 证人证言：

证人黄润华证言。证实2017年余某因购买房屋向K市润泽金融公司借款500万元，并签订了第一份借款合同，借款担保书是一个月后余某拿过来的，以后也从未找副食公司核实过的情况。

证人何永胜证言。证实副食公司没有为K市圣美食品有限公司担保过这笔借款，并证实公司的章管理严格，不允许带出，也从未更换过。他与余某是2009年做生意认识的，当时余某是K市大丰食品有限公司的经理，以后两人关系不错，也认识黄润华。

证人董丽洁（副食公司财务人员）证言。证实副食公司的公章管理情况及证实公章从未更换过的情况，证实反映了何永胜与余某关系密切。

6. 被告人供述：余某在看守所作了有罪供述，供述了2017年5月私刻了副食公司印章和何永胜的私章，伪造担保向K市润泽金融公司借款500万元的经过。

辩护人在法庭质证阶段当庭出示其收集及提请法庭调取的证据如下：

1. 协议书：证实2014年8月5日，K市圣美食品有限公司与中铁建K市办事处签订的协议中，担保方为副食公司，且有公章；证实K市圣美食品有限公司与副食公司签订协议：K市圣美食品有限公司提供一张400万元承兑汇票给副食公司贴现后先归还副食公司分红利润120万元和欠款80万元。

2. 印文鉴定：证实上述两份协议上的“副食公司”印章与涉案假章为同一枚印章所盖。

3. 银行查询单及汇票复印件：证实承兑汇票VIV09950855由“副食公司”贴现，金额400万元。

4. 协议书、文检鉴定书：证实2014年4月5日K市大丰食品工业公司签订的协议上“副食公司”的印章经鉴定与本案涉案假章及副食公司备案章均不一致。

5. 还款证明：证实被告人先后归还K市润泽金融公司利息及欠款80万元。

6. 购房协议：证实余某确于2017年6月5日与K市振华公司签署了总价为6000万元的购房协议，并已支付给振华公司300万元。

问题：

1. 根据现有材料，法院能否认定余某实施了私刻“副食公司”公章及该公司法人“何永胜”私章，伪造借款担保书的行为？为什么？

2. 根据现有材料，法院能否认定余某具有非法占有的故意？为什么？

3. 如检察机关指控余某诈骗的行为属实，余某的行为可能触犯什么罪名？如何论处？

4. 现假定你是本案的主审法官，请根据上述案情撰写刑事判决书的判决理由和判决主文部分。（答题要求：格式正确，应具备的事项齐全；请求合法有据，定性准确；文字通顺简练，无语法错误和错别字；字数不低于800字）

二、答案精讲

1. 根据现有材料，法院能否认定余某实施了私刻“副食公司”公章及该公司法人“何永胜”私章，伪造借款担保书的行为？为什么？

答案：不能认定。公诉机关所依据的核心指控证据是借款担保书及借款合同的印章经鉴定系伪造；余某在公安机关的有罪供述及何永胜证言相互印证，据此认为被告人余某的行为构成诈骗罪。但是，从辩护方提供的证据来看，有另外两份协议也出现过本案中的假印章，且Y省K市糖烟酒副食公司是受益方。如果该印章系被告人伪造，明显有违常理。同时，辩护方还提供了一份协议，表明还存在第三个印章的可能性，因此Y省K市糖烟酒副食公司是否只存在一枚印章（即工商机关备案章）的问题存疑。根据我国刑事诉讼法规定，指控犯罪的证据必须确实、充分。根据上述分析，公诉机关指控被告人私刻印章，伪造担保的行为尚未到达证明标准，法院不能认定。

难度：难

考点：证据的分析与审查；证明标准的理解

命题和解题思路：通过给定的案例材料，运用证据法的相关知识，判断指控的犯罪事实能否成立，这是历年考试的典型题型，目的在于考查考生运用法律解决实际问题的能力。在解题时，面对较多的材料，考生首先要仔细阅读，将案例中的关键信息提炼出来。就本题而言，材料一是对案情的整体介绍，以及控辩双方的主要观点。材料二则是控辩双方的主要证据。随后，根据梳理后的控方观点和辩护方观点，整理出本案的焦点，即控辩双方的主要分歧在哪？最后，根据我国刑事诉讼的证明标准，来判断控方的证据体系是否达到了确实、充分？或者说辩护方举示的证据是否表明案件还存在不能排除的合理怀疑？注意，合理怀疑须建立在现有证据的基础上，而不能超过给定的材料随意假设。

答案解析：

公诉机关所依据的核心指控证据是2017年5月16日借款担保书及借款合同上“Y省K市糖烟酒副食公司”及该公司法人“何永胜”私章经鉴定系伪造；余某在公安机关的有罪供述及何永胜证言相互印证，据此认为被告人余某的行为构成诈骗罪。但从被告人余某当庭翻供及其辩护人当庭向法庭提供的证据和提请法庭依法调取的证据上分析，其中两份盖有同一枚假章的关于承兑汇票贴现的“协议书”中所约定的事实客观存在。而且有一张面额为400万元的承兑汇票已被Y省K市糖烟酒副食公司贴现，用于冲抵余某公司对Y省K市糖烟酒副食公司的欠款。如果薛某是为诈骗K市中铁建公司的款项而伪造担保，那么款项应由余某的公司占有才符合逻辑，但实际的受益方却是Y省K市糖烟酒副食公司，而公诉机关当庭出示的马永胜的证言中也未提及此事，仅就现有证据看，被告人的行为有悖常理。因此两份“协议书”中的假章（即本案假章）是否是被告所私刻，并伪造担保的情况存疑。

另外，本案中由辩方提供的另一份2014年4月5日K市大丰食品工业公司与Y省K市糖烟酒副食公司签订的协议。协议中又出现了第三枚与Y省K市糖烟酒副食公司备案及本案假章均不同一的印章，又与本案中相关证言所证实的Y省K市糖烟酒副食公司从未更换过印章的情况矛盾，公诉机关也未能出示证据证实该印章是否存在过、是否也系被告人伪造的情况，从而关于Y省K市糖烟酒副食公司是否只存在一枚印章（即工商机关备案章）的问题存疑。

我国刑事诉讼法规定，指控犯罪的证据必须确实、充分。根据上述分析，公诉机关指控被告人私刻印章，伪造担保的行为尚未到达证明标准，法院不能认定。

2. 根据现有材料，法院能否认定余某具有非法占有的故意？为什么？

答案：不能认定。本案被告人余某始终一直承认所借款项，并偿还了借款利息及部分欠款共计80万元。从履约时间来看，K市润泽金融公司向公安机关报案时还款期还尚未到期。且有协议证实，余某确与振华公司签订了购房协议，并已支付了300万元购房款。控方除了被告人余某以前在公安机关的有罪供述以外，也没有其他证据证实被告人余某有非法占有的目的。因此，不能排除被告人余某有始终愿意履行合同的意愿，所以不能认定余某具有非法占有的故意。

难度：难

考点：证据的分析与审查；主观要件的证明

命题和解题思路：本题的命题和解题思路与上一题相似，但也有区别。本题和上一题属于递进关系，须对前一题正确判断的基础上进行回答。因此考生在回答此类题目时，尤其要注意，观点的前后一致性，避免出现互相矛盾的答案。在答题时需要首先对两个问题通盘考虑，确立基本的判断，然后分别作答，切忌尚未考虑清楚，匆忙作答，等回答第二题时又来修改第一题的答案，既影响时间，也可能导致卷面不整，影响分数。

答案解析：

“非法占有的故意”从诈骗罪的构成要件来看，属于主观要件的证明。而对主观要件的证明，只能通过见之于外的客观行为来加以分析。具体到本案，是否具有非法占有的故意，应从分析被告人的真实目的、双方的关系、事情的起因以及拖欠的情节等多方面来综合判断。

本案被告人余某始终一直承认所借款项，并偿还了借款利息及部分欠款共计 80 万元。从履约时间来看，被告人余某在 2017 年 4 月 28 日即因为涉嫌集资诈骗（另案）而被公安机关采取刑事拘留。此后 5 月 10 日，K 市润泽金融公司才向公安机关报案，但按合同规定的还款期还尚未到期。且有协议证实，余某确与振华公司签订了购房协议，并已支付了 300 万元购房款。因此，在合同履行期限尚未届满，便认定余某没有还款可能，意欲诈骗的主观故意，也是建立于指控被告人私刻印章、伪造担保的行为的基础上，并没有其他证据予以印证。控方除了被告人余某以前在公安机关的有罪供述以外，也没有其他证据证实被告人余某有非法占有的目的。因此，不能排除被告人余某有始终愿意履行合同的意愿，所以不能认定余某具有非法占有的故意。

3. 如检察机关指控余某诈骗的行为属实，余某的行为可能触犯什么罪名？如何论处？

答案：如果指控余某诈骗的行为属实，则余某首先成立诈骗罪。因为其以假的印章伪造借款担保书骗取他人钱款，符合诈骗罪的构成要件，成立诈骗罪。其次，余某还成立伪造公司印章罪。余某私刻“Y 省 K 市糖烟酒副食公司”公章，成立伪造公司印章罪。伪造公司印章罪与诈骗罪成立手段与目的的牵连犯，从一重罪论处，以诈骗罪定罪处罚。

难度：易

考点：牵连犯；伪造公司印章罪；诈骗罪

命题和解题思路：本题相对较为容易，主要考查的点在于罪数的问题。考生只要掌握牵连犯的基本概念，便能拿分。答题时务必仔细，如果不注意审题，或是对分则罪名不熟，便会略过对余某伪造公司印章罪的审查。

答案解析：

问题设定为如果检察院指控的事实为真，便意味着余某肯定成立诈骗罪。因为其以伪造的借款担保书骗取他人钱财的行为特征非常明显，成立诈骗罪没有疑问。接着需要注意审查的是其伪造公司印章行为的定性问题。余某擅自私刻“副食公司”公章，成立伪造公司印章罪。关键在于判断余某的罪数问题，我国刑法理论普遍承认牵连犯概念，即犯罪的手段行为与目的行为、原因行为与结果行为分别触犯不同的罪名，由于牵连犯的法律效果是从一重罪处断，其实是将原本成立数罪的行为作为一罪来论处，因此是不当的给予行为人刑罚优惠。所以理论界普遍对牵连犯要采取限制的态度，只有存在类型性的手段行为与目的行为时，才能认定为牵连犯。伪造公司印章用于诈骗他人钱财是日常生活和实务中比较常见的现象，因此可以认为存在通常性的牵连关系，因此成立牵连犯。据此，余某成立伪造公司印章罪和诈骗罪的牵连犯，从一重罪处断，论以诈骗罪。

4. 现假定你是本案的主审法官，请根据上述案情撰写刑事判决书的判决理由和判决主文部分。

答案：应根据材料中余某是否构成犯罪来分别确定判决理由和主文的写作内容。具体写作格式和主要内容参阅下面的“答案解析”部分。

难度：中

考点：刑事判决（刑事判决书的制作要求和内容）

命题和解题思路：鉴于法律文书在司法实践中的重要作用，熟练掌握法律文书写作方法无疑是法科学生的基本实践技能。在强调考查应用能力的法考主观题考试中，该类试题有可能会大显身手。本题命题素材节选自一份刑事判决书的控辩事实和证据部分，要求考生写作刑事判决书的指定部分。考生阅读材料后，应首先结合刑法和刑事诉讼法知识，对余某是否构成犯罪、构成何罪作出准确判断，还要注意审题，注意题目要求的写作内容和格式规范，由此才能写出定性准确、格式规范的法律文书。本题提醒考生，对于法考大纲明确提到的法律文书基本格式应当有所掌握，避免考查时无谓丢分。

答案解析：

本题要求写出判决理由和判决主文两个部分。

判决理由应当以“本院认为”开头，有罪刑事判决书的判决理由阐述大体分为四个部分：第一，概述被告人触犯的具体罪名；第二，对于控辩双方观点的回应；第三，案件涉及量刑情节的评价；第四，援引刑法等法律依据。法条引用应遵循先定罪、后量刑的顺序。只写明涉及条款的数字即可，无须列举具体的条文内容。

判决主文应当在列举法律条文后，写出“判决如下：”，然后另起一段来写。其基本格式是“被告人××犯××罪，判处×××。”先写主刑、后写附加刑；如果存在刑期折抵问题在下面列明即可；应具体写明有期徒刑、拘役等刑罚的起止时间。

如果给定材料应作无罪判决，同样应以“本院认为”开头，在判决理由中应重点揭示案件中难以排除的疑点，结合具体证据进行阐述，然后援引刑事诉讼法的规定作为法律依据。判决主文写明“被告人××无罪”。